U0480979

阅读，丰盈孩子的童年

YUEDU FENGYING HAIZI DE TONGNIAN

——小学阅读教育的探索与实践

陈　龙◎主编

四川大學出版社
SICHUAN UNIVERSITY PRESS

图书在版编目（CIP）数据

阅读，丰盈孩子的童年 ：小学阅读教育的探索与实践 / 陈龙主编. -- 成都 ：四川大学出版社，2024. 11.
ISBN 978-7-5690-7294-5

Ⅰ. G623.233

中国国家版本馆 CIP 数据核字第 2024DC3445 号

书　　名：阅读，丰盈孩子的童年——小学阅读教育的探索与实践
Yuedu，Fengying Haizi de Tongnian——Xiaoxue Yuedu Jiaoyu de Tansuo yu Shijian

主　　编：陈　龙

选题策划：曾　鑫
责任编辑：曾　鑫
责任校对：吴　丹
装帧设计：墨创文化
责任印制：李金兰

出版发行：四川大学出版社有限责任公司
地址：成都市一环路南一段 24 号（610065）
电话：（028）85408311（发行部）、85400276（总编室）
电子邮箱：scupress@vip.163.com
网址：https://press.scu.edu.cn
印前制作：四川胜翔数码印务设计有限公司
印刷装订：成都金龙印务有限责任公司

成品尺寸：170mm×240mm
印　　张：18.5
字　　数：269 千字

版　　次：2024 年 11 月 第 1 版
印　　次：2024 年 11 月 第 1 次印刷
定　　价：78.00 元

扫码获取数字资源

四川大学出版社
微信公众号

本社图书如有印装质量问题，请联系发行部调换

版权所有 ◆ 侵权必究

编委会

主　编

陈　龙

副主编

郑清华　何　易　唐影娴

编　委

（排名不分先后，按姓氏笔画排序）

王丽丹　王晓妮　付　静　李金玥

赵艳梅　卿明铭　彭锐真

序　一

"我们正处在一个阅读的好时代，我们也正处在一个阅读的坏时代。"这是著名出版人、阅读推广人聂震宁老师对当下阅读现状的论断。主流价值观崇尚阅读，全民阅读成为国策，有好书可读，有宽松的阅读环境，都是"阅读的好时代"的标志；而"阅读的坏时代"则主要因为"阅读没有接地气"，在很多场合阅读是一种表演，没有变成我们的生活和成长方式，尤其是在校园中。校园阅读是全民阅读的基石，但现状是校园阅读充斥着浓重的功利色彩。"新教育"发起人朱永新老师曾提到，有不少学校的阅读活动是"跟风应对，被动作为"，建设书香校园很多时候"动力来自上级考核，而不是把阅读当成长方式"。

想改变"坏时代"，我们需要更多身处教育一线、深刻理解阅读价值的读书人。他们能不断创新校园阅读模式，躬身入局，用阅读陪伴孩子们成长。读者小学的《阅读，丰盈孩子的童年》这本书背后，就有一群这样的老师们。这是本有温度的书，字里行间溢出对阅读和教育的热情。

读者小学建校时间不长，但有着特殊的价值。这是全国第一所以"读者"品牌冠名的学校，由读者出版集团与成都市武侯区人民政府共同创办。"读者"品牌是为阅读而生的，陪伴了几代国人的成长。"读者"品牌与武侯区的教育人携手，赋予这所学校阅读的基因。读者小学以阅读立校，坚信阅读的价值，在这里，阅读不只是教育的手段和方法，还是每个师生的生活、学习、成长的方式。我要向陈龙校长和他的伙伴们致敬，他们让阅读接地气，初步探索出系列的“读育课程”。阅读是有难度的，人类的大脑没有“预装”阅读功能，帮孩子学会阅读爱上阅读，养成“阅读脑”，需要付出巨大的努力。读者小学的同仁们把身子俯在尘埃里，播撒读书种子，厚植阅读的土壤，静待阅读在孩子们身上创造奇迹，这是给阅读以时间，给生命以希望，给文明以光华。仅这一点，在全国范围内也是少见的。

有如此的初心，在开校第三年，就能拿出这样一本蕴含智慧与热情的著作，不让人意外。“阅读，丰盈孩子的童年”这个书名，很能体现读者小学同仁们的读书育人心得。让内心丰盈、柔软是阅读最本质的力量，一个人借由阅读实现心灵成长。少年时如果不能养成阅读的习惯，体会阅读之乐，此后余生内心都会枯涩乏味的。朱光潜说：“养成读书的习惯，是在学问中寻出一种兴趣。……兴味要在青年时设法培养，过了正常时节，便会萎谢。”他还拿达尔文举例，达尔文在自传中提到，自己幼时喜欢文学和音乐，后来因为专注研究生物学，丢开了文学艺术，等到老年再想去读诗歌，已经读不出趣味。这样看我们的基础教育，决不能将其归结为知识的习得，而是要究其本质，把阅读当作各学科的根基，让阅读成为学生精神发育的动力之源，带给孩子们终身成长的力量。

读者小学的成长发展，除了“读者”品牌的冠名加持，校园中随处可见的各种“读者”元素，更重要的是出版人和教育人在阅读理念上始终在交流、分享，共同提高。小学阶段阅读主要在语文学科中实践和训练，而“读者”品牌最优质的资源正是语文资源。出版人与教育人对语文的理解可能会有差异，在教育人的眼中，语文不只是一门基础学科，真正好的语文一定是有美学意味的，是用鲜活生动的文字，为学生提供美好的生命体验，帮助人格生成，服务于“人”的教育。好的语文教育要“让人成为人”，学习语文最终是要给人带来幸福和自由。

身为出版人，我们更关注语文学科最核心的两种技能——阅读与写作。阅读、写作能力的提升，让每个人都能过一种幸福的智性的生活。我们坚信阅读和写作的价值。培养学生的阅读与写作能力，就是在塑造一代人的思维和感知能力与幸福生活的能力。语文学习的基本素养是听、说、读、写；倾听和表达，决定一个人社会生存的质量；阅读和写作则能不断提升自我，决定一个人未来的发展和人生的高度，影响人的精神格局。只有拥有良好的语文素养，才能在这个时代积极、合理地吸收民族历史文化中的理性因子，对文化有尊重，对社会有认知，对文明有情怀，对未来有见地。

在理念和思考的分享、碰撞之外，“读者”也为读者小学提供了一整套阅读服务和产品支撑。早在 2018 年，平台就开始培育“读者・新语文”这个子品牌，并建设了“读者・新语文中小学阅读写作教育”平台，主要服务于校园阅读。平台转化“读者”旗下优质读写资源，制作了上万集提升读写能力的音视频课程、长尾巴月读社阅读盒子，出版了“读者・新语文”系列丛书。读者小学开校之初，“读者・新语文”就开始服务于学校，研发读者小学的专属阅读书目，围绕名著精读课程建设学校的阅读课，还把自研的教育戏剧课带入校园。这里有个典型案例，读者小学尝试养成孩子的“故事思维”，通过听故事、讲故事、读故事、写故事、用故事的训练，让孩子在“故事”中从容地获得良好的阅读写作能力。

为什么要从“故事”入手？答案既简单又复杂。

我们看到，儿童通过故事理解世界，建立自己的人生观，作家通过讲故事为人们提供想象力和安顿心灵的虚拟空间。可以说，文明的累积从故事开始，甚至我们的国家信念，也经常是建立在一个共同的叙事之上的。从阅读文字到阅读社会，都是在阅读故事，从自我表达到互相沟通，大家也都是在讲述故事。

在《阅读，丰盈孩子的童年》这本书里，能看到学校组织的大读者俱乐部、家庭阅读计划，学校里的庭院故事时光、“听我图说”故事，读者小学的每个孩子都有故事陪伴成长。这可以算作“读者”作为阅读服务商为学校提供了一条特色的发展之路。

翻阅读者小学的这本书，我的感触很多。如果把一本书的编辑生产、发行、阅读当作一条河流，出版者处于中上游，阅读者和教育者徜徉于下游，是典型的“我住长江头，君住长江尾”。“读者”与武侯教育的这次成功合作，属于阅读这条河流上下游的双向奔赴，溯洄从之、溯游从之。读者小学的迅猛发展和快速成长证明了品牌文化企业服务地方教育建设的路径完全可行，且形成了可复制的模式。近些年，“读者”也在从传统的阅读产品提供商向阅读服务提供商转型，“读者”人也不再躲在纸张背后“犹抱琵琶半遮面”，而是推动“读者”走近读者，与大家共读、共成长。

其实，这本书还没读完的时候，我就已经开始期盼下一本，也期盼读者小学的模式在成都武侯区成熟结果，能够复制到更多学校，让陪伴大家成长的“读者”品牌，有机会为更多的老师、家长和孩子们提供高品质的阅读服务。希望未来有机会，读者小学“大家庭”中每个学校都能拿出这样有温度的著作，形成一个“读者小学”书系，让更多孩子开启幸福的、智性的生活。

是为序。

马永强

2024 年 8 月 29 日

专家简介：

马永强，文学博士，读者出版集团党委副书记、总经理，南京大学中国新文学研究中心兼职教授，甘肃省文艺评论家协会主席。

序　二

成都市读者小学致力打造阅读生态，建设书香校园，在课程、教学、校园文化、团队建设等方面，做了很多有价值的探索。《阅读，丰盈孩子的童年——小学阅读教育的探索与实践》这本由学校编撰的实践报告，其中不乏理论探讨，激发了我的一些思考。

在今天这个人工智能时代，为何要强调文字阅读？随着信息技术的发展，文字在整个人类文明的信息总量中的占比，呈逐年下降的趋势。视频、音频、图片、游戏这些信息承载形式，往往更生动，也更有吸引力。特别是在这个时代，机器智能推送的短视频占据了越来越大的流量，也将许多成年人甚至未成年人的注意力牢牢吸引到了手机等终端上，以至于稍微离开手机就会觉得魂不守舍。仅从获取一般知识的角度，异于文字的信息媒介或许有优于文字的功能：用五千文字描述一种从未看过的动物，显然不如播放一分钟关于这种动物的视频更直观。这个例子把我们带回了最初的问题：为什么在现代技术条件下，更要强调儿童的文字阅读？

文字阅读训练儿童的专注力。约二千五百年前，人们对于现代科技一无所知，但那时的人类已经有了超越科技的智慧。到了高科技时代，这种智慧的洞见更加明显——“五色令人目盲，五音令人耳聋，五味令人口爽，驰骋畋猎令人心发狂”。是的，今天手机上的“驰骋畋猎”是多么令人心慌！与之对比，文字有一种安静的力量，对于训练孩子专注力极其重要。

文字阅读培养儿童的想象力。图片和视频固然直观，但对于人的大脑活动却有抑制作用。阅读文字则相反，人正好能够以文字为媒介去想象和建构自己的世界。文字世界与现实世界有很大的反差：前者虚后者实；前者流动后者固化；前者充满想象而后者囿于因果。正是这个反差，才使人能够在文字世界中想象不同的现实世界，尽力理解不同世界的意义，并在潜移默化中选择和成就专属于自己的未来和更美好的世界。

人在阅读中，特别是在阅读经典名著的过程中，才更有可能遭遇精神生活所需的否定性。普通人大都生活在普通的社会环境里。在阅读经典好书的过程中，儿童可能与家长或教师无法给予的伟大的精神力量相遇。这样的精神力量具有积极的否定性，它能在有意无意间迫使未成年人反思自己的生活，追问自己在一生中，究竟想成为什么样的人。阅读经典好书，会在不知不觉中培养孩子的人生反思和社会反思能力。在这个人工智能时代，具备这种反思能力的未成年人就不会被机器智能所主宰。

以上几条理由说明了阅读的重要性，这与读者小学对阅读的重视不谋而合，不同的视野可以相互印证和补充。知道了阅读的重要性，就必须进一步追问：应该阅读怎样的书？中国教育报将我评为“2023年推动读书十大人物”，该报向我约了一篇文章，让我谈谈做阅读推广的心路历程。我提交的文章标题为“阅读，做有思想的减法”。我一贯强调，为未成年人选书时，一定要为成长做有思想的减法。我的意思是只挑选那些语言优美、思想丰富且懂得儿童心理的经典好书。我特别主张，对于义务教育阶段的孩子，只要过了识字关，就应多读对成长有推动和反思的中外儿童文学的经典书籍。我今年四月在全国发布了一个面向小学生的“思辨性阅读书目”，这其中凝结着相关团队在过去数年的工作结晶。这份书目已使全国数万名教师和家长受益，而在之前，我访问读者小学时与优秀的老师们互动，对这份书目的发布也有很好的促进。

至于如何开展阅读教学，我的理念是，在今天这个人工智能时代，思辨性阅读是最重要的阅读理念和方法。限于篇幅，我不在这里展开探讨什么是思辨性阅读，以及如何展开课堂教学，或进行教育教学改革。我的思想在《以教师之思，促学生之问：整本书阅读教学的理念、方法与案例》中有集中体现，也很高兴地看到读者小学的老师们在阅读和探讨这本书。最后我想说，阅读具有守护和升华灵魂的功能。一个人如果沉溺于太多与成长不相干的信息就会丢失自己的魂，类似地，一所学校如果不分主次什么都要面面俱到，也会丢失自己的魂。幸运的是，读者小学有陈龙校长这样的灵魂人物，把阅读作为办学的基础来抓。我认为，这个选择切中了时代的关键问题。

最后，预祝读者小学在陈龙校长和优秀领导班子的带领下，在愿为孩子们的人生奠定智慧基础的杰出老师们的努力下，办出时代需要并引领时代的学校特色。

刘　莘

2024 年 7 月 30 日

专家简介：

刘莘，四川大学哲学与教育学教授，被中国教育报评为 2023 年“推动读书十大人物”。

前　言

新时代以来，倡导和推广全民阅读已成为重要的国家文化发展战略，源自五千年文化传承的浓郁书香弥漫在中华大地的每一个角落，为中华民族的伟大复兴注入源源不竭的精神动力。党的二十大报告提出了“深化全民阅读活动”。2024 年 3 月，“深化全民阅读活动”连续 11 次被写入政府工作报告。广大中小学生是全民阅读的重要群体，指导学生加强阅读、正确阅读，是全面贯彻党的教育方针，落实立德树人根本任务，培育学生核心素养的重要举措。

成都市读者小学正是在全民阅读的风尚中应运而生，作为全国第一所“读者”品牌冠名学校，自 2021 年 9 月开校以来，始终秉承“书香致远、体健德雅”的办学理念，坚持“阅读立校”，探索建设墨香馥郁、文气芬芳、促进学生生命成长的书香校园，努力让阅读成为孩子们日常的生活学习方式，助力他们以书为友、以读为乐，在书海中成长、在墨香中进步。

一、现实与愿景：小学阅读教育的呼唤

（一）阅读生态的多元与矛盾

当下小学阅读生态呈现出多元化与矛盾并存的特点。一方面，学校和家长越来越重视孩子的阅读兴趣培养，各种阅读课程与活动如雨后春笋般涌现，另一方面，学校与家长也面临着诸多挑战，如快餐式阅读的泛滥、短视频分散了学生的注意力、优质读物稀缺等问题。这些问题要求学校更加深入地思考如何构建一个健康、和谐的阅读生态。

（二）数字时代的挑战与机遇

数字时代的到来对阅读教育带来了前所未有的挑战。面对信息爆炸、知识碎片化的现状，如何引导学生进行有效阅读、培养学生深度思考能力成为亟待解决的问题。同时，数字时代也为我们提供了丰富的阅读资源和创新手段，如电子书、有声书、在线阅读平台等新技术、新工具为阅读教育打开了新天地。

二、策略与路径：构建书香馥郁的阅读体系

（一）整合阅读策略，优化课程教学体系

读者小学按照国家、省市区关于深化课程教学改革的安排部署，结合学校改革发展实际，努力探索构建“读育”课程体系，努力实现国家和地方课程校本化、校本课程特色化，丰富学校课程文化，努力让学校师生读书、读人、读自然、读世界，从而实现乐读、会读，读出幸福人生，为全体学生核心素养发展贡献阅读的力量。

（二）营造书香氛围，培育书香阅读文化

一个良好的阅读环境是滋养学生心智的肥沃土壤，能够激发他们对未知世界的好奇心，培养终身学习的热情。学校在校园中精心打造“双廊”“四景”“四径”“一馆”等各种阅读场所，让书香弥漫在校园的每一个角落。学校注重阅读与教育的深度融合，将阅读融入各学科教学中，开展思辨阅读课堂建设，通过阅读加深学生对知识的理解与应用。学校每年依托“世界读书日”在4月开展为期一月的“书香”阅读月系列活动，依托“成都读书月”在10月开展为期一月的“读育”阅读月系列活动。两大校园阅读盛典为学生奉上众多阅读“大餐”。“庭院故事时光”“听我图说故事”“图书馆一日游”“字典达人赛”等系列师生家长阅读活动，为孩子们的童年增添了丰盈的阅读色彩。

（三）家校协同共育，共筑诗意阅读生态

读者小学积极探索家校协同共育的模式，通过建立“大读者俱乐部”、制定家校阅读计划、开展亲子阅读活动等方式，共同培养学生的阅读习惯和兴

趣。学校注重引入各方资源，如读者出版集团、区域图书馆、公益阅读组织等合作对象，为学生提供更加丰富的阅读资源和交流平台。

在这里，阅读不仅仅是一种学习方式，更是一种生活态度，一种文化传承的载体。在培养孩子们成为终身阅读者的过程中，阅读将成为伴随他们成长的不竭动力和精神食粮。

三、成效与展望：阅读之旅的评估与未来

（一）成效评估，多元维度考量

读者小学通过多种方式评估学生的阅读成效，包括阅读素养测试、项目式学习、讨论、报告、演讲等形式。学校关注学生在阅读中的情感体验、思维发展和价值观塑造等方面的表现，努力培养出既有知识又有情怀的新时代少年。

（二）持续优化，教育策略革新

读者小学不断引入新的数字工具和资源，为学生创造沉浸式阅读体验。学校加强教师在阅读指导、评估、技术运用等方面的专业发展培训，提高教师的专业素养和创新能力。

（三）展望未来，智能与人文并进

在未来的阅读中，读者小学期望科技与人文并进，让学生在智能的阅读环境中体验到更多的乐趣和价值。学校期待学生在阅读中不断成长，拥有广阔的视野和深刻的思考能力，成为有知识、有温度、有梦想的新时代少年。

《阅读，丰盈孩子的童年——小学阅读教育的探索与实践》是学校对过去探索的回顾与总结，更是对未来愿景的展望与呼唤。

读者小学从筹备到开办，一路走来，领导班子和全体教师经历了筹备建校的从无到有，经历了线上教学的抗疫考验，经历了很多“第一次”“首届活动”，学校师生见证着学校的诞生、成长……每一位教师都非常荣幸能有这样的机会在这里度过自己的教师生涯，实践自己的教育理想。

衷心感谢各级领导、专家和同仁，以及社会各界的关心、支持和帮助，学

校将继续精耕细作，不断创新，努力为学生营造一个更加开放、包容、充满想象力的阅读环境。期待与所有教育同行、家长和孩子们一起携手共进，让阅读成为孩子们心灵的灯塔，照亮他们智慧的航程，引领他们走向更加璀璨的未来！

成都市读者小学　陈龙

2024 年 6 月

目　录

第一章

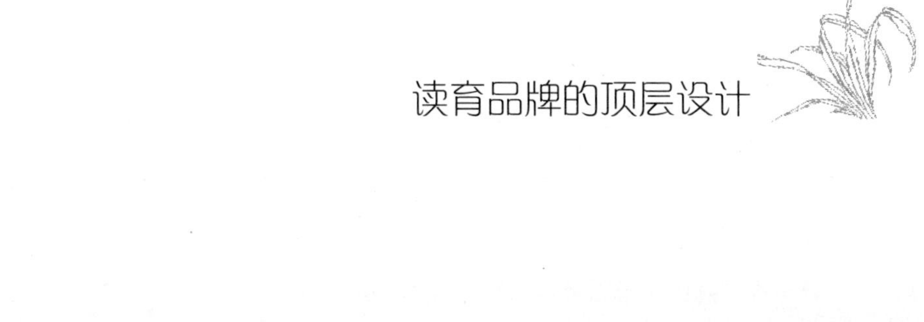

读育品牌的顶层设计

在教育转型与升级并行的时代，教育行业正经历着前所未有的变革。随着社会对人才多元化需求的提升，传统的教育模式已难以满足现代学生个性化学习的需求与未来社会的期待。在此背景下，“两自一包”（自主管理、自主招聘教师、经费包干）管理机制应运而生，成为推动教育体制创新、优化资源配置、激发学校活力的关键举措。同时，与文化产业的深度融合，例如与读者出版集团的联合办学实践，为教育品牌的构建与推广开辟了新路径，为培养具有深厚人文底蕴和创新思维能力的新一代学子提供了可能。

“读育”理念的核心在于，不仅把阅读当作知识获取的途径，更是人格塑造、价值引领的重要手段。它强调在广泛阅读中培养学生的批判性思维、创新能力与人文情怀，将立德树人的根本目标与阅读特色相结合，形成学校独有的教育品牌。这一理念的落实不仅丰富了教育内容，促进了学生文化素养的提升，也为品牌化建设提供了独特的文化土壤和实践基地。

本章探讨了读者小学在教育改革浪潮中，通过“两自一包”管理机制以及与读者出版集团的深度合作，将“读育品牌”深植于学校教育的各个层面，构建以阅读为核心的教育品牌，以全面培养学生的综合素养。这一过程不仅是对教育管理机制的革新，更是对教育本质的深刻理解和实践，力图在理论与实践的双重维度上，为新时代学校品牌化的建设与发展提供有力的支撑与启示。

第一节　教育变革的时代背景

教育是国之大计、党之大计。着眼于强国建设、民族复兴的宏伟目标，站在以中国式现代化全面推进中华民族伟大复兴的时空坐标，教育承载着固本强基的作用。成都市武侯区为贯彻落实《国家中长期教育改革和发展规划纲要（2010—2020年）》（中发〔2010〕12号）、《教育部关于2013年深化教育领域综合改革的意见》（教改〔2013〕1号）和《教育部关于深入推进教育管办评分离 促进政府职能转变的若干意见》（教政法〔2015〕5号）等文件精神，积极推进区域教育管理体制、学校办学模式等方面的改革探索与创新实践。自2014年起，开始实施“教师自聘、管理自主、经费包干”（简称“两自一包”）的综合改革试点。

一、“两自一包”介绍

“两自一包”是一种创新型管理模式。2014年，成都市武侯区启动“两自一包”学校管理体制改革，即在区域层面，把相应的人事权、财权、事权下放给改革学校，推行改革管理模式，落实学校办学自主权，促进了基础教育学校治理体系和治理能力的现代化，激活学校的办学活力，增强了教师的归属感和责任感。

（一）保障学校管理自主，建立新型的政府与学校关系

一是着力推进简政放权，促进学校自主管理。政府职能部门将教师人事权、资金使用权、教学组织权下放给学校，落实法人自主权。指导、帮助试点学校依法依规履行权力，建立权责对应的内部管理体制。二是健全法人治理架构，促进学校民主管理。鼓励试点学校建立校务委员会或理事会，负责学校重

大事项决策。探索实行党组织领导下的校长负责制，健全学校内部治理机制。三是加快学校章程建设，促进学校依法管理。各试点学校加快章程制定步伐，明确政府、学校、社会各方权利边界，明确学校内部治理机制。

（二）实现学校教师自聘，建立新型的学校与教师关系

一是保证教师自聘。教育行政部门会同相关部门，根据学校办学规模科学核定学校教职工控制数。学校自主确定管理、专业技术岗位结构比例，自主确定招聘教职工标准，自主确定招聘程序，并将招聘标准、程序和结果报教育行政部门备案。二是保障教师待遇。学校依据法律法规，与拟聘用教职工平等协商签订劳动合同，明确界定双方的权利与义务。学校依法依规依约，保障教职工工资待遇，足额缴纳社会保险和住房公积金。三是促进教师成长。试点学校科学编制教师专业成长规划，采取有效措施帮助教师持续提升专业水平。相关职能部门充分保障试点学校教师在职称评审、评优评先等方面的权利。

（三）实行学校经费包干，建立新型的预算与执行关系

一是学校经费包干。教育行政部门、财政部门根据相关标准，足额保障试点学校办学经费，按照相关规定下达学校年度经费预算控制数、学校基础建设等重大投入事项，按相关政策予以保障。二是保障管理规范。要求试点学校建立预算编制委员会（或预算编制小组），加强审核把关，提高预算编制科学化水平。强化预算绩效和预算执行管理，严格执行预算公开。教育行政部门委托专业机构对学校开展内部审计和资金使用情况绩效评估。

（四）推动学校评价多元，建立新型的学校与社会关系

一是科学构建评价标准。针对公办中小学和公办幼儿园不同特点，建立校长任期评价和学校年度工作评价的指标体系。将学校治理能力、学生综合素质、教师专业发展作为重要评价指标，引导学校关注自身的可持续发展能力。二是促进评价主体多元。建立教育行政部门或教育督导部门牵头，多元主体参加评价的机制。对学校专业性强的评价，鼓励通过委托第三方专业机构进行。三是科学运用评价结果。将校长任期评价结果与校长聘用、待遇调整有机结

合，将学校年度工作评价结果与资金投入、评优评先等有机结合，建立健全正向激励机制。

自改革以来，武侯区域教育质量实现了整体提升，区域教育公共服务品质得到了明显改善。《中国教育报》等国家级媒体深度报道改革经验，中国教科院专家多次到武侯考察指导并高度评价改革。全国多个教育考察团赴武侯区学习，北京、黑龙江、贵州等地 100 余所学校借鉴了武侯区的改革经验。中国教育学会常务副会长杨念鲁在全国教育学会年会上评价："武侯区所有改革学校的案例都是教育管理的生动教材，值得推广。"

二、成都市读者小学改革发展具体措施

探索学校管理改革可以增强学校在管理上的灵活性与自主性，让学校拥有更大的自主与发展空间，有助于推进学校治理体系和治理能力的现代化。同时，通过建立政府与学校的新型关系，学校可以根据自身特色和需求，进行更为有效的管理和决策，同步提升学校的教育质量和整体运行效率。成都市读者小学作为一所新建学校，深入贯彻落实改革要求，吸收改革经验，进行了以下探索。

（一）优化组织管理模式，提高共同治理效能

党的二十大报告提出："以中国式现代化推进中华民族伟大复兴。"这就要求我国在现代化进程中要强调中国特色，各行各业各领域的发展都需要建立在中国本土文化的根基之上。中国教育的现代化同样也与中国式现代化同步，这也就决定了中国式教育现代化必须以党的全面领导为根本保障，以立德树人为根本目标，以改革创新为根本动力，以扎根中国大地为根本途径，推动我国教育治理走向深度变革。同时，报告中首次提出深化教育领域综合改革，完善学校管理。这也说明推进我国现代化学校管理改革已经成为推动基础教育高质量发展的途径之一。而学校管理改革的方式之一就是优化组织管理模式。学校的组织管理模式是指学校内部各种管理元素的组织结构和运作方式，它能够确保

学校科学发展。建立一套设置合理、运转灵活、执行高效的组织管理模式，是保证学校各项任务高质量完成的前提条件。

2020 年，为进一步明晰政府和学校的权责边界，落实学校办学主体地位，激发学校发展的内生动力，为学校办学提供可靠的支撑保障，中央八部联合出台了《关于进一步激发中小学办学活力的若干意见》，为推进中小学教育治理现代化提供了行动指南。建校以来，读者小学积极响应国家政策号召，借助改革优势，进一步整合职能优化配置，形成“一室四中心”管理架构，即办公室、学生发展中心、教学研究中心、课程研发中心、后勤保障中心，解构了传统的学校组织结构——科层制管理，搭建了管理阵地并赋权年级组、项目组，形成扁平化分布式架构。这种扁平化的分布式架构能够有效地将学校的办学理念进行具象化和落实，提升了学校管理档次，能够较好地适应学校未来的发展需要；真正地将管理重心下移，在简化管理流程、降低管理成本的同时还提高了工作效率。

读者小学的具体架构安排如下：办公室负责党务、人事、业务培训和行政事务等职能，课程研发中心承担学校发展谋划、校本课程研发和科研管理等职能；教学研究中心承担教学常规管理、教研管理等职能；学生发展中心承担学生发展、德育管理等职能；后勤保障中心承担财务管理、食堂管理、环境建设等职能。

同时，与机构设置配套，读者小学研究制定了一系列目标管理、课程建设、岗位职责、校务公开、评优选先、财务管理、继续教育等制度并汇编成册作为工作规范。

科学合理的组织架构避免了学校决策因层级过多而逐层耗散，并导致上层决策在最终落实的过程中大打折扣的问题；解决了各部门之间各自为政、部门工作交叉导致的人浮于事、管理效能低下等问题；化解了学校管理体系不够完善可能导致的决策系统和监督系统缺失的风险。同时，成体系的工作规范也让读者小学的各项工作开展更加井然有序。对学校而言，有助于规范学校的教育教学、管理服务等各项工作，提高工作效率和办学质量；对教职员工而言，工作规范的制定则能够起到保障他们权益的作用，避免因为工作不规范或者其他原因而导致的纠纷与问题；对学生而言，学校工作的规范带来了教育教学质量的提升，促进了他们全方位发展和各方面能力的提升。

（二）实施项目长效管理，推进全员共同治理

2019年，中共中央、国务院印发了《中国教育现代化2035》，要求推进教育治理体系和治理能力现代化，激活学校教育细胞，释放中小学办学活力。同年为深入贯彻党的十九大精神和全国教育大会部署，加快推进教育现代化，办好人民满意的教育，深化教育教学改革以及提升义务教育质量，又发布了《关于深化教育教学改革全面提高义务教育质量的意见》，明确指出了学校必须坚持五育并举，全面发展素质教育，肩负起培养担当民族复兴大任的时代新人的责任。成都市读者小学在筹备期间，就积极响应国家教育战略需求，严格执行国家相关政策文件规定。为了实现提高教育教学质量、推动创新发展、增强教师专业能力等目标，探索试行了项目制模式，从项目制管理的内涵出发，切实结合学校的实际情况与需求，制定合理规范的项目管理体系，以此来促进学校现代化管理和学校教育教学事业的稳步向前发展。如何让项目制管理发挥实效？关键就在于把办学需要解决的问题和承担的任务，转化为教师个人或团队领衔的具体工作项目，以学术引领和项目推动的方式推进各项工作，让教师真正发挥自主权，充分激发他们的积极性与创造性。

首先，选择行动目标与制定项目方案。读者小学根据学校在教学资源、学生表现、设施设备等方面的实际需求，在与教师、学生及其他利益相关者进行沟通后，收集建议和意见，明确具体、可操作性强的行动目标，确保这些行动目标符合学校的整体发展战略和教育理念。对此，学校成立了项目制工作小组，设置了综合组、研制组、宣传组，并根据新教师意愿和技能特长将新教师编入各组，使其参与筹备工作。选择了行动目标之后，读者小学根据目标规划具体的实施方案，包括项目内容、时间及资源分配等，确立项目负责人，并组建具有相关专业技能和经验的团队，将方案提交学校管理层，获取必要的支持

和授权。

其次，团队合作有效实施目标管理。读者小学筹备期间，在成立项目制工作小组后，各组全程参与了学校文化建设、制度建设、发展规划、课程建设等重点工作。学校《工作规则》《学校章程》等系列制度由团队成员带领项目组教师，经过多次修改完善，最终在全体教职工大会上通过。正式开校以后，读者小学进一步探索实施"项目制"改革特色工作，项目征集范围涉及学校课程建设、教学创新、德育育人、教师成长等方面，青年教师们根据工作实际，充分思考自身项目拟解决的问题、工作目标、工作思路、工作措施及拟达成的成效等内容，填写了项目申请书，自主、自愿组建团队进行了申报，并按照安排有计划地实施项目。各项目小组定期检查项目进度，确保每个阶段的目标都能较好完成；保持团队内部及其他利益相关者的有效沟通，及时解决协作过程中出现的一些问题和挑战；学校也在这个过程中及时为小组成员提供必要的培训和资源支持，极大程度上提升了项目执行效率，在项目目标的达成过程中发挥了重要作用。目前，项目制活动已开展了两届，阅读成果册、全科嘉年华、校园吉祥物制作等多个项目脱颖而出，充分展示了青年教师们的智慧才华。

最后，建立相应的项目反馈机制。项目制活动的有序开展和持续发展，重点就是保持变革和稳定之间的动态平衡，其关键就在于体现专业智慧和自组织功能的反馈机制。读者小学在推进项目制活动的过程中，一方面统筹协调，合理分工，让各教师团队与小组充分了解整个项目的进展；另一方面在不同的项目小组之间建立通畅的信息交流平台，及时有效地让每位成员都能了解各项目活动，以便他们能够建立起有利于本项目活动开展的评估标准和性能指标，促使项目实施取得更为理想的成效。同时，学校建立起了定期协商、汇报常态化机制，确保了各项工作的落实与及时反馈。例如，在 2024 年 1 月，读者小学召开了"项目制"改革特色工作汇报会，会上各项目组做了精彩的汇报。主要汇报内容有："幼小衔接"项目组自成立以来，促进读者小学与几所临近幼儿园建立了合作关系，共同探讨教育教学方法和策略，为幼儿提供更好的教育服务。"阅读推广"项目组通过项目活动的不断探索，深化了书香校园建设，助力孩子养成阅读习惯。“睿得·论坛”项目组通过理论创新、经验分享、案例展示的形式让大家了解了教师教学水平和育人能力。“妙手小郎中——中医药体验活动”项目组通过设置各种配药任务，让孩子们在活动中沉浸式感受了中华优秀传统文化，加强了师生对中医药文化的认识和理解，有效增强了文化自信。各项目汇报小组纷纷展示了项目开展的具体过程以及项目开展以来带来的积极成效，将项目经验教训进行总结，与全校师生共享，以期能够凝心聚力、共谋进步，继续推进学校改革发展项目工作，创新教育教学方法，不断提高育人质量和水平。

三、与读者出版集团联合办学的创新实践背景

为加快推动“中西部教育现代化核心区”建设，加大优质教育资源供给，促进区域教育高水平均衡发展，根据教育法律法规相关要求，本着“合作共创、互利共赢”原则，经友好协商，成都市武侯区教育局与甘肃读者出版集团有限公司达成教育合作办学协议。

成都市读者小学是全国第一所“读者”品牌冠名的学校。自建成以来，学校以立德树人为根本任务，坚持“书香致远，体健德雅”的办学理念，秉持“读书以传文承粹，育人以成德达才”的精神，融汇“读者”元素和“阅读”基因，积极引进读者出版集团丰富资源，探索建立了“活动共建、资源共享”与“平台互通、信息互联”的“两共两互”工作机制，积极营造书香氤氲的校园环境和日益浓厚的阅读氛围，致力于打造品质一流、特色鲜明、在西部地区具有示范力和影响力的阅读品牌学校。

（一）开展阅读系列讲座，指导青少年阅读与家庭亲子阅读

“每一代有每一代的童年，但也有共通之处，比如对世界的好奇和想象力，对未来的向往和探索。”读书是童年生活必不可少的一个部分，学生可以在阅读的过程中认识世界、寻找自己、丰富自己，让自己成为有责任、有本领、有理想的人。为引领师生、家长爱读书、读好书、善读书，积极推动青少年阅

读、家庭亲子阅读，学校充分运用读者出版集团资源，共同举办“线上＋线下”相结合的专家讲座活动。

2022 年 9 月，学校与读者出版集团共同开展主题为“如何帮孩子做高效科学的阅读规划”的线上家长课堂专家讲座活动。2023 年 4 月，武侯区教育系统“阅读的力量”全员阅读推进会暨成都民进“简·读书”走进校园活动在成都市读者小学举行。2024 年初，学校与读者出版集团再次举办亲子共读家长课堂线上直播讲座。此外，学校还积极引进“读者·新语文”中小学阅读与写作教育平台研发的《小读者唱诗班》《小读者朗读课》系列音视频课程，并通过每周的专题阅读课开展相关教学，课程深受学生喜爱，取得了良好教学效果。

（二）开展阅读写作指导，助力教师专业成长

为进一步密切与读者出版集团合作，促进学校发展和教师成长，学校和读者出版集团充分利用资源，面向教师开展系列讲座活动，指导提升教师阅读、写作等专业素养和能力。

2022 年 4 月，读者出版集团、成都市读者小学共同开展主题为“教师是最好的领读者——相信阅读的力量”线上专家主题讲座，助力孩子们提升阅读兴趣、养成阅读习惯、提高阅读能力。

2023 年 11 月，读者出版集团、成都市读者小学共同开展了教师专业发展主题讲座。活动特别邀请了兰州大学文学院副教授、硕士生导师、文学博士杨许波老师进行线上指导。

（三）加强实地调研学习，深化双方合作交流

2023 年 7 月，受读者出版集团邀请，学校行政团队成员到集团总部进行调研交流，拜会了读者出版集团党委书记、董事长，集团党委副书记、总经理等主要领导，并在座谈会上向集团全面汇报了开校以来的办学成效。

会上，集团领导指出，读者小学是读者品牌输出发展的新模式的代表，是读者品牌战略向教育领域的延伸，也是集团助力书香校园建设的重要举措。读

者杂志社、期刊出版中心、阅读服务与数字运营中心等业务单位要主动谋划，加强沟通交流，建立常态化调研互访机制，积极参与读者小学“以‘读者’为名、以阅读立校”的特色办学。

本次会议，双方还就学校的宣传推广、校本课程研发、阅读活动协作、教师专业成长、校园文化建设及协同机制建立等多方面展开深入交流。双方达成共识，下一步不断加深集团与读者小学在校园文化建设、阅读推广、文旅研学等方面的合作交流，进一步充分利用集团优质资源，推动这所由集团和成都市武侯区人民政府共同创办的首家读者品牌冠名学校，走上高质量发展之路。学校也将继续深化与读者出版集团的交流合作，在集团丰富的资源支持下，共同探索“书香润德、阅读育人”的特色办学模式，积极营造书香氤氲的校园环境和日益浓厚的阅读氛围，不断彰显阅读品牌学校特色，携手将学校建设成为在西部地区具有一定示范力和影响力的阅读品牌学校。

第二节　读育理念的根本遵循

一、明确“立德树人”作为根本目标的内涵

2012 年 11 月，党的十八大明确提出：“全面贯彻党的教育方针，坚持教育为社会主义现代化建设服务、为人民服务，把立德树人作为教育的根本任务，培养德智体美全面发展的社会主义建设者和接班人。”2017 年 9 月，中共中央办公厅、国务院办公厅印发了《关于深化教育体制机制改革的意见》，提出健全立德树人系统化落实机制。2018 年 9 月，习近平总书记在全国教育大会上的重要讲话中强调：“要把立德树人融入思想道德教育、文化知识教育、社会实践教育各环节。”2019 年 6 月 23 日，《中共中央国务院关于深化教育教学改革全面提高义务教育质量的意见》中明确提出“坚持立德树人，着力培养

担当民族复兴大任的时代新人”，以“落实立德树人根本任务”为指导思想，以“健全立德树人落实机制”为基本要求。2022 年 11 月，教育部印发《关于进一步加强新时代中小学思政课建设的意见》。《意见》指出，加强党对中小学思政课建设的全面领导，全面贯彻党的教育方针，落实立德树人根本任务，积极培育和践行社会主义核心价值观。由此可见，“立德树人”是教育的根本目标，它强调了培养具有高尚道德品质和全面发展的人才的重要性。

1. 道德培养：立德树人的核心是培养学生正确的道德观念和价值观。通过教育，让学生懂得做人的道理，学会尊重他人、诚实守信、关爱他人、勇于担当等，培养学生的良好品德和道德操守。

2. 全面发展：立德树人不仅仅关注学生的学术成绩，更注重学生的全面发展。包括知识、技能、情感、态度等多个方面的培养，以促使学生成为具备综合素质的个体。

3. 社会责任：教育学生要有社会责任感，关心社会与他人，积极参与社会公益活动，为社会的发展和进步做出贡献。

4. 民族精神：立德树人还包括培养学生的民族精神和文化自信，让学生了解和热爱自己的民族文化，传承和弘扬中华优秀传统文化。

5. 个体成长：帮助学生树立正确的人生观和世界观，培养学生的自主学习能力、创新精神和实践能力，为学生的未来发展奠定坚实的基础。

6. 培养健康人格：立德树人注重培养学生的健康人格，包括自尊自信、乐观向上、坚强勇敢等品质，让学生具备良好的心理素质和应对困难的能力。

7. 教育质量提升：立德树人的目标是提高教育质量，培养有道德、有才华、有责任感的新一代人才，为国家的发展和社会的进步提供有力的人才支持。

8. 长期影响：立德树人的目标是具有长远性和持久性的。它不仅关注学生在校期间的成长，更期望对学生的一生产生积极的影响，使他们成为对社会有益的公民。

立德树人是教育的根本任务，它体现了教育的本质和价值。通过立德树人，学校可以培养出具有高尚品德、社会责任感和全面发展的学生，为社会的和谐与进步做出积极贡献。同时，立德树人也有助于学生自身的成长和发展，使他们在未来的人生道路上能够成为有道德、有担当、有作为的人。这一目标的实现需要学校、家庭和社会共同努力，建设良好的教育生态，为学生的成长提供全方位的支持和引导。

二、以读育人的缘起

（一）办学背景下的必然选择

为全面贯彻习近平总书记关于“倡导多读书，建设书香社会”的重要指示和精神，落实立德树人根本任务，武侯区政府与读者出版集团共同创办的读者小学应运而生。在这一办学背景下，充分相信阅读的力量，并将“以读育人”作为德育工作思路是学校德育工作的必然选择。

（二）阅读价值与德育目标高度吻合的必然结果

新教育发起人朱永新老师指出：“如果把精神成长与躯体成长做个比较的话，躯体的成长更多是受遗传和基因的影响，个体的精神成长却不完全依靠基因和遗传，而与后天阅读息息相关。个体的精神发育历程是整个人类精神发育历程的缩影。每个个体在精神成长过程中，都要重复祖先经历的过程。这一重复，是通过阅读来实现的。”阅读可以培养学生的想象能力和独立思考能力，加强学生思维的广阔性、深刻性、逻辑性和灵活性；阅读可以帮助学生形成良好的表达能力，增强人际沟通能力，减少沟通矛盾；阅读能够帮助学生在当今高速发展的现代化信息化的时代背景下，沉静浮躁的内心。书籍中蕴藏着强大的精神力量，有助于学生形成良好的品德和健全的人格，能够让学生树立正确的价值观。阅读有助于开拓视野，让学生做到不出门亦知天下事，培养学生的大格局。

以上这些阅读的价值与《中小学德育工作指南》提出的德育总目标高度吻合。因此，学校相信阅读的力量，坚持“以读育人”的德育工作思路。

（三）阅读缺失现状的必然补给

21 世纪，获取信息的渠道丰富，如电视、网络……数码信息时代下这些丰富的视觉盛宴正在挤占我们的时间和思维空间。坚持“以读育人”的德育工作思路是改善青年阅读缺失现状的必然措施。

（四）“双减”政策下的必然趋势

上海针对 29 所小学和 26 所中学所做的调查结果显示，小学生完成作业后，阅读课外书的时间比例不到 50%，初中生的这一比例为 42%，他们主要阅读的是作文书、教辅书和课本。一般情况是，孩子大部分时间被各种辅导班、应试训练占据着，留给阅读的时间很少。“双减”政策让教育“返璞归真”，让时间不被各种辅导班、应试训练占据，保障了阅读时间，增强了“以读育人”的可行性，这也是必然趋势。

（五）以“阅读”作为学校品牌化建设的重要意义

以阅读特色作为学校品牌化建设的理念，是一种深化教育内涵、提升学校软实力的重要途径。这一理念不仅能够促进学生的全面发展，还能够提升学校的社会影响力和教育品质。以下是对这一理念的具体阐述：

1. 促进良好教育风气形成，利于培育学习精神。阅读特色的推广能够营造浓厚的学术氛围，激发教师的教育热情和学生的学习兴趣，进而提高教育质量和学习效果。

2. 服务于社会和国家人才培养。学校通过阅读特色教育，能够培养出具有良好阅读习惯和深厚文化底蕴的人才，满足社会和国家对高素质人才的需求。

3. 推动全民阅读和文化传承。学校作为全民阅读的重要阵地，通过推广阅读特色，可以带动整个社会的阅读风气，传承和弘扬优秀的文化传统。

综上所述，以阅读特色作为学校品牌化建设的理念，不仅能够提升学校的教育教学水平，还能够在更广泛的层面上服务于社会，培养出有深度、有内涵的未来公民。

三、“阅读特色”与“立德树人”的理论关系

一个人的精神发展史，就是他的阅读史；一个民族的精神境界，取决于这

个民族的阅读水平。这就决定了在人类漫长的发展进程中，阅读发挥着无可替代的作用。朱永新老师认为："今天的儿童青少年就是未来中国的主人翁；他们今天所形成的核心素养、德行品格、精神趣味，代表着未来的国民素质，直接影响到未来国家的基础。所以，儿童青少年的阅读对于一个国家的未来，起着举足轻重的作用。"阅读特色作为学校品牌化建设理念，和立德树人根本目标之间也存在着相当密切的理论关系。

（一）知识积累与品德培养

阅读是知识获取和积累的重要途径。习近平总书记指出："阅读是人类获取知识、启智增慧、培养道德的重要途径，可以让人得到思想启发，树立崇高理想，涵养浩然之气。"通过阅读，学生可以接触到丰富的文化、历史、科学等领域的知识，从而促进智力的发展。同时，优秀的阅读材料往往蕴含着深厚的道德教育意义，它们能够潜移默化地影响学生的价值观和行为准则，有助于立德树人。

（二）思维训练与人格塑造

阅读不仅是知识的吸收过程，也是思维能力的训练过程。阅读时读者的大脑会去解码文字、理解语言、建构意义以及关联已有知识。这个过程有助于学生增强记忆力，提升分析、批判、综合等阅读技能，养成学生的逻辑思维能力，形成独立思考的习惯，这对于培养学生的创新精神和问题解决能力至关重要。独立思考则可以增强学生问题解决能力、培养自主性和决策能力。具有独立思考能力的个体更容易形成健全的人格，塑造自己的个人价值和品格，最终促进个人的成长与发展，这是立德树人目标的重要组成部分。

（三）文化传承与社会责任感

中华文明历经几千年的流变却从未中断，原因在于博大精深、独具特色的中华文化形成了强大的精神支撑。阅读能使学生了解并继承人类历史长河中积淀的文化精华，延续优良传统，传播优秀文化，增强文化自信和民族认同感，让民族精神之根深深植入文化土壤。同时，阅读不仅是获取知识、传承文化的途径，也是学生汲取榜样力量，强化对社会、世界和自我认知，获得移情能力，进而实现个体社会化的途径。阅读能让学生认识到自己作为社会成员应承担的责任，培养他们的社会责任感和服务意识，这与立德树人的根本目标相契合。

（四）情感陶冶与人文关怀

阅读文学作品可以丰富学生的情感体验，培养他们的同理心和人文关怀精神。阅读虽然不能改变人生的长度，却能延展人生的深度与厚度。优秀的文学作品具有丰富的内涵和较高的艺术感染力，作家将真、善、美融合在艺术形象之中，通过阅读，学生可以在已有的心理体验上发挥想象，对作品进行再创造，从而和书中人物产生共鸣，体验不同的人生境遇，达到一种只可意会不可言传的心灵愉悦感，起到陶冶情操的作用。在这个过程当中，学生也能够逐渐学会理解和尊重他人，这对于形成和谐的人际关系和社会环境具有重要意义。

（五）终身学习与自我发展

将阅读特色融入学校品牌化建设，可以培养学生的终身学习习惯。党的二十大报告中强调要“建设全民终身学习的学习型社会、学习型大国”。在知识更新换代日益加快的今天，终身学习已成为个人发展和适应社会变化的必备能力。阅读是落实终身学习的有效途径，通过阅读，学生能够不断充实自己，塑造充满正能量的世界观、人生观和价值观，实现自我完善和自我超越。

综上所述，以阅读特色作为学校品牌化建设的理念，不仅能够提升学校的教育教学质量，还能够在更广泛的层面上实现立德树人的教育目标。通过阅读，学生可以在知识、思维、情感等多方面得到全面发展，最终成为具有良好道德品质、扎实知识基础和创新能力的社会人才。

四、通过阅读特色实现立德树人的基本构想

（一）建构“三维六有”的育人目标结构模型

学校借助读者出版集团丰富资源，秉承“书香致远，体健德雅”的办学理

念，贯彻“好好读书，天天进步”校训精神，从“阅读立德、阅读树人、阅读育心”三个维度出发，培养“雅德尚美、睿智阳光、灵动向上”的小读者。结合中小学生核心素养，建构“三维六有”的育人目标结构模型。

1. “三维”。

（1）阅读立德，培养雅德尚美好少年。

培养学生崇德尚美的良好品格和社会责任感。希望学生在认识自我、发展身心、规划人生等方面获得综合发展，形成积极的情感态度和正确的价值取向，学生新时代社会主义建设者和接班人所必须遵守和履行的道德准则和行为规范，增强社会责任感，促进个人价值实现，推动社会发展进步，发展成为有理想信念、敢于担当的少年。

（2）阅读树人，培养睿智阳光好少年。

培养学生睿智阳光的人文精神和知识技能，促进学生在学习、理解和运用人文、科学知识以及技能等方面获得综合成长，形成相应的基本能力、思维方式、情感态度和人文积淀，从而提升学生乐学善学、勤于反思的意识和能力，进而启迪学生做人做事的智慧。

（3）阅读育心，培养灵动向上好少年。

依托“中国人的心灵读本”——《读者》资源，学校根据学生的兴趣潜力培养灵动创新、多元发展和个性生长的时代少年。通过阅读课程教学促进学生实现有效自我管理，帮助他们认识和发现自我价值，发掘自身潜力，成就出彩人生，由内而外焕发出绚烂多彩的生命魅力。

2. “六有”。

（1）有高雅的品德。

培养学生具有爱党、爱国、爱人民的政治素养和道德品质，树立学生为中华民族伟大复兴而勤奋学习的远大志向和理想信念，培养学生有正确的国家观、历史观、民族观。要求学生遵守《中小学生守则》，有适应社会的法治意识，具有良好的行为习惯和社会公德，成为有理想、有本领、有担当的社会主义现代化建设者。

（2）有向上的审美。

培养学生具有感受美、鉴赏美、表现美、创造美的能力，有美丑善恶的审美能力和审美情趣。通过学校艺术课程的实施，对学生进行审美教育。鼓励学生参加各种艺术活动，提高其艺术表现能力。通过参观当地美术馆、博物馆、园林、现代城市建筑等，引导学生学会欣赏生活中的美，产生美好的情感，增长审美意识。

（3）有善思的智慧。

有善思的智慧表现为学习能力突出、学习目的明确、学习态度端正，勤奋刻苦，乐学善思，有解决问题的智慧。焦吉·莫扎斯曾这样说过："只有善思的人才会创造更多的财富。"读好书并不是一件易事，既要有强烈的求知欲望，也要有善于学习的本领。引导学生学习要用巧力，读得巧、读得实、读得深，懂得取舍、有的放矢；同时，还要重钻研，避免死读书、读死书。

（4）有健康的体魄。

树立健康第一的教育理念，开齐开足体育课，开展各项体育活动，帮助学生在体育锻炼中享受乐趣、增强体质、健全人格、锤炼意志。引导学生热爱体育锻炼，有良好的卫生习惯和运动习惯，掌握一项以上体育技能，积极参加文体活动。

（5）有创新的实践。

教育学生要有善于创新的社会实践能力，有较高的劳动素养，每年学会至少一项生活技能。创新贯穿于人类发展的任何时期、任何角落，它是民族进步的灵魂，是社会发展的枢纽，是国家兴旺发达的不竭动力。要鼓励学生从小就有创新的精神，有创新的意识，不断开拓创新。要大力开展劳动教育，引导学生崇尚劳动、尊重劳动，懂得劳动最光荣、劳动最崇高、劳动最伟大、劳动最美丽的道理，为孩子未来的成长打下坚实的基础。

（6）有健全的人格。

有积极向上的人生观，有善于应变的心理素质，能获得幸福感，有同理心，能与人友好相处。有独立的人格，能够自我接受，可以独立地做决定。有一定的安全感，学会自己接纳自己。同时还有良好的人际关系，与他人友好相处，情绪稳定。有一定的人生目标，对自己的价值感有明确认识。（图1—1）

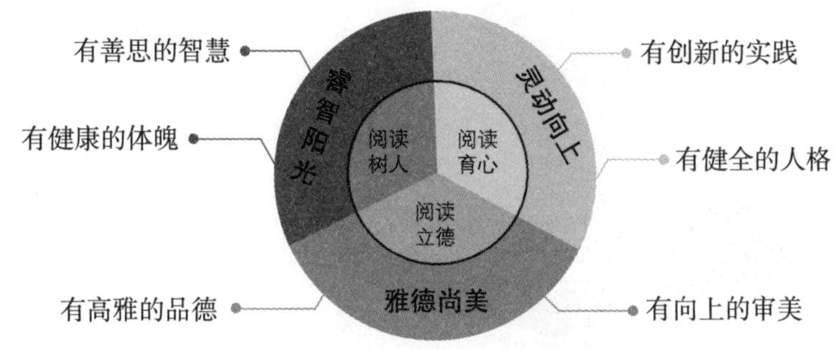

图1—1 “三维六有”育人目标结构模型图

（二）建立“六大角色”的育人进阶思路

《中小学德育工作指南》指出小学低年级德育目标：教育和引导学生热爱中国共产党、热爱祖国、热爱人民，爱亲敬长、爱集体、爱家乡，让学生初步了解生活中的自然、社会常识和有关祖国的知识，保护环境，爱惜资源，养成基本的文明行为习惯，形成自信向上、诚实勇敢、有责任心等良好品质。小学中高年级的德育目标是：教育和引导学生热爱中国共产党、热爱祖国、热爱人民，了解家乡发展变化和国家历史常识，了解中华优秀传统文化和党的光荣革命传统，理解日常生活的道德规范和文明礼貌，初步形成规则意识和民主法治观念，养成良好的生活和行为习惯，具备保护生态环境的意识，形成诚实守信、友爱宽容、自尊自律、乐观向上等良好品质。

随着时间的推移和个人的不断成长，每个人承担的角色越来越丰满，从家庭的孩子到学校的学生，从学校的学生到社会的公民，从社会的公民到国家的栋梁，从国家的栋梁到世界的见证者，从世界的见证者到自然的一分子。逐步理解每一个角色，当好每一个角色，让每一个角色都能和谐共存就是学校的育人进阶思路。（图1—2）

图 1-2 “六大角色”的育人进阶思路

（三）建立“五大任务”的育人驱动

读者小学的学生在学校六年要完成的五大任务清单：一是会一项技能，二是读一卷好书，三是做一场演说，四是当一次主角，五是习一身礼仪。在这五大任务的驱动之下，学生逐步完成角色的进阶，逐步成为“雅德尚美、睿智阳光、灵动向上”的小读者。（图 1-3）

图 1-3 “五大任务”育人驱动

（四）具体做法

1. 引导学生阅读优秀的文学作品：选择适合学生年龄段和阅读水平的经

典文学作品，让学生在阅读中感受人性的美好、道德的力量和情感的共鸣。这样的阅读可以培养学生的情感认知、道德判断能力和人文关怀精神。

2. 开展主题阅读活动：以“4.23世界读书日”和“10月成都市读书月”为契机，开展阅读节活动和阅读月活动，根据不同的德育主题，组织学生进行相关书籍的阅读和讨论。例如，开展关于诚实、友善、尊重等主题的阅读活动，通过阅读和讨论，引导学生树立正确的价值观和行为准则。

3. 培养阅读习惯和兴趣：鼓励学生养成每天阅读的习惯，营造浓厚的阅读氛围。依托丰富的阅读资源，举办阅读俱乐部、书展、读书分享等活动，激发学生对阅读的兴趣和热爱。

4. 融入德育教育：在语文、道德与法治等课程中，结合阅读材料进行德育教育。通过分析文本中的道德观念、人物品质等，引导学生思考和探讨，培养他们的道德意识和行为习惯。

5. 强调阅读的思考和反思：在阅读过程中，鼓励学生思考书中的观点、问题和情境，并引导他们进行自我反思。通过深入思考和内省，培养学生的自我认知和自我管理能力。

6. 教师示范和引导：教师作为学生的榜样，要自身热爱阅读并与学生分享阅读的心得和体会。教师可以通过推荐书籍、引导阅读方法、组织讨论等方式，激发学生的阅读兴趣和思考能力。

7. 家校合作：与家长密切合作，鼓励家长在家中培养孩子的阅读习惯，并与学校的阅读活动相结合。家长和教师可以共同分享阅读经验，促进学生的全面发展。

8. 社会实践和阅读延伸：将阅读和社会实践相结合，组织学生参加志愿者活动、社区服务等，让他们在实践中理解对书中所学的道德理念理解。

9. 评价与激励机制：建立合理的评价机制，鼓励学生积极参与阅读活动并表现出良好的品德行为。给予适当的奖励和表彰，激发学生的积极性和荣誉感。

通过以上方法，学校可以充分发挥阅读特色在立德树人方面的作用，培养学生的品德素养、思维能力和社会责任感，使阅读成为塑造学生良好品德和促进其全面发展的有效途径。同时，要注意根据学生的特点和需求，灵活运用各种方法，让阅读真正深入学生的心灵，产生深远的影响。

第三节　读育品牌的校本依据

一、学校发展概述

成都市读者小学是一所由武侯区人民政府与读者出版集团共同创办的高起点、高标准、高品质的公办学校。学校竣工于 2020 年，校园建设以“自然、健康、智能、书韵”为主题，拥有充满书韵的校园文化和绿色生态的自然人文景观。学校位于万寿四路 66 号，占地面积 18 亩，设计办学规模 30 个教学班。

自 2020 年建校以来，读者小学依托读者出版集团的品牌优势和中国教科院的科研支持，坚守立德树人根本任务，践行“书香致远，体健德雅”的办学理念，探索形成独特的品牌特色和教育理念，快速发展成学生幸福成长、家长认可赞誉的优质学校。

作为读者出版集团和武侯区人民政府战略合作新建学校，其办学初衷根植于对教育的深刻理解和对未来社会的前瞻性思考。学校充分发挥读者出版集团的品牌优势，打造独特的教育模式，将“读者”品牌深厚的文化底蕴与教育事业相结合，努力培养德智体美劳全面发展的社会主义建设者和接班人。

（一）全面筹备

读者小学创校之初，便明确了自身的发展初衷和办学愿景。学校建设以“自然、健康、智能、书韵”为主题，致力于构建充满书韵的校园文化和绿色生态的自然人文景观，确保校园设施和教学设备满足教育需求。这种理念不仅体现在校园建设上，更贯穿于学校的教育理念和教学实践中，以传承文化、阅读育人、创新发展和示范引领作为办学初衷，将“读书以传文承粹”作为精神引领，致力于传承和弘扬中华民族的优秀文化传统；坚持“育人以成德达才”的教育理念，注重学生德、智、体、美、劳全面发展；利用读者出版集团的资源优势，探索创新教育模式，激发学生的创造力和批判性思维。

作为一所以阅读为特色品牌、致力于学生终身发展的学校，成都市读者小学将“品质一流、特色鲜明，在西部地区具有示范力和影响力的阅读品牌学校”作为成立之初的办学愿景。学校在队伍建设、课程改革、质量监控方面的建设发展始终以“书香校园、教育创新、品牌打造、人才培养”作为目标，致力于构建一个充满书香气息的校园环境：让阅读成为学生生活的一部分，培养其终身学习的习惯；不断探索和实践教育创新，为学生提供多元化、个性化的学习路径；培养出“雅德尚美、睿智阳光、灵动向上”的小读者。

在明确自身定位、确立办学目标后，读者小学积极开创改革发展崭新局面。在区教育局的大力支持下，学校不断推进新建学校各项筹备工作，成功组建了教育教学团队、完成管理制度建设、确立文化建设理念、完成校园环境打造。学校在筹备阶段的工作取得了显著进展，具体体现在以下几个方面：

通过严格的选拔和培训，学校组建了一支专业素质高、教育理念先进的教师队伍。在省市专家的指导下，通过问卷调查等方式，形成了学校文化建设的框架，将办学理念定为“书香致远，体健德雅”，以成为“品质一流，示范一方”的学校为发展愿景，强调“读书以传文承粹，育人以成德达才”；并将办学特色融入学校的校风、教风、学风和校训中。在校园环境建设上，努力营造书香校园，完成“双廊、四景、四径、一馆”建设，打造了多元和充满童趣的校园文化环境。在管理职能建设与资源保障方面，学校建立了一室四中心，包括办公室、课程研发、教学研究、学生发展、教师发展和后勤保障，在管理上引入现代学校制度，确保了学校运作的高效和规范；并设置了标准化、科学性的资源分配机制，合理配置教育资源，包括师资、设施和资金等。

（二）正式开校

经过前期的努力，学校圆满完成各项筹备工作，于 2021 年 9 月正式开校，并完成招生工作，招收一年级 4 个班级，分别命名为：萤火虫之家、四叶草之家、种子乐园和梦之光，共计 170 名学生。开校后，全体教职员工精诚团结、同心同德、同舟共济，齐心协力发展学校核心竞争力。学校以教师队伍的专业素养提升为切入点，致力于推进特色课程的开发、教学方法的创新和育人模式的探索，通过组织新教师在优秀学校跟岗学习，帮助新教师转变角色，迅速融入课堂；同时注重发挥教研员指导服务作用，开展教师阅读分享、跟岗心得撰写、微型课题研究等活动。在育人模式创新方面，读者小学初步建构了“三维六有”的全面育人模型，“三维”即从“阅读立德、阅读树人、阅读育心”三个维度出发，“六有”即有高雅的品德，有向上的审美，有善思的智慧，有健康的体魄，有创新的实践，有健全的人格。

（三）战略发展

1. 特色课程开发。

特色课程的开发是学校教育创新的重要体现，要求教师跳出传统教学的框架，结合学生的个性化需求和社会发展趋势，设计出具有吸引力和教育价值的课程内容。同时，教学方法的创新也是提升教学质量的重要途径。通过引入新的教学理念和技术，教师能够更有效地激发学生的学习兴趣，培养学生的批判性思维和解决问题的能力。因此，读者小学以教师队伍的专业素养提升为切入点，积极推进特色课程的开发；教师专业素养的提升工作不仅包含了学科知识，还涉及教学技能、教育理念、创新思维等多个方面，学校通过跟岗学习的形式为新教师提供了宝贵的学习和成长机会。通过组织教师们在优秀学校进行跟岗学习的实践方式，帮助新教师更快地学习实践教学方法和育人理念，从而迅速融入课堂，提高教学能力。此外，学校开展了一系列教研活动，如教师阅读分享、跟岗心得撰写、微型课题研究等促进了教师之间的交流与合作，也为教师提供了反思和提升教学实践的机会。

在充分奠定教师队伍的专业素养后，学校启动了特色活动课程的开发工作，进一步全面提升学生综合素质，促进学生全面发展。在开校第一学期就开设了探索科学、益智游戏与思维、儿童画、“千年风雅”（中华传统文化体验）、趣味数独、跃动篮球、少儿口才与思维、中华小四弦八门特色活动课，并实行走班制，鼓励学生根据自己的兴趣爱好选择课程。在阅读课程建设方面，学校组织撰写了《读育课程建设方案》，明确了课程理念、目标、内容和“五化”实施路径，初步构建了课程建设框架。

2. 育人模式创新。

特色课程的开发旨在丰富学生的学术体验，激发学生的学习兴趣，培养学生的创新思维和实践能力。学校鼓励教师发挥自己的专长，开发与学科知识相结合的特色课程，以满足不同学生的发展需求。同时，学校注重教学方法的创新。通过引入现代教育技术和教学理念，学校鼓励教师采用多样化的教学方法，如项目式学习、合作学习、翻转课堂等，以提高教学效果，促进学生的全面发展。在育人模式的探索方面，学校不断进行创新和实践。学校认为，育人不仅仅是传授知识，更重要的是培养学生的品德、能力和人格。

在育人模式的创新方面，学校需要构建一个全面育人的教育体系。这不仅要求学校关注学生的学科知识学习，更要重视学生品德、能力、人格等综合素质的培养。读者小学初步建构了“三维六有”的全面育人模型，从阅读立德、阅读树人、阅读育心三个维度出发，培养学生的责任感、审美情趣、解决问题的智慧、健康体魄、乐学善思的能力和健全人格，从而实现学生的全面发展。

（四）特色品牌打造

“读天读地读万物，育人育心育雅德”是读者小学的课程理念，学校秉持“一事一物皆教育，万事万物皆可读”的大阅读课程观，系统构建并实施“读育”课程。经过一年的实践，学校在原有课程建设方案基础上，进一步梳理总结了读育课程建设思路，明确了课程建设三大板块，即学科课程、活动课程、特色课程。学科课程又称“读智课程”，以国家课程为中心，根据学科特点，既强调学生基础，又关注差异，形成“基础+”模式。如语文学科“基础+阅读”，让阅读成为语文课堂延伸。晨诵、共读、个性阅读成为班级阅读常态。活动课程即“读悦课程”，是以学生阅读主题性活动为中心，用课程理念引领活动。如关注学生成长节点的“读书启智”入学课程、“读史立志”入队课程；满足学生个性发展的“读育”社团课程；“最美阅读空间”“走进图书馆”等综合实践活动课程。特色课程即“读美”课程，包括“阅享二十四节气”（追随节气脚步），“寻民俗、查谚语、诵诗文等”（传承非遗文化），“读懂校园十二树”（科普树木知识），“穿‘阅’历史”（融合历史故事，开展传统文化教育）等课程在内的特色阅读课程，在增长学生智识的同时，提高学生审美水平，促进学生综合发展。

成都市读者小学深入贯彻党的二十大精神，落实立德树人根本任务，办好人民满意的教育，按照国家、省市区关于深化课程教学改革的安排部署，结合学校改革发展实际，努力探索构建以阅读为核心的“读育”课程体系，融合基础型、拓展型和研究型课程，并将“读育”进一步拓展为“读雅”“读思”“读礼”“读悦”“读乐”“读趣”六大课程模块，努力实现国家和地方课程校本化、校本课程特色化实施，丰富学校课程文化，努力让学校师生读书、读人、读自然、读世界，从而实现乐读、会读，读出幸福人生，为全体学生核心素养发展贡献阅读的力量。

读者小学在探索实践中，逐步厘清了课程定位，深入分析以阅读为中心的课程要素，搭建课程体系。以阅读目标、阅读内容、阅读方式、阅读评价为基本内容，进行深入探索。阅读目标，即学习所要达到的预期结果，关系到发展学生素质的目标；阅读内容，即要求学生通过学习而掌握的内容；阅读方式，即为达到学习目标、掌握学习内容而采用的学习活动类型和操作样式；阅读评价，即对学习活动的评判，包括学习起点评价、学习过程评价和学习结果评价等。

“阅读”不仅成为成都读者小学办学的重要载体，也是成都读者小学最重要的办学特色，通过“阅读”课程的体系建设，让读者小学的师生读书、读人、读自然、读万物，读出幸福人生。

（五）品牌建设“再起航”

下一阶段，读者小学将继续深化品牌内涵，以“阅读课程”建设为载体，融合学校教师专业发展，推动教育实践的创新。

深化“读者”品牌特质，突出“阅读育人”。读者小学将继续深化教学改革，推进五育融合，在突出阅读品牌特质的过程中，立足学生的全面发展，稳步提升教学质量。

提升教师专业发展境界，传承读者文化。读者小学将以优化教育教学研究促进教师专业成长，不断强化专家引领，为教师搭建成长平台，通过规划教师梯队，促进教师协调发展。

推进特色课程系统发展，完善课程建设。读者小学将以阅读课程体系建设为中心，持续完善原有课程，推进学科建设，在课程建设过程中，开发创新课程，体现品牌特色。

二、读育品牌形成的原因探析

（一）天时——基础教育改革的政策所指

中共中央、国务院《关于深化教育教学改革全面提高义务教育质量的意见》提出坚持立德树人，坚持“五育并举”，为义务教育各项改革指明了方向；《基础教育课程教学改革深化行动方案》强调素质教育的重要性，把阅读作为获取知识、开阔视野的重要途径，对于培养学生的独立思考能力和创新精神，具有重要价值；教育部等八部委联合颁布的《关于进一步激发中小学办学活力的若干意见》指出要深化教育“放管服”改革，落实中小学办学主体地位，为学校深入落实“两自一包”改革提供了政策支持。《教育部关于印发义务教育课程方案和课程标准（2022 年版）的通知》强调了阅读的重要性，提出了语文教育应当帮助学生养成终身阅读的习惯、提升学生的阅读素养和文化修养；《教育部关于印发〈基础教育课程改革纲要（试行）〉的通知》指出，基础教育应当不断推进课程改革、开发校本课程、丰富教学内容，为学生提供多样化的学习资源和学习方式。这些教育教学相关政策制度的陆续出台，为教育教学改革创新发展创造了良好的环境，也为基层学校改革提供了政策指引。

（二）地利——区域教育高位发展带来的机遇

成都市读者小学位于成都市中心城区武侯区。武侯区作为国内首批 8 个“智慧教育示范区”，采取革新体制、升级环境、创新治理、优化供给、变革教学、改进评价的“六位一体”推进路径，尤其是近年来率先实施的“两自一包”体制机制改革实践，有效促进区域内教育的高位均衡和快速发展。读者小学的发展离不开武侯区智慧教学新生态、教育服务新样态、智能治理新形态的良性辐射作用。区域内围绕智能治理研究、智慧化课堂教学模式研究、学生综合素质评价研究项目、STEAM 项目式学习研究、智慧教育学习空间建设研究的 5 个主题项目，以及构建形成智慧教学新生态、教育服务新样态、智能治理新形态三大任务，实现教育范式从经验走向科学、教育目标从知识走向能力、教育机制从管理走向治理、教育过程从阶段走向终身的四个转变，为读者小学现代学校制度的建设提供了良好生态。全国“智慧教育示范区”与“中西部教育现代化核心区”等区域教育高位发展和改革创新项目，为读者小学的教育改革创新向更高品质发展带来了区域优势。

（三）人和——读者出版集团与区域联合办学的成果

成都市读者小学是读者出版集团和武侯区政府战略合作新建学校，读者出版集团是“全国文化体制改革优秀企业”，核心产品《读者》杂志发行量连续 13 年领跑中国期刊，位居中国和亚洲第一，世界综合类期刊第三。集团丰富的内容资源为成都市读者小学在开发阅读品牌课程、打造阅读特色学校文化方面带来巨大的发展机遇。

读者小学作为“读者・中国阅读行动”全民阅读基地、“读者・新语文”阅读与写作教育基地、“读者研学”基地、中国教科院“教育综合改革实验区”重点项目学校，借助读者出版集团和中国教科院资源优势，以“读天读地读万物，育人育心育雅德”的课程理念和跨学科思维模式，秉持“一事一物皆教育，万事万物皆可读”的大阅读课程观，系统构建并实施“读育”课程，让孩子们读书、读人、读自然、读世界，从而实现乐读、会读，读出幸福人生。在一群“精神丰满、生命充实、终身学习”的领读者共同努力下，学校努力向“品质一流、特色鲜明、在西部地区具有一定示范力和影响力的阅读品牌学校”迈进。

三、读育品牌解读

（一）办学理念——书香致远，体健德雅

“书香致远，体健德雅”这一办学理念融合了文学、历史、道德和体育等多个方面的元素，体现了全面发展的教育追求。

其中，“书香”在中国文学中常用来象征学问和文化修养，传达了一种对知识和智慧的渴望。“致远”出自诸葛亮《诫子书》，“夫君子之行，静以修身，俭以养德。非淡泊无以明志，非宁静无以致远”，喻示着追求高远、有远大志向。“书香致远”鼓励学生通过阅读和学习来丰富自己的内心世界，培养深厚的文化底蕴，从而能够拥有远见卓识，追求更广阔的人生目标。

“体健”强调身体健康是支撑个人发展的物质基础。中国古代儒家文化强调“修身齐家治国平天下”，其中“修身”是基础，包括了身体和道德两方面的修养。“德雅”则涉及道德修养和优雅气质的培养，与儒家倡导的“仁义礼智信”等核心价值观相一致，强调个人品德的修养和外在行为的端庄。

“书香致远，体健德雅”作为办学理念，深刻地融合了中国传统文化的精髓和现代教育的目标，这一理念倡导在追求学习知识、创新创造的同时，也关注身体健康、道德修养和气质培养，体现了一种全面育人的教育理想。

（二）发展愿景——品质一流，示范一方

学校品质代表着学校教育教学的本质特征和内在价值，是学校教育质量、内涵、文化、特色等的集合体；“一流”则意味着对最高水平的追求，“品质一

流”表达了学校致力于提供最高质量的教育服务，培养出具有卓越能力和素质的学生，使学校在教育领域中达到典范水平，成为教育品质卓越的名校；“示范一方”意味着学校不仅追求自身的卓越，而且期望成为区域内教育的标杆和典范，引领和带动周边教育的发展。

“品质一流，示范一方”作为读者小学的发展愿景，既是学校自身对教育质量的高标准要求，也是学校社会责任感和领导力的体现。这一愿景展现了学校的雄心壮志，即不仅要成为教育质量的领跑者，还要成为推动区域教育发展的重要力量，为社会培养出更多有品质、有才能、有担当的人才。

（三）学校精神——读书以传文承粹，育人以成德达才

传文承粹：“传文”即传承文明、文化，强调了学习和传播人类优秀文化遗产的重要性；“承粹”意味着提炼和继承文化的精华，体现了对传统文化精髓的尊重与继承。“传文承粹”直指阅读的本质——站在巨人肩膀上看世界。

成德达才：“成德”指培养高尚的道德品质，强调品德教育在人才培养中的核心地位。“达才”，亦作“达材、达财”，出自《孟子·尽心上》，“君子之所以教者五：有如时雨化之者，有成德者，有达财者，有答问者，有私淑艾者”。“达才”指培养和发挥个人的才能，促进其潜力的激发和特长的发挥。

“读书以传文承粹，育人以成德达才”不仅体现了对传统文化的尊重和继承，也强调了现代教育的目标——培养德才兼备、全面发展的人才。“读书以传文承粹，育人以成德达才”作为学校精神，体现着读者小学对“阅读育人”的本质理解，即通过读书来传承知识，培养学生的文化素养，并将德育作为育人核心，注重学生的道德发展和社会责任感，鼓励学生发挥自己的特长和才能，追求个性化和全面发展。

（四）学校“一训三风”

1. 校训：好好读书，天天进步。

毛主席对少年儿童的著名题词：“好好学习、天天向上”，语句简单明快却

寓意深远，用儿童的口吻发出了保持终身阅读、终身学习的倡导。

2. 校风：书声琅琅，惠风和畅。

书声琅琅：汉语成语，出自宋·李昭玘《上眉扬先生》，“每相过者，论先生德义，诵先生文章，堂上琅琅，终日不绝”，描绘了琅琅书中氤氲着书香、散发着朝气的读者校园。

惠风和畅：出自晋·王羲之《兰亭集序》，“是日也，天朗气清，惠风和畅”。表现“小读者们”在校园中读书自悦、幸福成长的状态。

3. 教风：融读于教，以读育人。

融：一是指在教学过程中实现有机结合、高效渗透；二是体现学校读育课程体系建设对“五育融合”的价值追求。

读：《现代汉语词典》指阅读、看（文章），此处指将阅读与教育教学相互融合，在阅读中教育、培养学生，使之成为社会需要的身心健康的人才。

4. 学风：多读喜读，乐行善思。

多读：2019 年 8 月，习总书记视察我们集团时指出人民群众多读书，我们的民族精神就会厚重起来、深邃起来。“多读”言简意赅，表明了多读书、读好书的倡导。

乐行：乐即快乐，行即行走、行动。“乐行”有“读万卷书如行万里路”之意，也有在阅读教学进行言语实践教育的目的。

（五）师生发展目标

1. 教师发展目标：精神丰满、生命充实、终身学习的领读者。

精神丰满、生命充实：教师是人类灵魂的工程师，师德师风是评价教师队伍素质的第一标准，“四有好老师”首先是“有理想信念、有道德情操”。

终身学习：指为适应社会发展和实现个体发展的需要，贯穿于人的一生的持续的学习过程。教师应成为终身学习的实践者。

2. 学生成长目标：雅德尚美、睿智阳光、灵动向上的小读者。

学生成长目标即育人目标。雅德：即德行高尚。尚美：即崇尚道德情操、文化艺术之美。睿智：即聪慧、明智，出自《孔子家语·三恕》，指“聪明睿智，守之以愚”。阳光：即积极向上，乐观开朗，活泼有朝气。

第二章

读育品牌的实践探索

在当代教育的多元格局中，阅读教育始终占据着举足轻重的地位。它不仅塑造学生的思想品德和学术素养，还丰富了他们的精神世界，引领他们走向广阔的知识海洋。随着社会的快速发展和科技的日新月异，传统的阅读方式和教育模式正面临着前所未有的挑战与变革。在这样的背景下，“读育”品牌的提出和实践探索显得尤为重要，它不仅是对传统阅读教育的一种传承，更是对其进行的创新与拓展。

在教育领域，品牌建设不仅是塑造外在形象的重要途径，更是提升内在教育质量、构建特色学校文化的核心策略。学校作为教育实施的主体，必须在实践中不断实践探索与创新，“读育”品牌的建设便成为其教育创新的重要方向之一。它强调通过深入而广泛的阅读活动，培养学生的综合素养，提升其思想道德水平，丰富其知识结构，并激发其创造力和想象力。

本章内容详细阐述读者小学在教育管理中如何具体实施读育策略，以及这些措施如何有效促进了学生的全面发展和学校教育品牌的形成。从教师队伍建设到智慧校园的布局，再到家校协同育人的深入推进，每一环节都是“读育”品牌实践探索的重要组成部分。“读育”品牌的实践探索给学校带来了积极的变化：学生的阅读兴趣日益浓厚，阅读能力显著提升；教师的教学理念和方法得到更新，教学质量不断提高；学校的文化氛围更加浓厚，社会影响力日益扩大。这些变化激发了教育工作者对阅读教育进行思考和创新。

第一节 “领读者”教师队伍建设

一、以党建为领航，贯彻落实党的教育方针

成都市读者小学是在“十四五”崭新征程开启之际，成都市武侯区人民政府与读者出版集团共同创办的“两自一包”管理体制改革公办小学。学校努力探索新时代小学党支部组织建设新路径，夯实党建之基，提高育人质量。在推进各项工作中紧抓密织，多级联动，推陈出新，初步形成“四抓四式”组织建设工作机制，保证党的领导贯穿学校工作的各方面、全过程，开创学校党建工作和教育教学工作融合发展新局面，促进学校高质量发展。

（一）党建领航教师队伍建设

1. 紧抓政治建设，打造“融入式”育人环境。

围绕“以政治建设为抓手，推动学校发展”的党建工作思路，学校大力打造融入式育人环境。在党支部的领导下，学校严格执行党组织领导、校长负责、民主集中、个别酝酿、会议决定的工作原则，明确党组织把方向、管大局、作决策、抓班子、带队伍、保落实的领导职责，将“为群众办实事”的理念融入日常教育教学工作，营造红色与科技相融合的校园环境，建设“融读”育人课堂，打造高品质育人环境。

2. 紧抓办学特色，凸显“联合式”党建品牌。

学校坚持立德树人根本任务与办学特色相融合，践行以“党建+”为引领，聚焦课程、聚焦课堂、聚焦师生、聚焦质量，打造“联合式”党建品牌。坚持加强党组织领导和推动阅读品牌发展相衔接的原则，建立“德育、教学、科研、美育”协同管理体系，由党支部全面领导，校长牵头，学生发展中心、

教学研究中心、课程研发中心等职能部门执行，党员团员教师全面参与，实施全程、全员、全学科的阅读实践。

3. 紧抓阵地建设，铸造“靶向式”服务平台。

全面加强党建带团建工作，促进校园党团阵地建设，铸造“靶向式”服务平台。以提升党支部建设标准化为依托，以党团阵地为抓手，组织开展以红色文化为主题的教师专业发展、学生素质教育发展等活动。号召党团员教师在各项竞赛、科研活动中冲锋在前。严格执行“三会一课”主题日等制度，优先选聘党团员教师，鼓励优秀党团员教师做班主任，用爱耕耘，润物于无声，在潜移默化中将孩子们引导成为新时代社会主义建设者和接班人。

4. 紧抓主题教育，开启“灵活式”学习形态。

打造以支部学习为主阵地，以党团员教师为枢纽，以系列学习活动为载体的灵活式学习形态。为了让教职工读懂、理解习近平新时代中国特色社会主义思想，党支部开展“党建+阅读”主题学习新模式，将学校以“读”育人办学特色融入学习，打造全校多级联动学习课堂，让主题教育贯穿学校的各个领域，激发师生爱党、爱国情怀。

（二）党建引领师德师风建设的路径

1. 强化学校师德师风建设的核心之力。

师德师风建设要始终坚持把党的政治建设摆在首位，要站在“办好人民满意的教育”高度，深刻把握师德师风建设的价值意蕴。以高质量党建为思想引领是推动师德师风建设的关键环节。“党管人才”关乎学校的办学质量和办学方向。师德师风建设是“党管人才”的重要内容，是推进教师职业素养提升的重要抓手。在师德师风建设过程中，强化党建引领，就要将师德师风建设列入学校党建工作的重要内容、列入党支部重要研究事项，始终把学校党建工作融入教师人才引进、培养、使用、管理全过程，把强化党的理论武装和教师职业素养提升相结合，把党的作风建设和规范教师从教行为相结合。推进教师思想政治理论学习常态化，从师德缘起、师德传承、师德典范、师德建设等方面打造师德教育“综合体”，以高尚的师德师风锻造“四有”好老师。

2. 夯实学校师德师风建设的力量之源。

重视发挥基层党组织对推动学校师德师风建设的战斗堡垒作用。学校要围绕党组织功能，以基层党组织为重要抓手，聚焦师德师风建设。一方面，要围绕立德树人根本任务，切实发挥基层党组织的战斗堡垒作用，突出政治功能、强化政治引领，把思想政治工作落实到支部，把从严教育管理党员落实到支部。另一方面，要推进工作方式创新，使基层党支部成为师德师风建设的重要平台，将师德师风建设融入教育教学研究以及支部“三会一课”、主题党日活动等各项工作中，引导学校教师将自身职业发展、教育理念、科研追求等融入学校高质量发展大局中。

3. 织牢学校师德师风建设的底线之网。

风清气正的政治生态在学校师德师风建设中具有特殊重要的作用。学校党支部以高度的政治站位、完善的工作思路、创新的工作举措，不断优化学校政治生态，营造健康的廉政校园文化。以高质量党建引领学校师德师风建设，学校领导干部坚持以身作则。深入基层“问诊”，请师生员工“把脉”，聚焦党建引领，以党风促师德、以党性铸师魂。构建学校部门、教师、学生、家长和社会多方参与的师德监督体系，对师德失范“零容忍”，筑牢廉洁从教思想防线，确保校园育人生态风清气正。

二、以需求为驱动，重视教师专业能力发展

（一）强化理论基础，关注教师成长

1. 强化教育科研引领，提升教师教科研水平。

真正的好学校能为成就学生奠基，更能为成就教师奠基，成就教师就是成就学生。学校贯彻科研兴校、科研强师理念，建校伊始即以“小学校本阅读课程开发与实施”作为核心课题，校长领衔研究，同时围绕核心课题设置微课题，由职能中心和年级组牵头研究，以课题研究引领阅读品牌学校建设，带动

青年教师专业发展。该课题带动一批青年教师研究阅读问题，钻研阅读策略，或撰写论文，或研究课例，收获着自身专业成长。

学校已成功立项省市级教育科研规划课题各 1 个，5 个区域教育科研规划课题，8 个区域教师微型课题，同时，组织开展了两届教师校级教育科研课题的立项研究。研究范围涉及课程建设、学科建设、班级管理等学校教育教学工作的方方面面，学校教师教育科研课题覆盖率达 100%，全体教师充分参与到教育科研之中。

学校小学阅读课程研发实施这一核心课题，建校之初即被立项为区域教育科研规划课题，并在次年获得区域教育科研规划课题年度优秀成果一等奖，市域课程建设优秀成果评选一等奖，阶段研究成果先后在《中国德育》《四川教育》《时代教育》等刊物上发表。

2024 年学校课题组进一步将该课题提炼为“指向生命成长的小学整合式阅读课程构建的实践研究”，并成功立项成都市教育科研规划课题、四川省教育学会教育科研重点课题，同时被推荐申报中国教育学会教育科研课题。

2. 加大教师培训力度，牢固树立终身学习意识。

教师专业发展在教师工作过程中是关键性的因素。第一，学校倡导教师进行继续教育，牢固树立教师的终身学习的思想意识。提升教师专业化的水平，可以通过不同方式进行，如召开岗前培训、鼓励支持攻读在职硕士学位、开展各类型的教育研讨会等形式，提高小学教师的专业发展水平和学历层次。第二，学校制定合理的培训计划。学校在制定本校的校本培训计划时，根据不同教师的需求展开有针对性的培训，满足教师的培训需求，了解其现实困境，使教师能够得到心理上的满足和现实中的帮助。

（二）以阅读为核心，建设特色教师队伍

1. 以学校特色发展为核心，制定教师科学合理的目标体系。

教师作为教育的主体，其目标体系的制定对于推动学校特色发展具有重要作用。因此，教师制定科学合理的目标体系，能有效推动学校特色发展，且教

师的目标体系应与学校的特色发展紧密结合。

教师的目标体系应具有可操作性和可衡量性以及和学校办学特色的可融合性。教师需要明确知道自己应该做什么，以及如何做，才能更好地实现目标，并在实现目标的同时达成办学特色的建设和实践。同时，目标的实现程度也需要有明确的衡量标准，以便教师能够及时调整自己的工作策略。

教师的目标体系应注重长期发展和短期效益的结合。教师的职业发展是一个长期的过程，有短期效益也有长期效益。短期效益是指个人的教育教学成绩、专业提升能力等，长期效益是指为学生、学校乃至社会做出的贡献，例如为学校的特色发展做出的贡献。

2. 以学校特色发展为指引，制定教师专业发展规划。

教师队伍建设是学校特色改革的关键，特色化教师能教出敢于创新、发扬个性的学生，能形成独特的教育，并最终使学校发展成特色学校。学校应根据自身的办学特色，制定出符合自身需求的教师培养方案，包括教师的专业知识、教学技能、教育理念等方面的培养方案。

学校的办学特色是阅读，则倾向于培养喜欢阅读、有阅读思辩能力的教师，这样的教师能够引导学生培养良好的阅读习惯，提高学生的阅读理解能力，激发学生对阅读的兴趣和热情。同时，他们还能够通过阅读教学，培养学生的批判性思维、创造性思维和解决问题的能力。学校还可以根据办学特色提供丰富的学习实践机会，让教师在实践中提升自己的教学能力，如可以通过教学观摩、教学研讨、研学实践、课题探究等方式。（表 2-1）

表 2－1　基于学校办学特色的教师培养计划

培养类别	培养计划
新教师入职培训	对新入职的教师进行为期一周的入职培训，内容包括学校办学特色、教育教学理念、阅读教学方法等
在职教师培训	每学期组织一次为期一周的在职教师培训，内容涵盖阅读教学理论、实践案例分析、教育教学研究等
专题研讨活动	每月组织一次专题研讨活动，邀请校内外专家进行讲座或研讨，提高教师的专业素养
教育教学观摩与交流	每学期组织一次教育教学观摩与交流活动，鼓励教师相互学习、取长补短
团队协作能力评价	包括与同事合作、参与学校活动、支持学校工作等方面，重点评价教师在学校特色发展中的团队精神

教师培养，通过设立专门的教师培训机构、建立教师培训档案、设立教师培训经费和建立教师培训评价体系等来完成。设立专门的教师培训机构：成立教师培训中心，负责组织和管理教师培训工作。建立教师培训档案：为每位教师建立培训档案，记录其参加培训的情况和成果。设立教师培训经费：将教师培训纳入学校的年度预算，保障培训工作的顺利进行。建立教师培训评价体系：对教师培训的效果进行评价，为教师的职业发展提供依据。

3. 以学校特色发展为方向，建立相对应的教师评价体系。

在教师评价上，学校设置与办学特色有关的评价类别，如将学校办学特色的融合与个人教学质量、教学成果、教学创新等方面相结合，通过评价，了解教师为学校办学工作做出的贡献，并根据贡献大小给予相应荣誉和奖励，增加教师的认同感和校园凝聚力，同时也可以帮助教师在个人发展中规划出个人的发展方向，明确优势和不足，从而有针对性地进行改进。（表 2－2）

表 2-2　基于学校办学特色的教师评价体系

评价类别	评价体系
教育教学能力评价	包括教学设计、组织与实施、课堂管理、学生评价等方面，重点评价教师在培养学生阅读思辨能力方面的成效
德育管理能力评价	包括班级管理、学生思想教育、家校沟通等方面，重点评价教师在培养学生良好的阅读习惯和兴趣方面的成效
学科建设能力评价	包括课程开发、教材研究、教学资源建设等方面，重点评价教师在推动学校阅读特色发展方面的贡献
专业发展能力评价	包括教育教学研究、学术交流、培训学习等方面，重点评价教师在提高自身教育教学水平方面的努力
团队协作能力评价	包括与同事合作、参与学校活动、支持学校工作等方面，重点评价教师在学校特色发展中的团队精神

针对教师评价体系的实施与反馈，主要做到以下几点：一是定期进行教师评价，根据学校特色发展的需要，每学期或每学年进行一次教师评价，确保评价结果的时效性。二是建立多元化的评价方式，采用自评、互评、领导评价、学生评价等多种方式，全面了解教师的工作表现。三是及时反馈评价结果，将评价结果及时反馈给教师，帮助教师了解自己的优点和不足，促进教师的专业成长。四是结合评价结果进行奖惩，根据教师的评价结果，给予相应的奖励或惩罚，激发教师的工作积极性。

（三）聚焦师生校三大主体，引领教师蓬勃发展

1. 基于学生的阅读课堂，让教师思考核心素养背景下的课堂教学。

在学生的校本阅读课程中，学校通过邀请各级教育专家、思辨阅读团队、智慧阅读团队等到校介绍智慧阅读课程，示范思辨阅读课堂、智慧阅读课堂，组织教师跟随学习，进行特色课程建设，教师和学生在共读共学的过程中感悟和思考，培养了师生的阅读思维能动性。思辨阅读专家用课堂告诉教师什么是“真阅读、真思考”，不是让学生读死书，而是通过阅读，学生锻炼阅读思维能力，获得阅读素养。专家的示范引领，让教师见识到了核心素养背景下的阅读思辨课堂是什么样的——它是在真实任务情境中解决实际问题的能力培养过

程。放手学生，让学生在高阶“阅读活动”中摸索、尝试，甚至是试错、修正，学生才能在阅读中实现素养的获得。同时，在这一过程中植入师生“阅读基因”。教师通过构建阅读课程理念、目标、内容，去探究和思考阅读理念在课程育人道路中的实践路径，以此加深对课堂中核心素养的理解，挖掘其培养方式。

2. 基于教师的课程实施，让教师主动发掘课程价值。

阅读课程由专门的教师团队负责实施，在课程实施中，教师进一步主动发掘课程价值，使课程具有持久的生命力。

由于阅读特色课程是校本课程，教师有一定程度的自主探究性，可以积极参与课程设计和开发，相互合作，分享经验和想法，共同制定教学目标和计划，利用各种资源，如网络、图书馆和专业期刊等，获取最新的教育信息和研究成果，通过模拟教学、课堂观摩和反思等方式，不断提高自己的教学能力和水平。学生在阅读课堂、阅读活动中阅读、思考、记录、讨论；教师可以结合教学实际思考如何优化教学设计，挖掘课程价值，提升教学能力，例如依托学校系列主题，在阅读课堂中开展如讲绘本故事、演课本内容、诵经典、分享生活故事、诗词朗诵、收集识字等活动，探索可以发展学生的语言能力、文化意识、思维品质和学习能力的新方式。教研方面，教师可以在思考、沉淀中充分挖掘教材，拓展教材以外的教学资源、教学形式等，学会思考和挖掘课程价值。

3. 基于学校的课程开发，让教师真正融入课程建设。

对于特色课程的建设，既要基于学情，也要基于学校。在“大阅读”观念指引下，在总结提炼学校办学理念过程中，教师积极创新开设阅读特色社团课、各学科融合阅读课、阅读课本剧等分科阅读课程和综合阅读课程，促使教师真正融入学校的阅读课程建设和发展中，与学校的阅读特色发展同频。

同时，鼓励并激发教师聚焦阅读育人探索研究多类型课题，教师围绕“阅读课程形式”“校园阅读氛围营造”“亲子阅读”“学科融合阅读”“幼小衔接阅读”“植物阅读”等主题开展了区、校级各类课题研究。此外，教师们聚焦

“学生发展”“学生反馈”“教师教法”“阅读方式”“阅读理解”等内容，认真总结经验思考，形成科研成果。学校收集整理并将优秀论文推选至市区，多次获各级各类论文奖项。校园特色打造，实现师生共育，不仅鼓励与助力教师们自行获取信息、分析并总结经验，将各类成果运用于教学实践中实现互助提升，同时也有助于教师通过观察整理，形成经验和理论，进而对学生学习行为进行合理引导，帮助学生激发学习兴趣，开拓思维能力。

三、 教师待遇保障机制

（一）遵循原则

1. 公平性原则：确保所有教师享有相对公平的待遇，不论其所在地区、学校类型、教龄长短等，避免不合理的待遇差距。

2. 激励性原则：待遇保障机制要能够激励教师积极工作，提升教学质量和工作绩效，对表现优秀的教师给予适当的奖励和激励。

3. 稳定性原则：提供稳定的待遇保障，让教师能够安心工作，不必为生活的波动而担忧，增强职业安全感。

4. 动态调整原则：根据社会经济发展水平、教育需求的变化等，适时对教师待遇进行合理的调整，以保持其吸引力和合理性。

5. 全面性原则：不仅要关注工资收入，还要涵盖社会保障、福利津贴、职业发展机会等多方面的保障，形成全面的待遇体系。

6. 可持续性原则：待遇保障机制的设计要考虑可持续性，确保有足够的资源支持，避免因短期因素而影响其长期运行。

7. 尊重劳动价值原则：充分体现教师劳动的价值和重要性，使待遇水平与教师的付出和贡献相匹配。

8. 可操作性原则：保障机制应具有明确的实施细则和操作流程，便于执行和管理，减少模糊性和不确定性。

9. 导向性原则：通过待遇保障引导教师注重专业成长、教学创新和学生发展，符合教育事业发展的总体目标和方向。

（二）教师福利待遇与奖励机制

1. 基本福利。

教师作为教育事业的重要推动者，其福利待遇与奖励机制对于吸引优秀人才投身教育、提升教育质量具有至关重要的意义。在福利待遇方面，首先确保教师拥有稳定且合理的薪资收入。这不仅能够体现教师的劳动价值，也是保障他们基本生活需求的基础。一份有竞争力的工资可以让教师全身心地投入到教学工作中，而不必为经济压力所困扰。同时，完善的社会保障体系，如五险一金、工会福利、培训福利、带薪寒暑假、产假、生日假等，能为教师解决后顾之忧，让他们在工作中更有安全感。

2. 评优选先。

根据上级文件精神，开展包括区级及以上名师优师推荐、校级优师评选、各级名优师考核等工作。学校高度重视区级及以上名师优师的推荐工作与校级优师的评选工作。通过宣讲政策、自愿申报、民主推荐、综合评定、公开公示等环节，学校挖掘出了一批在教学理念、教学方法、教育创新等方面具有显著成绩的优秀教师。评选推荐后，学校按照文件要求对各级名优师进行了考核。考核内容包括教学质量、科研成果、师德师风等。对于考核通过的各级名优师，按要求发放相应的奖励，以表彰他们的示范引领作用。

3. 项目制考评。

借助“两自一包”管理体制改革优势，学校实施“项目制”特色工作，项目征集范围涉及学校特色发展中课程建设、教学创新、德育育人、教师成长等各方面，由教师们自主自愿组建团队申报，每学期期末进行考评。项目考评结果列一、二、三等，颁发证书，对完成良好的项目在期末考核中给予奖励。

完善的教师福利待遇与奖励机制是推动教育事业健康发展的重要保障。通过合理的待遇吸引优秀人才，以有效的奖励机制激发教师的工作积极性和创造力，能够不断提升教育质量，为培养更多优秀的学生奠定坚实的基础。教师只有感受到自己的付出得到充分的认可和回报，才会更加坚定地投身于教育事业，为社会的发展和进步贡献自己的力量。学校应当高度重视教师福利待遇与奖励机制的建设和完善，共同营造一个有利于教师发展和教育事业繁荣的良好环境。

（三）教师“阅读”资金保障机制

“读育”文化奖评选。为了鼓励广大教师结合自身工作，开展教育教学研究，为了促进教师专业发展，充分肯定广大教师所取得的教育教学成果，尊重和奖励广大教师所做出的创造性劳动，积累和转化教育教学成果，特设定成都市读者小学“读育”文化优秀教育教学成果奖。评选程序分为三个阶段：第一阶段，教师团队或个人上交教育教学成果（每人限提交不超过 2 份教育教学成果）。第二阶段，由学校学术委员会组成的专家团队对教育教学成果进行盲评（已在其他各级各类文章评比活动中获奖的教育教学成果或引用他人超过 30％的教育教学成果不参加评选），并按照 30％一等奖、40％二等奖、30％三等奖的比例对各类教育教学成果进行等级评定。第三阶段，在全校公示评选结果，对优秀教育教学成果进行推广。

《“读育”文化奖申报表》基本原则：学术性、专业性、真实性、操作性、推广性、传承性、普惠性、创新性及与学校主流文化的一致性。项目成果经费需由个人申报、专家小组评审及行政会讨论认定后，在期末绩效工资中发放。

第二节　“琅琅书院”的智慧校园

一、“双廊”——书香长廊和致远长廊

“双廊”即书香长廊和致远长廊，契合学校“书香致远、体健德雅”办学

理念。

书香长廊是学校的一道亮丽风景线，主要陈设了开放式阅读书柜、朗读亭、阅读触摸一体机等现代化学生阅读设备，它承载着学校“书香致远”的办学理念。学生在此读书、交流，感受文字的魅力，品味知识的甘醇。这里不仅是校园的文化聚集地，更是学生们启迪智慧、放飞梦想的摇篮。每一本书都是一个新的世界，每一条走廊都见证了学生们的成长与探索。

致远长廊寓意着成都市读者小学“体健德雅”的教育追求，主要陈设读者出版集团的文化宣传资料。长廊环境优雅，设计独特，是学生们课后休闲、思考的好去处。它见证了学生们的勤奋与坚持，也激励着他们不断前行，追求卓越。在这里，每一步都踏实而坚定，每一眼都望向更远的未来。

二、“四景”——读育厅、读雨轩、读风阁、读乐园

读育厅：一处汇聚文化与智慧的殿堂。这里陈列着校园的历史与现在，读者的风采与故事，以及学校的文化建设硕果。每一块展板、每一张照片，都讲述着读者小学深厚的文化底蕴和教育理念。走进读育厅，仿佛置身于一部活动的历史长卷中，感受着学校与读者的共同成长，领略文化的力量与美好。

读雨轩：一个诗意与力量并存的空间。在这里，名句悬挂于墙，字字珠玑，句句铿锵。它们如细雨般滋润心灵，又如闪电般照亮前行的道路，给予每一个到访者无尽的力量与勇气。读雨轩，不仅是阅读的场所，更是灵魂的加油站，激励着每一位读者勇往直前。

读风阁：古韵悠长，宛如时光的隧道。置身其中，仿佛能听到历史的回声，感受到文化的沉淀。读风阁不仅是一个阅读的角落，更是一个启人深思的空间。它让人在品味古籍的同时，也能触摸到历史的脉搏，领略到中华文化的博大精深。

读乐园：它是孩子们在阳光下尽情撒欢的天堂。这里有绿草如茵，有欢声笑语，更有那些激发想象力的阅读名句。孩子们在这里奔跑、嬉戏，同时也在名句的熏陶下，培养起对阅读的热爱和对知识的渴望。读乐园，不仅是孩子们

童年的快乐源泉，更是他们智慧的启蒙地。在这里，每一个孩子都能在阅读中找到属于自己的乐趣和成长的力量。

三、“四径”——雅德、尚美、睿智、阳光四条小径

“四径”即雅德、尚美、睿智、阳光四条小径，命名来源于学校育人目标。

“雅德小径”设计主题内容是小学生必背古诗词，意在经典中浸润高尚的德行。

“尚美小径”设计主题内容为表现语言美、环境美、心灵美、行为美等名句，意在传递启发学生崇尚道德情操、文化艺术之美的理念。

“睿智小径”设计主题内容是提倡阅读的名人名言，意在启发学生多阅读，通过阅读增长智慧。

“阳光小径”设计主题内容是人生格言，意在激励学生积极向上，乐观豁达。

四、“一馆”——学生图书阅读馆

学生图书阅读馆，坐落于负一楼的“读味”庭院之中，是学生们的精神乐园。馆内陈列着琳琅满目的精美图书与画册，涵盖各类知识，供学生们尽情阅读与探索。这里不仅是知识的海洋，更是学生们开展情景阅读活动、体验特色阅读课程的理想场所。在阅读馆中，学生们可以沉浸在书香的世界里，畅游知识的宇宙，也可以在丰富的活动中感受阅读的魅力，培养深厚的阅读兴趣。这里，是学生们启迪智慧、放飞梦想的起点。

场景 1：书香长廊建设

“书香长廊”的“书香”二字，取自学校“书香致远，体健德雅”的办学理念。在书香长廊，国学经典、世界名著、百科全书、童话绘本、数学故事、英语图书……各种孩子们能想到的有趣书籍，都有陈列。这里就像一个小型的开放性藏书馆，让孩子们在读者小学的校园里，打开通向世界的大门。

在读者小学，孩子们从一年级开始，便要学会如何阅读、如何拥有良好的

阅读习惯。“把图书送回家”即是培养良好阅读习惯的一种体现。

正确还书，对于高年级的同学们来说或许不是一件难事，但是对于一年级的小朋友来说，却是一件略显棘手的事情。如何让一年级的小朋友将图书正确送回家，便是值得思考的问题。

不过，这可难不倒读者小学聪明的老师们，他们想出了一个妙计，即“形状+颜色+数字”的方式，将还书步骤分为简单的还书三步曲：

第一步：看形状。

书上附方形标签还回 A 区，附椭圆形标签还回 B 区。

第二步：看颜色。

找到区域后，请看书上标签的颜色。在刚刚找到的区域内，寻找和书上标签同样颜色的书列。

第三步：看数字。

找到同色书列后，仔细观察书上标签的数字，数字是几就代表这本书的家在第几格。

五、“一物”——校园吉祥物

“一物”即“蜜宝”，寓意“勤奋求知、团结有爱，拼搏向上、共同进步”。

吉祥物设计以读者出版集团标志蜜蜂为主形象，让蜜蜂手拿书本，化身书的使者（图 2-1）。蜜蜂是勤劳、团结、奉献、自律的象征，学校希望学生像蜜蜂一样努力读书。

图 2-1　吉祥物“蜜宝”

吉祥物灵动可爱的表情是学生的写照，在色彩搭配上采用暖色调，大量的黄色给人以阳光、温暖、希望、正能量的视觉感受。整个吉祥物象征着读者小学的学生都是“雅德尚美、睿智阳光、灵动向上”的小读者。

六、“读育”“书香”校园文化节

（一）“书香”阅读文化月

春风送暖，四月芳菲。成都市读者小学每年依托4月23日世界读书日开展为期一月的“书香”阅读月活动。学生们在书海中遨游，品味着字里行间的智慧与情感。庭院里，学生们围坐一起，分享着书中的精彩故事。欢声笑语中，童年的纯真与书香的雅致交织成一幅美丽的画卷。阅读激发了学生们对知识的渴望，让智慧的种子在这个春天生根发芽。

1. 系列活动之一：泉水童心唱童谣。

为了激发学生的阅读兴趣，培养学生爱阅读的好习惯，学校第三届阅读节活动持续进行中。“泉水童心唱童谣”在一年级中开展，《读读童谣和儿歌》是主要阅读内容。阅读过后，四个班的同学们纷纷亮相，用稚嫩的声音唱出了“童谣”的纯真与美好。展示分为两个部分：个人独唱和班级合唱。

学生们用稚嫩而纯真的声音，深情吟诵了多首经典童谣，展现了他们纯真无邪的童心和对传统文化的热爱。《小老鼠上灯台》《数蛤蟆》《孙悟空打妖怪》《小云骑牛去打油》《羊》……他们通过诵读童谣，了解了动物的生活习性、民间故事的传奇色彩，以及勤劳勇敢、善良正直等美好品质。这些童谣不仅让学生们在轻松愉快的氛围中学习了知识，更让他们在潜移默化中接受了传统文化的熏陶。

2. 系列活动之二：绘声绘色讲故事。

为了激发学生的阅读兴趣和创作热情，二年级借阅读活动月的契机组织学生开展了一场别开生面的语文学科活动——绘制连环画，讲述动人故事。活动中，学生们选择了二年级推荐阅读书目中的经典故事如《神笔马良》《七色花》和《纸牌国》等，用他们的小手绘出了一幅幅生动的连环画。

在绘画过程中，学生们用心构思，每一笔都倾注了他们的想象与智慧。《神笔马良》中，马良神奇的画笔跃然纸上，栩栩如生；《七色花》里，神奇的花瓣带来了无尽的惊喜与希望；《纸牌国》的奇幻冒险则让人眼前一亮，每一个画面都充满了创意与童趣。

3. 系列活动之三：畅游寓言趣配音。

夏天的风带来温热的气息，书页静谧翻动，仿若一幅梦幻画卷。五月，学生们将在这斑斓的夏日里启程，走进充满智慧与奇思妙想的寓言之旅。从中华古代的智慧之光到伊索的寓言经典，再到克雷洛夫的奇幻世界，一本本寓言故事将引领我们解锁魔幻魔袋，尽情畅游寓言的王国，开启一场心灵启迪之旅。

三年级全体同学齐聚一堂，共同迎接这场期待已久的寓言故事配音大赛。每个故事都是一座智慧的宝库，承载着古老文化的脉络和道德的启示。寓言故事不仅富含深刻的道理，而且以其独特的方式反映学生们的生活。每一则寓言故事都是一扇窗，让学生们看到生活的多彩与智慧。

（二）“读育”阅读文化月

金秋十月，丹桂飘香。成都市读者小学每年依托成都市读书月（即每年10月）开展为期一月的“读育”阅读月系列活动。在这个收获的季节，学生们通过“图书馆一日游”，开启一场知识的探险之旅。大读者俱乐部里，师生家长共聚一堂，分享阅读带来的乐趣与启示。讲读故事环节，学生们用生动的语言描绘着书中的奇幻世界，让想象插上翅膀，在秋日的暖阳下自由飞翔。

1. 系列活动之一：大读者俱乐部。

为有效推进书香家庭与书香社区建设，进一步传承弘扬中华优秀传统文化和道德思想，促进学校、家庭、社会“三位一体”阅读机制的形成。成都市读者小学开展以“共读共享·悦读悦心”为主题的大读者俱乐部共读分享会，学校校长，部分学生与大读者俱乐部会员，以及阅读项目组的成员们共同参与了本次分享会。

2. 系列活动之二：童心童“画”讲故事。

二年级全体学生围绕着童话通过童心童“画”的形式讲故事。学生们用画笔画出他们心中的童话，根据他们笔下所描绘的思维导图来向同学们讲述自己所阅读的有趣的童话故事，他们生动的讲述也抓住了在场其他同学和老师们的心。

3. 系列活动之三：有“言”有味读故事。

为了给学生们营造一个自信表达的语言氛围，提供一个展示自我的舞台，一年级开展了有“言”有味读故事活动。《骆驼和羊》《凿壁借光》《哪吒闹海》《狗熊请客》……一个个精彩绝伦的故事充实了一年级小读者们的精神世界。他们尽情遨游在书中的奇妙世界里，与经典为友，与好书作伴，在阅读中寻找童趣，书写属于童年的精彩篇章。

七、智慧校园打造

（一）智慧校园场景的空间打造

随着科技的飞速进步和信息技术的日新月异，教育领域正迎来一场深刻的变革。在这场变革中，成都市读者小学以敏锐的洞察力和前瞻性的思维，紧跟时代的步伐，大力推进智慧校园建设，旨在为广大师生营造一个更加智能化、便捷化的教育环境，让科技成为助力教育质量提升的强大引擎。

在智慧校园的建设过程中，成都市读者小学注重从软件设备和硬件设施两方面进行全面升级，以确保校园科技含量的整体提升。这种双管齐下的策略，不仅彰显了学校对教育信息化建设的深刻理解和坚定决心，更体现了其以实际行动践行教育创新、追求卓越的不懈努力。

在软件设备方面，成都市读者小学下足了功夫。学校精心选择并引进了一系列先进的教育管理软件，这些软件不仅功能强大，而且操作简单易用，深受师生们的喜爱。校务管理系统的引入，彻底改变了过去繁琐、低效的手工管理方式，实现了教学资源的数字化管理。教师可以快速查询和更新课程、学生信息等各类数据，大大提高了工作效率。

此外，学校还积极使用国家、省、市、区智慧教育平台进行远程授课和作业布置。这种新颖的教学方式，不仅打破了时间和空间的限制，让教学活动不再局限于传统的教室环境，还为学生提供了更加灵活多样的学习选择。无论是在家还是在学校，学生都能随时随地参与到在线学习中来，进行实时的互动交流，探讨问题并分享心得。

为了进一步提升教学效果，学校还巧妙地引入了互动教学软件。这类软件以其丰富的多媒体功能和强大的交互性，深受师生们的喜爱。学生们可以通过平板电脑等设备进行实时答题、讨论等操作，积极参与到课堂中来。这种互动式的教学方式，大大增强了课堂的趣味性和吸引力，教师们通过它能够即时获取学生的反馈意见，更加精准地调整教学策略和方法。

在硬件设施方面，为了确保校园安全无虞，学校安装了高清智能监控系统，增强了校园的安全防范能力，为师生们营造了一个安全、稳定的教学环境。

与此同时，每间教室都配备了先进的触控一体机。这些设备不仅操作便捷、功能强大，而且支持多种教学软件的运行。教师可以利用这些设备进行多媒体教学展示和互动式授课，使得课堂内容更加丰富多彩、生动有趣。学生也可以通过这些设备更加直观地理解抽象的知识点，提高学习效果和兴趣。

值得一提的是，学校还特意建设了录播教室。这些教室配备了专业的录播设备和技术人员，可以实时记录和分析教师的教学过程。通过这种方式，学校可以及时发现并改进教学中存在的问题和不足之处，从而提高教学质量和效果。同时，这些录播资料还可以作为宝贵的教学资源进行共享和传承，为后来的学习者提供有益的参考和借鉴。

除了上述举措之外，学校引入了智能图书借阅柜，这一举措提升了图书馆的服务效率与学生的借阅体验。借阅柜采用先进智能技术，实现了图书的自动化管理服务。学生们只需通过人脸识别，便能轻松完成图书的借阅与归还，大大缩短了排队等待的时间。此外，智能借阅柜还配备了推荐系统，根据学生的阅读历史和偏好，为其推送相关书籍，激发了学生的阅读兴趣。这一智能化设备的引入，不仅彰显了学校对现代化教育技术的重视，更为构建书香校园、促进学生全面发展提供了有力支持。

当然，网络作为连接各个设备和系统的纽带，其重要性不言而喻。因此，学校高度重视校园网络的升级改造工作。通过部署高速的无线网络设施，学校实现了校园内的无缝网络连接服务。现在，无论是教室、图书馆还是操场等任何角落，师生们都能享受到稳定、高速的网络服务。这不仅为师生提供了随时随地的学习和办公条件，还极大地促进了校园内信息资源的共享和交流。

（二）校园管理的智慧化

随着信息化时代的全面到来，教育领域正迎来前所未有的变革。在这场深刻的转型中，成都市读者小学积极响应国家关于中小学智慧教育的最新指导精神，大力推进校园管理的智慧化，力求通过现代信息技术的整合与应用，全面提升教育质量和管理效率。学校在智慧校务、智慧教务、智慧家校、智慧后勤等多个方面进行了深入的探索和实践，取得了显著的成效。

在智慧校务方面，学校通过引入自动化办公系统，彻底改变了传统的办公模式。这一系统的应用，实现了文件的电子化流转和审批流程的在线化，提高了行政办公效率。如今，无论是日常文件的传递、审批，还是重要决策的会议讨论，都可以通过这套系统高效完成。这不仅减少了纸质文档的使用，节约了资源，还使得办公过程更加透明和可追溯。更重要的是，通过大数据分析技术，学校能够实时掌握各项运营数据，为决策层提供了科学决策的有力依据。这种数据驱动的决策模式，确保了学校资源的合理分配和高效利用，进一步推动了学校的持续发展。

智慧教务作为学校智慧化建设的核心内容，其重要性不言而喻。学校建立了全面的教务管理系统，该系统功能丰富，操作便捷。它不仅包含了学生信息管理、课程安排、成绩录入等传统功能，还通过智能分析技术，为教师提供了针对性的教学建议。不仅有助于教师了解自己的教学情况，也促使他们不断调整和优化教学策略，进而提升教学水平。

在智慧家校合作方面，学校深知家校合作对于学生成长的重要性，因此积极采用家校互动平台，以加强学校与家长之间的沟通与联系。这种管理方式，极大地增强了家校之间的信任感。家长们不仅更加了解孩子在校的表现，还能及时与学校沟通，共同为孩子的成长出谋划策。

当然，智慧后勤管理也是学校智慧化建设不可或缺的一环。通过应用物联网技术，学校能够实时监控校园设施的运行状态，这不仅确保了校园环境的安全与舒适，还为学校节能减排、绿色校园建设提供了有力支持。比如，通过实时监测水电用量，学校可以及时发现并解决浪费现象，从而有效降低运营成本。同时，食堂管理系统也为学生的饮食健康提供了坚实保障。这不仅满足了学生的口味需求，还确保了他们的营养均衡，为他们的健康成长奠定了坚实基础。

除了上述几个方面外，学校在智慧校园建设中还注重培养学生的信息素养和创新能力。学校通过开设信息技术课程、组织编程竞赛等方式，激发学生的学习兴趣和创造力。同时，学校还鼓励学生利用信息技术进行自主学习和合作探究，培养他们的团队协作精神和问题解决能力。这些举措不仅提升了学生的综合素质，还为他们未来的职业发展奠定了坚实基础。

可以说，学校在智慧校园建设方面取得了一定的成果。通过整合现代信息技术并应用于校务、教务、家校合作和后勤管理等多个领域，学校不仅提高了管理效率和教育质量，还为学生提供了更加优质、个性化的教育服务。这些实践经验和创新举措对于其他学校来说具有借鉴意义。未来学校将继续在智慧教育的道路上阔步前行，为培养更多具有创新精神和实践能力的新时代人才贡献自己的力量。

第三节 “读者文化”的资源统筹

一、家长资源的开发

（一）校家协作，推广阅读

学校与家长的紧密合作是实施阅读特色教育的重要环节之一。通过与家长的合作，学校可以更好地促进学生的阅读兴趣和阅读能力的培养。

1. 大读者俱乐部阅读沙龙。

学校定期组织家长参与的阅读分享会，邀请家长们分享自己的阅读经验和喜爱的图书，通过阅读分享活动，家长们可以了解到如何引导孩子正确阅读，还可以和其他家长交流经验，共同促进孩子的阅读兴趣和能力的提升。

为促进学生阅读素养有效提升，打造理想的阅读成长环境、加速推进书香家庭建设，2022 年 11 月，成都市读者小学举行大读者俱乐部“书香致远‘阅’成长”主题首届阅读分享会。本次活动学校邀请了社区、家长代表们参与其中，共同分享和感受阅读的魅力。家长推荐在阅读中发现的一本好书，分享在书本中学习到的知识与文化；学校展示樊登读书会创始人眼中的《准备》一书。此次大读者俱乐部阅读分享会是学校“阅读月”系列活动的第六篇。一个孩子带动一个家庭，一个家庭推动另一个家庭，一个家庭又促进一个孩子。如此循环往复。一场阅读分享，让家长与家长之间产生了积极的影响，你带动我，我感染你，大家齐分享、共成长。

为有效推进书香家庭与书香社区建设，进一步传承弘扬中华优秀传统文化和道德思想，促进学校、家庭、社会“三位一体”阅读机制的形成，2023 年 11 月，成都市读者小学开展以“共读共享·悦读悦心”为主题的大读者俱乐部第二届共读分享会，学校校长、部分学生与大读者俱乐部会员，以及阅读项目组的成员们共同参与了本次分享会。大读者俱乐部会员就推荐的经典书目《准备》作阅读分享。家长们分别从项目式学习、自主学习、如何发现并保持孩子的兴趣等方面交流了自己的感受与收获。分享结束后，全国十佳阅读推广人王廷鹏老师特别就上次活动提出的问题进行视频答疑解惑，家长们受益良多。

通过推动阅读活动的深入开展，以大读者俱乐部会员的引领促进全体家长的关注，引起对阅读的重视，通过激发孩子的阅读兴趣，培养其良好的阅读习惯，营造书香飘溢的阅读氛围，从而提升学生能力素养，促进家校社三位一体有机阅读机制的形成。

2. 阅读活动的参与。

学校与家长共同策划阅读活动，邀请家长参与到阅读活动的组织和管理中。在每年十月的阅读月活动和每年四月的阅读节活动中，学校均会组织家长和孩子共读一本书、整理布置阅读空间、去图书馆一日游，并安排一些讨论和分享的时间。这样的活动不仅可以增进家长与孩子之间的亲子关系，还可以激发孩子对阅读的兴趣。同时，学校还可以邀请家长们参与到阅读推广活动中，让家长们与孩子一同参与，共同感受阅读的乐趣。

在阅读月系列活动中，营造书香之家，倡导亲子阅读，创建最美家庭阅读空间活动得到了学校广大家长的热情响应。家长们带领着孩子整理、打造家庭阅读空间，通过图片、短视频等方式，晒出了家中的书柜、书桌、读书角等阅读空间，潜移默化、润物无声地激发着孩子们的阅读兴趣，培养其良好的阅读习惯。

在每年 4 月的阅读节活动中，家长们积极响应学校号召，利用闲暇时光带领小读者们前往各大图书馆，共同沉浸在书的海洋中，静静走入书中的世界。

学校与家长的紧密合作对于实施阅读特色教育至关重要。在学校的各项阅读活动中，邀请家长代表担任活动的志愿者，帮助组织和策划活动，如每年 6 月的学校特色嘉年华闯关活动和每年 10 月的阅读月启动仪式等各项活动中，家长代表们负责活动的宣传、场地布置、活动流程的安排等工作，不仅增加家长的参与感，而且可以提高活动的质量和效果。在 2024 年春季开学典礼中，学校还为荣获书香家庭的家长颁发了荣誉证书，鼓励家长们持续参与阅读活动。

通过开展各种阅读特色活动，学校与家长共同促进孩子的阅读兴趣和能力的培养。家长的参与和支持不仅可以提高孩子的阅读成绩，更可以培养他们的终身阅读习惯。

（二）校社协作，助力阅读

1. 密切校社协作。

学校与社区建立紧密的合作关系，借助读者出版集团丰厚的资源，共同开展系列阅读活动。例如，邀请作家、教育专家、“五老”志愿者等来校开展讲座，为教师、家长、学生提供更深入的阅读指导和启发；通过校社合作，相互借力，共同提升阅读教育的质量和水平。

为了充分发挥古诗词在激发学生民族自豪感、陶冶学生道德情操和提高学生审美能力等方面的作用，同时也提高学生的语文素养，提升语言的表达能力，2021 年 12 月，“琅琅书声 诗韵校园”首届古诗词朗诵大赛正式拉开序幕。学校邀请了成都电视台著名少儿节目主持人陈岳叔叔作为学生的阅读校外辅导员，并通过一节特别的课堂——《古诗词的朗诵与吟诵》教会小读者们要学会通过想象了解作者背后的故事，以身临其境的方式去理解古诗，并在理解了古诗之后通过吟诵将诗韵表现出来。

2022 年 4 月，在世界读书日前夕，成都市读者小学联合读者出版集团共同开展主题为“教师是最好的领读者——相信阅读的力量”的线上专家主题讲座。讲座邀请到读者出版传媒股份有限公司阅读中心副主任、读者·新语文阅读写作教育平台主编、全国十佳阅读推广人王廷鹏老师进行线上指导。以“好老师是读出来的——阅读为什么是可以教的”为题，围绕阅读与教育、教师、学生的关系，结合新时代基础教育面临的形势、挑战与任务，通过大量丰富的案例详细阐述了教师应如何不断创新教育教学形式，助力孩子们不断提升阅读兴趣、养成阅读习惯、提高阅读能力。

为推进学校阅读特色办学实践，2024 年 1 月，成都市读者小学召开课程建设研讨会，特邀中国教科院专家杨清博士对学校课程建设作出了具体、深入的专业指导，为学校立足阅读特色推进育人办学实践进一步理清思路，有助于学校高质量办学品质不断提升。

为凸显家庭教育的重要性，让亲子关系更融洽、家庭氛围更和谐，2023 年 11 月，成都市读者小学特邀成都大学刘华锦教授为学生家长作主题为“协同共育背景下有效亲子沟通”的讲座。从一年级学生的身心特点出发，重点从亲子沟通的内涵与作用、原则与对策、家长自身心理健康的调适等方面，为家长朋友们作了专题培训。通过讲座让家长们重新审视了教育的意义和价值，更加深入地理解了家校沟通的重要性和实现途径。

为持续培养学生的阅读兴趣，2023 年 7 月，成都市读者小学举行了“书香致远悦成长，悦读乐读润雅德”暑期阅读之作家进校园活动，邀请到成都文学院签约作家，成都少年文学院副院长蒋林为小读者们带来了一场妙趣横生、别开生面的“熊猫知识、故事与写作——《熊猫花花》创作分享”主题讲座。活动线上线下同时进行，全校学生跟随作家老师一起体验了阅读与写作的快乐。

2023 年 9 月，成都市读者小学一行来到刘莘阅读工作室，开展思辨阅读研学活动。在刘莘教授的陪同下，读者小学一行先后参观了阅读空间、思辨空间、创作空间等，并就整本书阅读、思辨性阅读、人文科学阅读、阅读教学等内容开展研讨座谈。

2. 深化馆校合作。

与图书馆深化合作是学校在家、校、社协同育人过程中的重要环节。2023 年 4 月，武侯区文体旅局领导为成都市读者小学颁发武侯区图书馆分馆的授牌，将分馆设立在成都市读者小学，从此拉开馆校合作的序幕。通过与图书馆的合作，为学生提供更广泛、更丰富的阅读资源和活动，促进学生的阅读兴趣和能力的提升，引导他们形成良好的阅读习惯，在学生心灵深处播下一颗爱阅读的种子。

2023 年 6 月，为促进馆校合作，成都市读者小学阅读项目组到武侯区图书馆参加“馆校合作”座谈会。参会者就如何制定更好的馆校合作方案，如何共同推进阅读活动等话题展开了深入探讨；提到将图书馆的合作项目融入学校读育课程，将图书馆的阅读资源和学校的读育课程内容有机结合起来，打造更加丰富多彩的教育体验和阅读环境；同时影响到家长，让他们一同参与到馆校活动和育人工作中来，共同为孩子的健康成长和全面发展贡献力量；最终打造全民阅读，通过各种形式的阅读推广活动和文化展览，将馆校阅读文化带入社区和家庭，让更多的人受益于阅读的力量。

2023 年 6 月，成都市读者小学联合武侯区图书馆共同举行了“‘喜阅 365 · 光影伴夏’书香润童心 阅读伴成长——我做小馆员社会实践活动”。小读者们齐聚图书馆，认真地倾听图书馆馆员的讲解，了解武侯区图书馆各场馆的基本情况，在老师和图书馆工作人员的带领下开启了本次图书馆之旅。部分参观图书馆的老师们和小读者们参与到了图书馆“好书推荐”的视频录制环节，通过视频分享自己喜欢的图书，向大家展示了自己读书的乐趣，谈论自己眼中读书的意义与价值，让大家再一次体会到文字的魅力、读书的力量。

为继续深入推进“馆校合作”，推动全民阅读，2023 年 11 月，成都市读者小学与武侯区图书馆共同举办“‘喜阅 365 · 喜阅乐冬’—‘以故事之花，结阅读之果’首场童话剧展演活动”。三年级的同学们，插上想象的翅膀，搭上童话王国的列车，开启了一场奇妙的童话之旅。校社联动为学生们提供了更大的展示平台，培养了孩子们的自信心，形成“读故事、讲故事、演故事”良好氛围。

二、“读者”资源的利用

（一）“读者文化”资源统筹的实施

在当今社会，阅读已经成为人们获取知识、提升素养的重要途径。学校作为教育的重要场所，应该充分发挥其作用，积极推动学生阅读，培养孩子们的阅读习惯和阅读能力。

2023年1月，教育部等十三部门《关于健全学校家庭社会协同育人机制的意见》文件提出："健全学校家庭社会协同育人机制是党中央、国务院作出的重要决策部署，事关学生全面发展健康成长，事关国家发展和民族未来。"家庭、学校和社会的协同育人可以使教育资源得到充分利用，形成强大的教育合力，促进学生的全面发展。

通过家庭、学校和社会的密切合作，可以更好地满足学生的个性化需求，提高教育的针对性和实效性。也可促进家庭、学校和社会之间的沟通与理解，增强社会的凝聚力和稳定性，使学生在不同的环境中得到全面的培养和锻炼，提高学生的综合素质，培养适应社会发展的全面发展的人才。

成都市读者小学作为"读者·中国阅读行动"全民阅读基地、"读者·新语文"阅读与写作教育基地、"读者研学"基地、中国教育科学研究院"教育综合改革实验区"重点项目学校，在校、家、社协同育人的过程中突出学校的阅读办学特色是重中之重。

重视阅读教育，在校、家、社协同育人的背景下，学校充分发挥自身优势，针对阅读办学特色，借助读者出版集团和中国教科院专家资源优势，以"读天读地读万物，育人育心育雅德"为课程理念，探索构建"读育"阅读课程体系，打造学校的阅读办学特色，进一步扩大"读者"集团品牌资源，引领集团化办学，通过制定详细的实施计划、加强师资培训、家长参与和持续评估与改进等措施，不断提高教育质量，以此推动学校教育的发展，为学生的全面发展奠定坚实的基础。

（二）"读者"专家专题讲座开展

学校不定期邀请读者出版集团的专家通过线下与线上等方式为家长们开展阅读专题相关讲座，面向家长们讲解一些亲子阅读方法和技巧，在家校之间形成爱读书、读好书、善读书的浓厚氛围。

为进一步密切双方交流合作，推进家校共育协同育人，共促孩子们健康、快乐成长，2022 年 9 月，读者出版集团、成都市读者小学共同开展主题为“如何帮孩子做高效科学的阅读规划”的线上家长课堂专家讲座活动。讲座邀请到读者·新语文阅读写作教育平台主编、全国十佳阅读推广人、甘肃省宣传文化系统优秀青年文化人才、专栏作家王廷鹏老师进行线上指导。针对当前少年儿童阅读的一些乱象，如用死记硬背的方法学习古诗词，用做题的方式进行古文启蒙等，王老师提出采取科学的方法帮助孩子爱上读书。讲座中王老师与大家亲切互动，悉心回答家长们关注的问题，家长们受益匪浅，王老师还为读者小学的孩子们推荐了假期阅读书单。

2024 年 3 月，读者出版集团与读者小学共同举办亲子共读家长课堂线上直播讲座，讲座特别邀请了儿童绘本阅读与教学资深专家程曦老师为读者小学的师生家长带来了一堂以“亲子阅读，送给孩子最好的礼物”为题的内容丰富、精彩专业的亲子共读策略讲座。家长们纷纷表示，老师的讲座深入浅出，指导性、操作性非常强，为进行亲子共读指出了明确的方向。

2023 年 4 月，在第 28 个世界读书日即将到来之际，成都市读者小学特邀读者·新语文阅读写作教育平台主编、全国十佳阅读推广人王廷鹏为大读者俱乐部作专题讲座。王老师结合少年儿童特点与家长分享了培养孩子阅读兴趣、阅读习惯的各种经验做法，同时还向家长推荐了一些书籍。讲座内容充实、事例典型，语言风趣幽默；会场之中，家长们悉心学习，感悟与收获共存。在最后的互动环节，王廷鹏老师详细回答了每位家长提出的问题，并鼓励家长们介入孩子的阅读活动。现场氛围积极活跃。

专题讲座不仅使大小读者们认识到阅读的重要性，也使教师和家长学到了一些激发学生阅读积极性的方法，同时也增进了学校、家庭之间的了解，加强了双方的沟通和信任，为以后的教育教学工作打下了坚实的基础。

（三）集团化办学规划

随着教育的改革与发展，集团化办学已经成为教育的新趋势，具有较大的发展空间和潜力。学校引进读者出版集团的优质资源，如图书、期刊、电子书、阅读课程等，为学校的阅读教育提供丰富的支持，共建教育资源共享的集团化办学体系，为学生提供更为广阔的学习空间和资源支持。

借助集团化办学的平台，学校邀请“读者”集团的专家学者，与其他学校、教育机构共同开展各种联合教育活动。如联合幼儿园举办读书节、阅读专题讲座、阅读交流活动、文艺演出等。2023 年 3 月，在成都市读者小学微型图书馆揭幕仪式暨阅读节启动仪式中，学校为学生们颁发了小读者借阅卡。

2022 年 10 月，在学校首届阅读月启动仪式中，区域全员阅读项目组负责人号召同学们热爱读书，从书中汲取营养、丰富知识、完善人格。学校为小读者们点朱砂启智慧，并给各班赠送了阅读大礼包，激励小读者们再接再厉，共创书香校园。

这些活动，为学校带来优质的阅读体验和学术交流，也促进各学校之间的交流与合作，推动阅读教育的互动交流和资源整合。

学校在集团化办学中充分发挥优势，打造高水平的阅读教育品牌，引领阅读教育的创新和发展。学校未来还将与读者出版集团开展定制化的阅读活动，如读书节、阅读推广周等，营造浓厚的阅读氛围，促进学生的全面发展，通过规划并实施集团化办学方案，为阅读教育的发展注入新的活力和动力，进一步提升自身的阅读办学特色和学校的综合实力和影响力，推动阅读教育的深化发展。

第三章

读育课程的立体建构

在当代教育体系中，阅读不仅是获取知识的重要途径，更是培养学生综合素养、塑造个性和拓展视野的关键。随着新课程改革的深入发展，如何有效地将阅读融入课程体系，构建一个立体多元的“读育”课程，成为教育工作者关注的焦点。

“读育”课程的立体建构意味着打破传统课程的平面化局限，将阅读教育渗透到学科教学的各个方面，形成一个多层次、多维度、互动性强的课程体系。在这一体系中，阅读不再是孤立的语言技能训练，而是一个涉及认知、情感和审美等多方面的综合性学习过程。通过立体建构，学校致力于通过整合课内外资源，注重课程实施的灵活性和个性化，引入多样化的文本类型和文化背景，鼓励学生在阅读中接触不同思想和价值观，促进其全球视野和文化素养的形成。同时，激发学生的阅读兴趣，培养学生深度阅读的习惯，提升其阅读理解和批判性思维能力，从而不断调整和优化阅读策略。

本章内容旨在呈现通过“全员、全程、全学科”的阅读实践，推进读者小学课程建设规划，基于“书香致远，体健德雅”的办学理念，构建科学合理、特色鲜明的学校“读育”课程。让阅读不再局限于语文课堂的文本分析，而是贯穿于科学探究、社会实践、艺术欣赏等多个领域，成为一个跨学科、多维度的学习过程。从被动接受转向主动探索，从教育手段走向教育目的，从单一学科成就转向促进学生人格的全面发展，以期为学生终身阅读素养培育奠定基础，为未来的教育提供新的视角和方向。

第一节　学校课程建设的背景和依据

一、时代背景

（一）时代发展呼唤：全民阅读时代来临

新世纪以来我国对阅读日益重视，时至今日，倡导和推广全民阅读已成为重要的国家文化发展战略。（图 3-1）

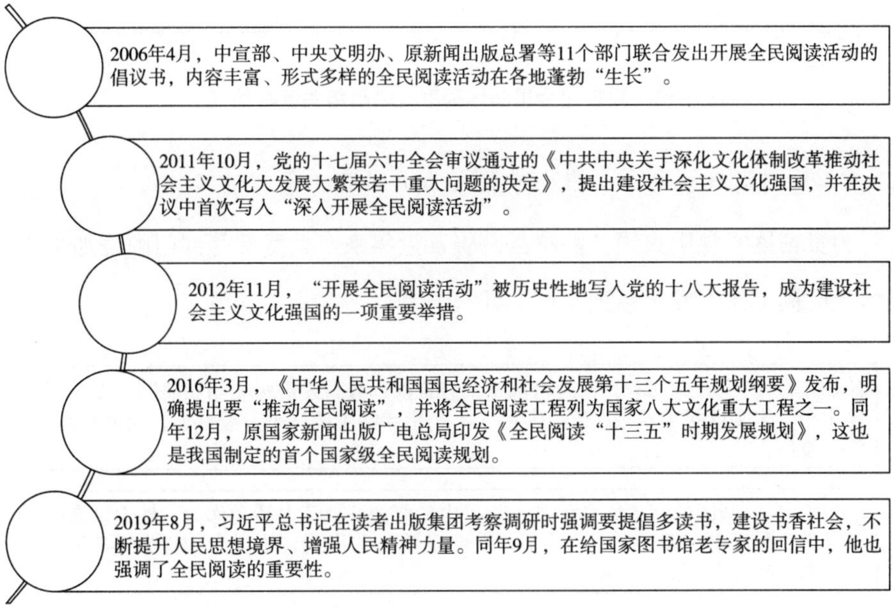

2006年4月，中宣部、中央文明办、原新闻出版总署等11个部门联合发出开展全民阅读活动的倡议书，内容丰富、形式多样的全民阅读活动在各地蓬勃“生长”。

2011年10月，党的十七届六中全会审议通过的《中共中央关于深化文化体制改革推动社会主义文化大发展大繁荣若干重大问题的决定》，提出建设社会主义文化强国，并在决议中首次写入“深入开展全民阅读活动”。

2012年11月，“开展全民阅读活动”被历史性地写入党的十八大报告，成为建设社会主义文化强国的一项重要举措。

2016年3月，《中华人民共和国国民经济和社会发展第十三个五年规划纲要》发布，明确提出要“推动全民阅读”，并将全民阅读工程列为国家八大文化重大工程之一。同年12月，原国家新闻出版广电总局印发《全民阅读“十三五”时期发展规划》，这也是我国制定的首个国家级全民阅读规划。

2019年8月，习近平总书记在读者出版集团考察调研时强调要提倡多读书，建设书香社会，不断提升人民思想境界、增强人民精神力量。同年9月，在给国家图书馆老专家的回信中，他也强调了全民阅读的重要性。

图 3-1　新世纪全民阅读国家战略趋势关键事件（一）

全民阅读不仅关乎个人修养与素质，还关乎国家文化软实力与核心竞争力。广大中小学生是全民阅读的重要群体，指导学生加强阅读、正确阅读，是全面贯彻党的教育方针、落实全民阅读决策部署，培养学生坚定理想信念、厚植爱国主义情怀，加强品德修养、增长知识见识、培养奋斗精神、培养核心素

养等的重要举措。（图 3—2）

2020年10月，中宣部印发《关于促进全民阅读工作的意见》，提出了全民阅读工作的重点任务，对推进新时代全民阅读工作作出了部署。

2021年3月，《中华人民共和国国民经济和社会发展第十四个五年规划和2035年远景目标纲要》发布，在第三十五章“提升公共文化服务水平”中，明确提出，深入推进全民阅读，建设“书香中国”。

2022年4月，习近平总书记致信祝贺首届全民阅读大会举办，并强调希望全社会都参与到阅读中来，形成爱读书、读好书、善读书的浓厚氛围。

2022年10月，党的二十大报告提出“深化全民阅读活动”。

2024年3月，“深化全民阅读活动”再次被写入政府工作报告，这是全民阅读第11次被写入政府工作报告。

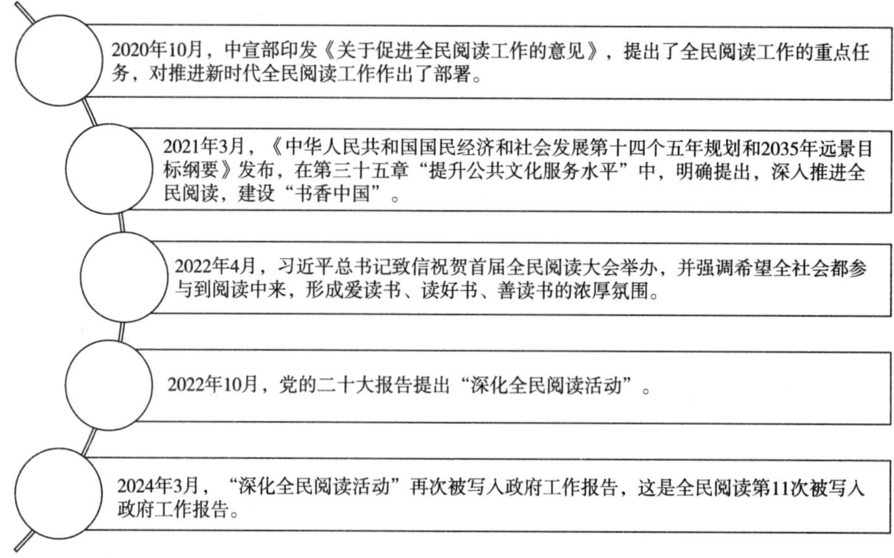

图 3—2　新世纪全民阅读国家战略趋势关键事件（二）

（二）国家政策要求：中小学要大力加强青少年阅读工作

为贯彻落实党中央国务院决策部署，近年来，教育部等部门围绕加强青少年学生阅读工作下发了系列文件。（图 3—3）

2020年4月，受教育部委托，教育部基础教育课程教材发展中心组织研制并发布了《中小学生阅读指导目录（2020年版）》，指导学生读好书、读经典，全面提高学生素质。

2023年1月，全国教育工作会议进一步提出，要把开展读书活动作为一件大事来抓，引导学生爱读书、读好书、善读书。教育部等八部门3月印发《全国青少年学生读书行动实施方案》。

2023年4月全国妇联、中宣部、教育部等联合印发《关于开展“书香飘万家”全国家庭亲子阅读行动的实施意见》。

2023年12月教育部下发《关于开展2023年全国青少年学生读书行动优秀案例和“书香校园”遴选活动的通知》。

图 3—3　近年来关于青少年阅读工作的重要文件

众多文件都要求中小学校积极推动青少年学生读书行动广泛深入开展，促进全面提升育人水平，引导激励广大青少年学生爱读书、读好书、善读书。

《义务教育语文课程标准（2022 年版）》更是把“整本书阅读”写进了课程标准，并具体而明确地指出，义务教育阶段要激发学生读书兴趣，要求学生多读书、读好书、读整本书，养成良好的读书习惯，积累整本书阅读的经验。

（三）学生发展需要：阅读素养是面向未来的基础能力

无论是个人发展还是民族进步，都与阅读素养有着紧密联系。阅读素养是学生学习和成长的基本要素，是学生实现社会发展和精神发展的奠基石。国际阅读素养进展研究（PIRLS）认为，阅读素养是学生从小学开始就应该掌握的最重要的素养。只有掌握了阅读的能力，孩子才能更好地学习其他知识，才能更自信地融入社会，满足生活、工作甚至生存的需要；只有学会了如何阅读，才能提高鉴赏能力，接受全方位的信息，满足个人精神世界发展的需求。

国际著名的教育评价项目都将阅读素养作为核心的测评内容。国际教育成就评价协会（IEA）、经济合作与发展组织（OECD）和美国国家教育统计中心（NCES）分别开展了国际阅读素养的理论研究与全球测评工作。核心素养中的“人文底蕴”“科学精神”“学会学习”等就与阅读素养息息相关。此外，在语文学科核心素养中，对阅读素养的要求更为明确，语言建构与运用等素养都需要通过大量的阅读来培养和提升。

书香飘向中国每一个角落，为实现中华民族伟大复兴的中国梦提供强大精神动力和文化支撑。成都市读者小学正是在全民阅读时代的潮流中应运而生。学校开校以来，秉承“书香致远、体健德雅”的办学理念，坚持阅读立校，努力让阅读成为孩子们日常的生活学习方式，助力他们以书为友、以读为乐，在书海中成长、在墨香中进步。努力探索建设一所墨香馥郁、文气芬芳，促进学生生命成长的书香校园，就是学校办学所追求的核心目标。

二、基本情况

成都市读者小学，是由成都市武侯区人民政府与读者出版集团联手打造的

"两自一包"管理体制改革公办小学，是全国第一所冠以"读者"品牌的学校。学校坐落于清水河公园附近的万寿四路 66 号，占地面积约 1.2 万平方米，建筑面积约 2.2 万平方米。

一走进校园，便能感受到"自然、健康、智能、书韵"的主题氛围。这里的校园文化环境熏陶人心，绿色生态的自然人文景观涵养精神。在读者小学，人人皆阅读，处处皆课程，时时皆教育。这种潜移默化的教育方式，如同春雨般润物无声，深深影响着每一位师生的心灵。

在社会各界的关心与支持下，全校师生共同努力，使得学校在建校仅三年就收获众多荣誉。学校不仅成为"读者·中国阅读行动"全民阅读基地，还是"读者·新语文"阅读与写作教育基地和"读者研学"基地。更值得一提的是，它还荣获了四川省绿色学校、四川省司法厅青少年法治实践教育基地、四川省科创教育实验科普基地等荣誉称号。同时，武侯区图书馆也在读者小学设立了分馆，进一步丰富了学校的文化底蕴。

学校的发展，离不开读者出版集团和中国教科院的专家资源优势。在这些强大后盾的支持下，学校以"读天读地读万物，育人育心育雅德"为课程理念，积极探索实施指向学生"生命成长"的整合式阅读课程。在这里，孩子们不仅读书，更读人、读自然、读世界，他们在阅读中找到了乐趣，学会了如何阅读，更在阅读中读出了幸福人生的真谛。

成都市读者小学的精神引领——"读书以传文承粹，育人以成德达才"，深刻体现了学校的教育理念和办学宗旨。学校秉承"书香致远，体健德雅"的办学理念，不仅注重知识的传授，更重视学生的品德修养和身心健康。同时，"好好读书，天天进步"的校训，也激励着每一位师生不断进步，追求卓越。

面对未来，成都市读者小学有着清晰的发展定位。它致力于成为"品质一流、特色鲜明、在西部地区具有示范力和影响力的阅读品牌学校"，这不仅是学校的发展目标，更是对全校师生的殷切期望。在这样的愿景引领下，学校将不断深化教育改革，创新教育模式，努力培养"雅德尚美、睿智阳光、灵动向上的小读者"。

成都市读者小学，正以其独特的办学理念和深厚的文化底蕴，书写着教育的新篇章。它不仅是孩子们求知的乐园，更是他们成长的摇篮。在这里，每一个孩子都能在阅读中启迪智慧，在教育中成就未来。

三、办学理念、 发展愿景和育人目标

（一） 办学理念

书香致远，体健德雅。

书香：指读书风气、读书习尚。致远，出自诸葛亮《诫子书》，“夫君子之行，静以修身，俭以养德。非淡泊无以明志，非宁静无以致远”。后人将其引申为远大的理想。体健即身体强健、健壮；德雅即道德、品行高尚。

“书香”代表的是学校的读书文化和学术氛围。学校鼓励学生培养良好的阅读习惯，通过阅读，开阔视野，丰富知识，提升思维能力。书香不仅指书籍的香气，更象征着知识的芬芳，代表着对学问的渴望与追求。

“致远”则体现了学校的教育目标，即培养学生的远大理想和志向。诸葛亮在《诫子书》中提到“非宁静无以致远”，意味着在宁静中专心致志，才能达到远大的目标。学校借此理念，希望学生们能够静心学习，不仅为了眼前的学业，更为了未来能够走得更远，实现自己的理想。

“体健”强调了学生身体素质的重要性。一个健康的身体是实现个人发展和理想的基础。学校注重体育教育，通过各种体育活动和锻炼，增强学生的身体素质，培养健康的生活习惯。

“德雅”则是对学生品德的要求。学校不仅关注学生的知识水平，更重视学生的道德品质和个人修养。通过德育教育，引导学生树立正确的价值观和道德观，成为品行高尚、有社会责任感的人。

（二） 发展愿景

1. 总体愿景。

学校总体愿景是成为品质一流，特色鲜明，在西部地区具有一定示范力和

影响力的阅读品牌学校。

学校品质是教育质量、内涵、文化、特色等的集合体，提升学校品质已成为义务教育学校改革发展的新任务、新目标。一流即第一等的；示范即做出榜样或典范。

2. 三年发展目标。

依据《成都市读者小学三年发展规划（2022－2025 学年）》，学校未来三年发展目标为：阅读特色、优质小学。

三年发展目标具体为依托区域“两自一包”管理体制改革优势和读者出版集团丰富资源，以创建“成都市新优质学校”为目标引领，不断彰显阅读育人办学特色，成为老百姓家门口的好学校，为成为“品质一流、特色鲜明、在西部地区具有一定示范力和影响力的阅读品牌学校”奠定坚实基础。

（三）育人目标

育人目标为培养“雅德尚美、睿智阳光、灵动向上的小读者”。

雅德即德行高尚。尚美即崇尚道德情操、文化艺术之美。睿智即聪慧、明智，出自《孔子家语·三恕》“聪明睿智，守之以愚”。阳光即积极向上，乐观开朗，活泼有朝气。

“雅德”强调的是对学生道德品质的培养。学校致力于培养学生具有高尚的道德情操，注重德育的实践与内化，让学生在日常生活中展现出优雅、正直的品格。这不仅是对传统美德的继承，也是对现代社会公民素质的基本要求。

“尚美”则体现了学校对美的追求和崇尚。这种美不仅体现在外在的艺术表现上，更深入到学生的内心世界。学校鼓励学生发现和欣赏文化艺术之美，提升审美情趣，同时也在无形中塑造了学生积极向上的生活态度和价值观。

“睿智”代表着学校对学生智力发展的期望。学校希望学生们能够拥有聪慧的头脑，明智的判断力，这不仅是学术知识上的智慧，更是处理生活中各种问题的智慧。这种智慧的培养，需要学生在学习中不断探索，在实践中不断总结。

“阳光”则象征着学校希望学生们拥有的精神面貌。学校鼓励学生保持积极向上的心态，乐观开朗地面对生活的挑战。这种阳光般的性格，不仅有助于学生个人的心理健康，也能为他们未来的社交和职业生涯奠定良好的基础。

“灵动”反映了学校对学生思维灵活性和创造力的重视。在快速变化的社会中，拥有灵动思维的学生更能适应新环境，解决新问题。学校通过多样化的教学方法和课程设置，激发学生的创新思维，培养他们的应变能力。

“向上”则是对学生进取心和拼搏精神的鼓励。学校希望学生们能够保持不断追求进步的心态，勇于攀登知识的高峰，不断挑战自我，实现个人价值。

四、课程建设现状分析

基于学生家庭阅读现状的调查，成都市读者小学对课程建设通过 SWOT 分析（优势、劣势、机遇、挑战）进行了深入的战略规划，以明确学校在课程建设方面的优势、劣势，面临的机遇和挑战。本次分析主要从课程资源、课程管理、教师资源、学生情况以及智慧教育水平五个领域展开。

（一）学生情况分析

优势：学生家庭普遍重视阅读，为学生提供了良好的阅读环境和基本条件。学生们对阅读充满热情，兴趣广泛，这为培养他们的阅读素养奠定了坚实的基础。

劣势：虽然学生有阅读的兴趣，但良好的阅读习惯尚未完全形成，阅读能力也有待进一步提升。个别学生甚至还未培养起稳定的阅读情志，需要学校给予更多的引导和支持。

机遇：学校丰富的阅读课程为学生提供了广阔的学习平台，有助于进一步提升他们的阅读素养。

挑战：随着学生的不断成长和发展，他们对课程的需求也将更加多元化和个性化，这对学校的课程建设提出了更高的要求。

（二）课程结构分析

优势：学校已经初步建立了一套完整且多样化的课程体系，能够满足不同学生的学习需求。课程的设置与学校的育人目标和办学愿景高度匹配。

劣势：课程在一定程度上存在碎片化和拼盘化的现象，需要加强课程的系统性和连贯性。

机遇：学校正不断探索和实施新的课程规划，以适应教育发展的新趋势和学生需求的变化。

挑战：如何维护和更新课程资源，确保课程的时效性和前瞻性，是学校面临的现实挑战。

（三）课程管理分析

优势：学校设有专门的课程研发中心，并得到了各级专家的支持，为课程的研发和实施提供了强有力的保障。

劣势：当前课程内容涉及面较广，需要进行有效的整合和优化，以提高教学效率。

机遇：学校将课程建设作为办学特色的核心举措之一，并制定了三年规划来推进课程的改革和发展。

挑战：课程资源的长期维护和更新需要持续的资金和人力投入，这是学校需要长期关注和解决的问题。

（四）教师队伍分析

优势：学校教师队伍以青年教师为主，他们适应力强、充满活力，对胜任课程有着十足的冲劲和强烈的热情。

劣势：教师在课程开发方面的能力还有待提高，需要更多的专业培训和实践机会。

机遇：学校围绕课程建设开展的核心课题为教师的专业成长提供了良好的条件和平台。

挑战：如何有效评价和引导教师在课程建设中的作用，提高他们的教学积极性和创新能力，是学校需要思考的问题。

（五）智慧教育分析

优势：教师的信息化技术水平在不断提升，为智慧教育的实施奠定了基础。

劣势：教师在智慧教育方面的技能还有待进一步提高，需要加强相关培训和实践。

机遇：区域智慧教育相关项目为学校提供了技术支持和资源共享的机会。

挑战：在推进智慧教育的过程中，如何合理平衡电子阅读和纸质阅读的比重，避免过度依赖电子技术而忽视传统阅读方式的价值，是学校需要关注的问题。

第二节　课程建设的指导思想和目标

一、指导思想

成都市读者小学深入贯彻党的二十大精神，落实立德树人根本任务，办好人民满意的教育，按照国家、省市区关于深化课程教学改革的安排部署，结合学校改革发展实际，努力构建以阅读为核心的“读育”课程体系，努力实现国家和地方课程校本化、校本课程特色化实施，丰富学校课程文化，努力让学校师生读书、读人、读自然、读世界，从而实现乐读、会读，读出幸福人生，为全体学生核心素养发展贡献阅读的力量。

（一）党的教育方针是“读育”课程建设的基本前提

党的教育方针是学校教育教学的根本指针。成都市读者小学课程建设要始终贯彻党的教育方针，坚持以习近平新时代中国特色社会主义思想为指导，坚定党对教育的全面领导，坚持立德树人根本任务，培养德智体美劳全面发展的社会主义建设者和接班人，以办好人民满意的教育为目标。

读者小学结合区域教育发展目标和学校改革发展实际，立足阅读特色，创建书香校园，凝练阅读文化，打造学校阅读教育特色，努力创建学校品牌，努力将学生培养成为“雅德尚美、睿智阳光、灵动向上的小读者”。

（二）学校办学理念是“读育”课程建设的校本依据

读者小学在“读书以传文承粹，育人以成德达才”的学校精神涵育下，形成了“书香致远，体健德雅”的办学理念。在这一办学理念引领下，学校提出了以“培养雅德尚美、睿智阳光、灵动向上的小读者”为育人目标，围绕育人目标，学校努力建设“读育”课程，用阅读丰盈孩子们的童年，培养具有阅读底色的时代新人。

（三）课程基本理念是“读育”课程建设的实践指针

“读育”课程是建立在“大阅读”观基础上的“大阅读”课程，将坚持“读天读地读万物，育人育心育雅德”的课程理念，不仅要注重学生的学习基础、认知规律、兴趣爱好、情感意志，还要致力于让学生经历多种阅读过程，帮助学生获得知识、掌握方法、优化思维、发展技能、转化态度，实现从喜欢阅读、学习阅读到学会阅读的不断成长，实现从阅读素养向核心素养、关键能力的根本转变，并形成正确的人生观、世界观、价值观和审美观。

二、课程目标

（一）总体目标

围绕“培养雅德尚美、睿智阳光、灵动向上的小读者”的学校育人目标，关注学生的全面成长和教师的终身发展，为师生营造多元、自主、和谐的成长空间与发展环境，让读者小学的师生获得全面发展。

通过“全员、全程、全学科”的阅读实践，推进读者小学课程建设规划，构建科学合理、特色鲜明的学校“读育”课程，让阅读从单一学科走向全学科，从被动走向自觉，从教育手段走向教育目的，从学科学习走向学生完善人格的塑造，为孩子终身阅读素养培育奠基。

（二）分项目标

1. 学生成长目标——雅德尚美、睿智阳光、灵动向上的小读者。

“雅德尚美、睿智阳光、灵动向上”的目标是指要注重学生德智体美劳的全面发展，让学生具备优秀品德，崇尚美好事物，成为睿智阳光、自信大方的新时代接班人。

2. 教师发展目标——终身学习、精神丰满、生命充实的领读者。

“终身学习、精神丰满、生命充实”的目标需要注重教师的持续发展，让教师和学生一起阅读，落实教师终身学习的要求，使教师成为一名较为理想的领读者。

3. 学校办学目标——品质一流、示范一方。

“品质一流、示范一方”是学校希望依托“读育”课程的建构，落实学校的办学理念和育人目标，在师生的共同努力下力争未来把学校建设成为品质一流、特色鲜明，在西部地区具有示范力和影响力的阅读品牌学校。

（三）学段目标

1. 低学段目标。

在小学低学段，读育课程的核心目标是培养学生的阅读兴趣与基本阅读能力。通过丰富多样的阅读材料，激发学生对书籍的热爱，让他们在阅读中感受到知识的乐趣。同时，注重学生良好阅读习惯的养成，如定时阅读、积极思考等。此外，低学段课程还将强调基础知识的积累，包括字词识别、简单阅读理解等，为学生今后的深入学习打下坚实基础。在这一阶段，课程融入基本的道德教育，通过故事、寓言等形式，引导学生形成正直、善良的品质，初步体现“雅德尚美”的育人理念。

2. 中学段目标。

当学生进入中学段，读育课程的目标将提升到新的层次。此时，学生需要掌握更加深入的阅读技巧，如概括主旨、分析作者观点等。课程将引导学生通过阅读不同类型的文本，拓宽知识视野，培养其批判性思维能力。同时，中学段的读育课程还将注重学生的情感培养，通过阅读经典文学作品，激发学生的情感共鸣，培养他们的同理心和人文关怀。在这一阶段，课程还将鼓励学生进行初步的创造性写作，将阅读与写作相结合，提升学生的综合语文能力。

3. 高学段目标。

到了高学段，读育课程的目标将更加注重学生的自主学习能力和创新思维的培养。课程将提供更具挑战性的阅读材料，要求学生能够独立分析、评价文本，并形成自己独特的见解。同时，高学段的读育课程还将鼓励学生进行跨学科阅读，将阅读与其他学科知识相结合，培养学生的综合素养。此外，课程还将强调学生的领导力与团队合作精神，通过小组讨论、项目研究等形式，提升学生的协作与沟通能力。在这一阶段，学生将被鼓励进行独立的文学创作，通过写作表达自己的思想和情感，实现阅读与写作的深度融合。

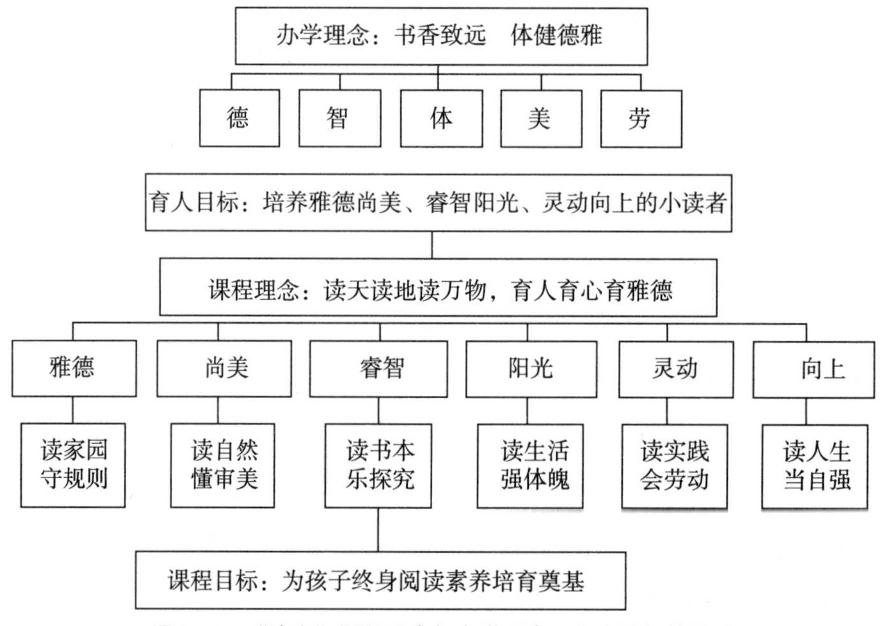

图 3-4　“读育”课程理念与办学理念、育人目标的关系

三、课程理念

读者小学的读育课程理念——“读天读地读万物，育人育心育雅德”，这简短的一句话蕴含着学校对教育的全面理解和深邃洞察。这一理念不仅展现了学校对于知识积累的重视，更深入触及学生的心灵成长和品德塑造，旨在培育德智体美劳全面发展的新时代青少年。

“读天读地读万物”，这七个字所传达的，是读育课程的广泛性与深度。阅读，在这里不仅仅局限于书本上的文字，它是对大千世界、万事万物的深度解读与探索。学校深知，真正的教育不应该局限于教室的四墙之内，而应该引导学生放眼世界，用心去感受、去思考。

在这一理念的指引下，读者小学鼓励学生通过阅读去打开心灵的窗户，去观察那变幻莫测的天空，去感受大地的厚重与博大，去探知世间万物的奥秘。无论是深奥的自然科学、复杂的社会现象，还是充满韵味的文学艺术，都成为学生阅读的宝贵资源。这种跨领域、跨学科的阅读方式，极大地拓宽了学生的知识视野，也为他们构建了更加完整、多元的知识体系。

更为重要的是，这种广泛的阅读经验在无形中培养了学生的综合素质。他们开始对多元文化产生浓厚的兴趣，学会尊重并欣赏不同的文化和观念。这不仅有助于他们在未来社会中更好地融入与合作，还培养了他们的国际视野和跨文化交流的能力。

“育人育心育雅德”则是对教育目标的进一步明确和深化。教育的终极目标不仅仅是传授知识，更重要的是立德树人。读者小学深知，阅读是达到这一目标的重要桥梁。在书海中，学生可以接触到的古今中外的优秀文化传统和深邃的道德观念，会在他们的心灵深处留下深刻的印记。

学校精心策划的读育课程，更是将立德树人的任务融入到每一节课中。通过阅读，学生不仅学到了知识，更在阅读的过程中感悟到人生的真谛，培养了正直、善良、坚韧不拔的品质。这种教育方式远比单纯的说教更为深入人心，也更能培养出具有高尚道德情操的新一代。

同时，“育人育心育雅德”也体现了学校对学生心灵成长的细腻关怀。阅读，是一种心灵的对话，是一种情感的交流。在书的世界里，学生可以找到与自己灵魂相契合的部分，可以在文字的海洋中畅游，感受生命的美好与真谛。这种深层次的阅读体验，无疑会滋养他们的心灵，提升他们的人文素养和审美情趣。

在立德树人总目标的指引下，读者小学的读育课程展现出了其独特的魅力和价值。它不仅注重知识的传授，更将学生的全面发展作为首要任务。这与当前所倡导的核心素养教育不谋而合。核心素养，包括批判性思维、创新能力、沟通能力和合作能力等，这些都是新时代青少年所必备的关键能力。而读育课程，正是通过其丰富多样的阅读材料和灵活多变的教学方式，为培养学生的这些核心素养提供了有力的支撑。

四、课程内容

（一）基本观点

读者小学的读育课程建设基于一个核心观点：阅读是教育的核心，是培养学生全面发展、塑造其精神世界的重要途径。通过广泛的阅读，学生能够开阔视野，丰富知识，培养审美情趣，形成正确的价值观和人生观。

（二）课程原理

全面性原理：读育课程应涵盖多个学科领域，促进学生全面发展。通过阅读，学生不仅能够获取知识，还能提升思维能力、情感能力和社交技能。

个性化原理：每个学生都是独一无二的，读育课程应尊重学生的个性差异，提供多样化的阅读材料和活动，以满足不同学生的兴趣和需求。

实践性原理：阅读不仅是获取知识的方式，也是实践的过程。读育课程应注重学生的阅读实践，鼓励他们在实际生活中运用所学知识。

人文性原理：阅读是培养学生人文素养的重要途径。通过阅读经典文学作品，学生可以感受到人类文化的深厚底蕴，培养审美情趣和道德情操。

（三）核心问题

如何选择合适的阅读材料？读育课程需要精心挑选适合学生年龄和认知水平的阅读材料，既要保证内容的丰富性和趣味性，又要确保教育性和启发性。

如何平衡知识的学习与道德的培养？在阅读过程中，既要注重知识的传授，也要关注学生的情感体验和道德情操的培养。

如何有效评估学生的阅读成果？传统的考试评估方式可能无法全面反映学生的阅读能力和素养，因此需要探索更加多元化的评估方法。

（四）内容结构

基础课程：包括语言基础、阅读理解、写作技巧等，旨在培养学生的基本阅读能力和语言素养。

拓展课程：涵盖自然科学、社会科学、文学艺术等多个领域，通过广泛的阅读材料，拓宽学生的知识视野。

实践课程：组织学生进行阅读分享、戏剧表演、文学创作等活动，将阅读与实践相结合，提升学生的综合素养。

德育课程：通过阅读经典文学作品和道德故事，培养学生的道德情操和审美情趣。

（五）实例分析

以“自然科学”主题为例，读者小学设计了以下读育课程内容。

基础课程：选取适合学生年龄段的科普读物，如《地球密码》等，引导学生通过阅读了解地球的形成、生物的演化等基础知识。

拓展课程：引入更广泛的自然科学阅读材料，如《昆虫记》《物种起源》等经典著作的节选或改编版，激发学生对自然科学的兴趣。

实践课程：组织学生进行科学实验或观察活动，如观察植物的生长过程、记录天气变化等，将阅读与实践相结合。

德育课程：通过阅读科学家们的奋斗历程，如居里夫人的故事等，培养学生的科学精神和道德品质。

第三节　推进课程体系建设

一、课程设置及课时安排

在学校，课程的设置与安排严格遵循了国家、省市区关于义务教育课程设置的规定，同时也积极响应了关于合理安排作息时间、促进中小学生健康成长的号召。学校坚持开齐、开足、开好国家课程，全力保证地方课程的实施，同时不断优化和开发校本课程，以提供更全面、更优质的教育服务。

（一）开齐开足国家课程

学校严格执行各级课程设置要求，按照国家课程方案的要求，全面开设了道德与法治、语文、数学、英语、科学、音乐（艺术）、美术（艺术）、信息科技等国家课程。这些课程涵盖了学生成长所需的基础知识和技能，为学生未来的学习和生活奠定了坚实的基础。

语文：语文是学生学习的重要基础。学校按照国家课程标准的要求，开设了语文基础课程，同时增加了书法和阅读课程，以培养学生的书写能力和阅读理解能力。

数学：数学课程旨在培养学生的逻辑思维和问题解决能力，学校每周都安排了足够的课时，确保学生能够在课程中学习和掌握数学知识和技能。

英语：英语作为国际通用语言，对学生的未来发展具有重要意义。学校开设了英语课程，以培养学生的英语听、说、读、写能力。

科学：科学课程旨在培养学生的科学素养和实践能力，学校安排了足够的课时，让学生通过实验和观察，了解和掌握自然科学知识。

音乐（艺术）和美术（艺术）：艺术课程能够培养学生的审美能力和创造力，学校开设了音乐和美术课程，让学生在艺术的世界中感受美、创造美。

道德与法治：作为培养学生良好品德和社会责任感的重要课程，学校每周都安排了相应的课时，确保学生能够在课程中学习和理解社会规范和道德准则。

信息科技：信息科技课程旨在培养学生的信息素养和科技能力，学校开设了信息技术课程，让学生掌握基本的计算机操作和信息处理技能。

（二）做好地方课程

学校根据《四川省义务教育课程设置及比例（2023 年版）》的要求和学校实际情况，统筹安排了“生命·生态·安全和心理健康教育”课程。其中，一、二年级整合开设了“生命·生态·安全与心理健康教育”课程，以培养学生的生命意识、生态意识和心理健康素养。

此外，学校还开设了心理健康教育、班队会等地方课程，以丰富学生的学习内容，培养学生的综合素质。

（三）开展书法教育

书法是中华民族的传统艺术，也是中华民族的文化瑰宝。为了弘扬传统文化，培养学生的书法兴趣和书法技能，学校决定从一年级开始，每周安排 1 节书法课。在书法课程中，学生将学习基本的书法知识和技能，感受书法的魅力。

（四）优化设置和开发校本课程

学校注重校本课程的开发和优化，以满足学生的个性化需求和发展。具体来说，学校一、二年级每周开设 1 节阅读课，三、四年级每周开设 2 节阅读课。这些阅读课在语文课中统筹安排，旨在培养学生的阅读兴趣和阅读能力，提高学生的语文素养。

除了阅读课之外，学校还根据学生的兴趣和需求，开设了其他形式的校本社团课程，如科学实验、文学创作、手工制作等。这些课程旨在丰富学生的学习体验，培养学生的创新精神和实践能力。

（五）合理安排作息时间

学校注重学生的身体健康和心理健康，合理安排作息时间。每天安排 10 分钟的阅读晨会，让学生在轻松愉悦的氛围中开始新的一天。同时，学校保证每天体育活动时间超过 1 小时，包括体育与健康课、大课间体育活动、体育锻炼、眼保健操等，以增强学生的身体素质。

二、课程建设任务

（一）开发读育资源

1. 精选阅读材料。

读育课程的核心在于阅读材料的选择。为了确保学生能够接触到高质量、多样化的阅读内容，学校必须精心挑选适合各年龄段学生的阅读材料。这些材料应涵盖文学、科普、历史、文化等多个领域，以激发学生对不同知识的兴趣。同时，学校要确保所选材料既能体现经典性，又能反映时代性，让学生在阅读中感受到文化的传承与发展。

2. 构建数字化阅读平台。

随着信息技术的快速发展，数字化阅读已成为趋势。因此，学校需要构建一个数字化阅读平台，整合电子书籍、期刊、报纸等多媒体资源，为学生提供便捷、高效的阅读体验。通过该平台，学生可以随时随地访问丰富的阅读资源，进行自主学习和探究。同时，平台还应具备互动功能，鼓励学生进行阅读分享和讨论，形成良好的阅读氛围。

3. 编写校本阅读教材。

为了满足学校特色教育和个性化教学的需求，学校应编写校本阅读教材。这些教材应结合学校的教育理念、学生的实际情况以及地方文化特色，选取具有代表性的文章和篇目。通过校本教材的使用，学生可以更加深入地了解本地文化和历史，增强对家乡的认同感和归属感。

4. 建立阅读评价体系。

为了有效评估学生的阅读成果和进步情况，学校需要建立一套科学的阅读评价体系。该体系应包括阅读量、阅读速度、阅读理解等多个维度，以便全面反映学生的阅读能力。同时，评价过程应注重学生的自我评价和同伴评价，鼓励学生进行反思和改进。通过定期的阅读评价，学校可以及时调整教学策略和资源配置，以更好地满足学生的阅读需求。

（二）创新读育实践体系

1. 设计多元化的阅读活动。

为了激发学生的阅读兴趣和提高他们的阅读能力，学校应设计多元化的阅读活动。这些活动可以包括阅读分享会、朗诵比赛、读书征文等，旨在让学生通过实践来巩固和拓展阅读成果。同时，学校还可以邀请作家、学者等专家进校园与学生互动交流，提升学生的阅读品味和鉴赏能力。

2. 实施分层阅读教学。

考虑到学生阅读能力的差异性，学校应实施分层阅读教学。通过对学生阅读能力的评估，学校可以将学生分为不同的层次，并为每个层次的学生制定合适的教学计划和阅读材料。这种教学方式可以确保每个学生都能在阅读中得到适合自己的训练和提升，从而实现个性化教学。

3. 开展跨学科阅读项目。

为了培养学生的综合素养和跨学科思维能力，学校可以开展跨学科阅读项目。这些项目可以围绕某个主题或问题展开，要求学生通过阅读不同学科的文献来寻求解决方案。通过这种方式，学生可以学会从不同角度思考问题并综合运用所学知识解决实际问题。

4. 建立家校共育机制。

家庭教育是学校教育的延伸和补充，在阅读教育中同样重要。因此，学校需要建立家校共育机制，鼓励家长参与到孩子的阅读教育中来。通过定期举办家长会、阅读讲座等活动，学校可以向家长传授有效的阅读指导方法并分享成功的阅读教育案例。同时，学校还可以利用网络平台与家长保持实时沟通与交流，共同关注孩子的阅读进步与成长。

三、课程体系架构

成都市读者小学在“读育”课程的建设上，展现出其独特的教育理念与深厚的文化底蕴。

（一）基础型课程

在国家课程与基础性课程部分，成都市读者小学严格按照国家教育部门的要求，开设了道德与法治、语文、数学、英语、科学、艺术（音乐、美术）、信息科技等国家课程。这些课程是学生学习的基础，旨在为学生提供全面的知识体系，培养他们的基本学科素养。学校还结合地方特色和学校实际，开设了丰富的地方课程和校本课程。其中，地方课程包括“生命·生态·安全和心理健康教育”，旨在培养学生的生命意识、生态意识和心理健康素养。校本课程则更加灵活多样，如“字典达人赛”“读思模板逻辑与教学”等。这些课程不仅丰富了学生的学习内容，还为他们提供了展示自我、锻炼能力的平台。

（二）拓展型课程

在拓展性课程部分，成都市读者小学更是下足了功夫。这些课程不仅涵盖了阅读、艺术、体育、科技等多个领域，还通过多元化的教学方式和实践活动，让学生在轻松愉快的氛围中学习、成长。

情景体验阅读：通过模拟真实的阅读场景，让学生在情境中感受阅读的魅力，提高他们的阅读兴趣和阅读能力。

英语情景剧：通过英语情景剧的表演，让学生在实践中学习英语、提高口语表达能力，同时培养他们的团队合作精神和创造力。

古诗词朗诵：让学生领略古诗词的韵味和魅力，培养他们的文化素养和审美能力。

此外，“读育社团”，为学生提供了展示自我、发展特长的平台；“趣味运动会”“少儿体能”等体育活动，则让学生在运动中锻炼身体、磨炼意志。还有“趣味口算”“数学思维”“数独逻辑”“图形推理”等数学类拓展课程，旨在培养学生的逻辑思维能力和数学素养；以及“书香阅读文化月”“名画赏析”“名曲欣赏”等艺术类拓展课程，旨在提高学生的艺术鉴赏能力和文化素养。

（三）特色课程与活动

除了上述课程外，成都市读者小学还结合学校特色和学生需求，开设了一系列特色课程和活动。如“甘肃丝路文化研学旅行”，让学生走出课堂、走进社会，了解不同地域的文化和历史。

成都市读者小学的“读育”课程是一个全面、系统、多元化的课程体系。它涵盖了基础型、拓展型和研究型课程等多个方面，旨在为学生提供全面、优质的教育服务。同时，这些课程还注重实践性和创新性，让学生在实践中学习、在创新中成长。这种教育理念和课程设计不仅有助于培养学生的综合素质和创新能力，还有助于他们形成正确的价值观和人生观。

第四节　课程的实施与执行

一、加强学校课程执行

学校认真贯彻落实国家、省市区关于加强中小学课程管理的各类文件精神，树立全面执行课程的意识，提高执行的能力。学校定期组织课程实施的研究活动，加强管理与指导，探索国家课程、地方课程与校本课程的有效统一整合，提高课程执行的效率。

二、加强校本课程培训

学校围绕教育教学中的真实问题，发挥集体的智慧共同破解难题。校本课程培训强调教科研活动的内容来自教师的需求，将每次教科研活动的内容提早告知组员，给予思考的时间，确保每次活动的有效性。学校每学年评选优秀教科研组，激励组长认真计划、组织好每一次教科研活动，组员认真投入活动。

三、拓展型、研究型两类课程实施与管理

（一）基于学校、学生发展开发课程

根据学校发展规划和学生培养目标制定课程建设的总规划并做好落实工作。尤其在拓展型、研究型课程规划中尊重学生发展需求、尊重教师特长兴趣，发挥教师主观能动性和聪明才智，鼓励教师个人或合作开发两类课程。

（二）完善课程运作机制

1．需求调研机制。

每学期结束后，学校通过问卷调研学生的课程需求，使课程设置逐步趋向

于学生需求的均衡化。

2. 课程申报机制。

每学期开学前，学校教师结合自身的特长与兴趣爱好，根据要求撰写《课程实施方案》，内容包括课程目标、课程内容、课程实施、课程评价等，完成课程申报工作。

3. 课程选课机制。

每学期学生可以进行网络自主选课。学生通过浏览网络平台中的课程介绍，根据自己的爱好选择相应课程。学生所选课程须涵盖学校的课程类别，以培养自身多方面的兴趣。

4. 课程删选机制。

通过课程文本审核和学生选课两轮删选，淘汰不适合学生或学生不喜欢的课程设置，保留优质课程内容，以节省学生选课时间，节约学校资源成本。

5. 课程反馈机制。

每学期结束，学校将进行满意度调查，通过问卷调查的方式，了解课程的开设情况。调查内容包括课程的教学内容、学习活动、教师的教学态度、教师的教学方法等。学校希望通过课程反馈机制不断规范课程教学和提高课程质量，为学生提供更优质的课程服务。

第五节　课程保障

一、组织保障

成立以下机构，具体分工如下：

1. 课程建设领导小组：由校长任组长，行政团队全体成员任组员，是学校课程管理及开发决策层，负责学校课程的建设、课程的开发、课程管理与评价等工作。

2. 课程研究小组：课程研发中心牵头，负责组织教师在课程开发前以及开发过程中的学习、培训提升工作。

3. 课程实施小组：由教学研究中心、学生发展中心组成，负责课程具体实施的相关工作，包括教师学科教学、组织学生外出活动等，进行学校课程与教学的日常管理。

4. 课程保障小组：后勤保障中心牵头做好场地、设备等资源配置，保障学校网络资源、图书馆、实验室和专用教室以及各类教育教学设备面向全体教师、学生开放。

5. 课程执行小组：由教研组长和年级组长组成，其主要职责是做好课程调研；编制课程设置方案，供领导小组审定；参加课程考核评价；在领导小组指导下，组织实施课程和制定相关管理评价规则。

二、管理保障

（一）教学调研

对全校各年级开展教学常规调研，通过调研全面了解各学段教师教学和学生学习状况。召开教研组长、年级组长和班主任会议，分析班级实际状况和各学科教学工作，听取教师对年级工作的意见和建议。最终由教学研究中心汇总学校行政和各教研组长的意见向年级组反馈，发现问题及时调整。

（二）常规检查

切实落实教学常规，规范过程管理，从教学各环节入手，教学研究中心组织教研组分别定期检查备课、作业（习题批改与复批）、辅导（课后服务和管理）等环节，加强“推门听课”，以便发现好的经验及时推广、发现问题及时改进。

（三）学科建设

组织以教研组为基地的校本培训课程，教研组长期中和期末向学校汇报学科建设情况，形成学科报告制度。

（四）选课指导

开学初以年级为单位由教学研究中心组织相关教师、班主任对学生的自主拓展型课程进行选课指导，并在充分满足学生个性需求的基础上调整课程方案。

（五）研讨交流

组织教育教学节、青年教师教学评比活动、青年教师科研沙龙、骨干教师展示课等。

（六）课程展示

课程研发中心加强对校本课程开发、实施和管理的研究。每学年组织一次专题校本课程研讨和课程成果展示。

三、资源保障

（一）社会资源

课程研发中心牵头推进与读者出版集团的合作交流，每年开展各类师生家长交流活动。

（二）家长资源

学生发展中心牵头推进对接年级家长会的平台，请部分家长介绍教育经验、心得体会，促进家长间的相互交流学习，研讨沟通，让孩子在健康和谐的氛围中健康成长；挖掘家长资源，组织家长课程进课堂。

（三）社区资源

学生发展中心牵头推进拓展社区服务业务，开展丰富多彩的社区活动，将安全文明校园与创建安全社区相结合等。

四、专业保障

（一）发展指导

建立由校长任主任的“学校教师专业发展指导委员会”，评估学校师资发展状况，总结推广教师专业发展的成功经验，对本校师资队伍建设提供政策咨询建议，对教师校本培训提供专业指导。

（二）课题引领

建立鼓励教师积极参与学校课程研发的激励机制，开发教师的潜能和创造性，使每一个学科教师都有符合课程需要的研究课题。

（三）多元培训

完善全员培训、分层培训机制和骨干教师的选拔、培养、管理、考核机制，积极鼓励、推荐优秀教师参加高一层次学历进修；加大骨干教师培训和教科研经费投入力度，为各类培训进修和研究项目提供保障。

（四）考核奖励

坚持做好师德和教学质量评议、质量监控工作，通过教师自评、互评、学生评、家长评和学校评，结合教育质量进行综合考核。

第六节　“思辨课堂”构建

一、指导思想

以习近平新时代中国特色社会主义思想为指导，全面贯彻党的教育方针，遵循教育教学规律，落实立德树人根本任务，发展素质教育。以人民为中心，扎根中国大地办教育。坚持德育为先，提升德育水平，加强体育美育，落实劳动教育。反映时代特征，努力构建具有中国特色、世界水准的义务教育课程体系。聚焦中国学生发展核心素养，培养学生适应未来发展的正确价值观、必备品格和关键能力，引导学生明确人生发展方向，成长为德智体美劳全面发展的社会主义建设者和接班人。

教育部印发的《义务教育课程方案》（2022 年版）指出，随着义务教育全面普及，教育需求从“有学上”转向“上好学”，必须进一步明确“培养什么人、怎样培养人、为谁培养人”，优化学校育人蓝图。全面落实培养担当民族复兴大任时代新人的要求，结合义务教育性质及课程定位，将党的教育方针具体细化为本课程应着力培养的学生核心素养，体现正确价值观、必备品格和关键能力的培养要求。

二、相关背景

2021 年 7 月 24 日，中共中央办公厅、国务院办公厅联合印发《关于进一步减轻义务教育阶段学生作业负担和校外培训负担的意见》，要求减轻义务教育阶段学生作业负担、减轻校外培训负担，即“双减政策”。

2022 年 5 月四川省委办公厅、省政府办公厅印发《关于进一步减轻义务教育阶段学生作业负担和校外培训负担的实施方案》中提出“三提高、四加强”，即提高课堂教学质量、提高作业管理水平、提高课后服务质量，加强课后服务保障、强化考试评价导向、促进优质均衡发展、增强协同育人合力。

义务教育语文课程标准（2022 年版）指出：核心素养是学生通过课程学习逐步形成的正确的价值观、必备品格和关键能力，是课程育人价值的集中体现，是文化自信和语言运用、思维能力、审美创造的综合体现。

学校基于“书香致远，体健德雅”的办学理念，以“读育”课程为支点，打造思辨课堂。以培养学生自主学习能力和创新精神为重点，致力于教与学的方式的改变和创新，实现从“教”为中心向“学”为中心的转变，从“传授”为中心向“探究”为中心转变，从“知识”为中心向“思维”为中心转变。让学习更加有效，不断提高教育教学质量，培养雅德尚美、睿智阳光、灵动向上的小读者。

三、内涵及特点

思辨一词，最早语出《礼记・中庸》“博学之，审问之，慎思之，明辨之，笃行之”。“慎思”与“明辨”强调的就是“周密地思考，明晰地分辨”，蕴含着思维对于自身的反思、批判和超越。

思辨课堂概念源于刘莘教授《以教师之思，促学生之问：整本书阅读教学的理念、方法与案例》一书。思辨课堂是以学生为中心，立足于小学生身心发展的特点和规律，科学有效地创设问题情境，激发学生课堂思辨，深入研究学情和发展规律，有效培养和发挥学生的思维能力，以及探究、辨析能力的课堂。学生在课堂中的理想状态是：绞尽脑汁、思前想后、举一反三、能言善辩、“山穷水尽已无路，柳暗花明又一村”……

“思”包含教师的“思”，即对课标的解读，对教材的分析、学情的分析、教学的方式的思考；也包含学生的“思”，即对教学内容的理解、知识背景以及知识在生活中的运用等。

“辨”分为三层含义：(1)“变”，即变化课堂模式，从传统的“讲授”式变为“先学后导”“自主探究”式。(2)“辩”，即质疑与辩疑，疑是思之始，学之端，在知识学习前提出对本内容的疑惑，通过师生、生生之间的质疑与辩疑达到学生认识的提升。(3)“辨”，即习得思辨，通过学习者本人对自己思维的反思、批判和超越，习得思辨的能力，达到思维的提升。

思辨课堂有四个特点：(1)塑造学习目标价值，从“片面学习”到“五育融合”；(2)重构学习内容设计，从“课时教学”到“单元整合”；(3)优化教学方式过程，从“标准单一”转向“促进思维”；(4)创新学习增量评价，从“片面育人”到“全面育人”。

四、实施策略

(一)思辨课堂实施路径

1. 问题驱动思辨——设问生疑。
2. 质疑促进思辨——任务探究。
3. 合作夯实思辨——表达辩疑。

4. 巩固迁移思辨——习得辩证。

每一步均是呈螺旋递进上升，最终实现孩子们思维的提升。（图 3-6）

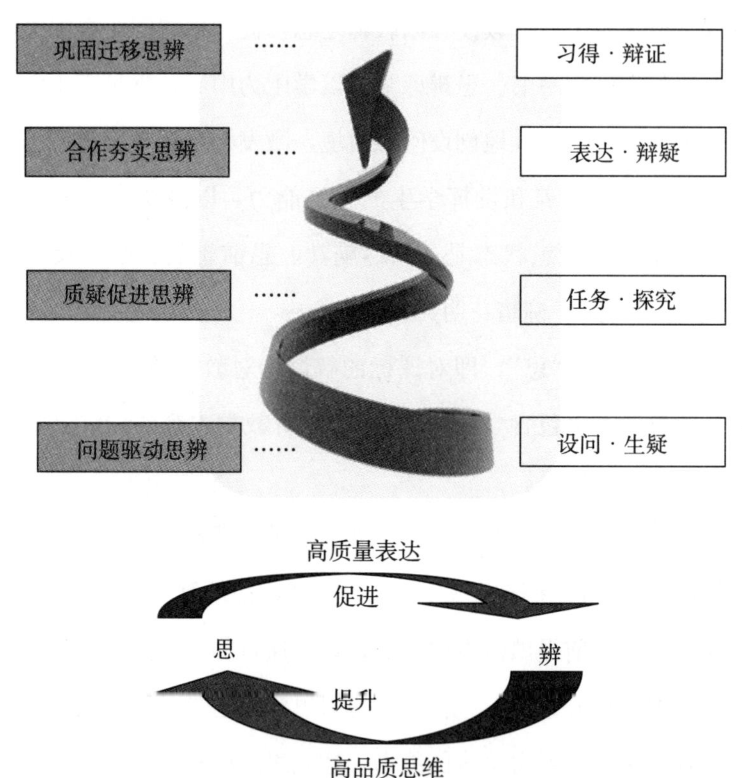

图 3-6 思辨课堂实施方法

（二）思辨课堂实施过程

1. 思辨课堂，彰显语文课堂中的理性光辉。

传统的小学语文课堂教学模式，始终秉承“书读百遍，其义自见”的一定之规，单一强调课堂上读书的重要性，将文本树立为不可逾越的“丰碑”。意从书中来，情从书中来，道亦从书中来。课堂中入耳皆是书声琅琅，教学中片面追求文本的朗读和内容的理解，忽略了学生的思维训练，进而影响了学生语文能力的养成。读者小学则基于统编教材立德树人、双线组元、三位一体的编写特点，鼓励学生独立思考，引导学生从容表达，陪伴学生在课堂中展开有效的思辨，是对小学语文课堂教学的源点追溯。

在思辨课堂中，语文课这样教。第一步：自学、辨认——设问生疑。汉斯·罗伯特·尧斯认为，一部文学作品，即使它以崭新的面目出现，也不可能在信息真空中以绝对新的姿态展示自身。因为每一位读者的生活经历、智力水平不同，因此对文本的解读也有相应的不同。在思辨性阅读指导中，教师要在学生对文本解读的基础上引导他们进行反思、联接，穿梭在文字运用的不同层次，构建属于自己的价值意义，读出属于自己的故事。在教学《坐井观天》时，在教师让学生初步预习并了解故事梗概后，学生明确了文中的故事角色（青蛙和小鸟）和角色所处的环境（青蛙在井底生活，小鸟在天上飞）。这是多数孩子们在预习过程中就能对文本初步理解到的。第二步：质疑促思——任务探究。在梳理学生预习掌握情况的过程中，教师紧扣“为什么鸟儿和青蛙看到的天大小不一样”的主题，促使学生进行反思，进而联结文中青蛙和小鸟的对话内容。顺势进入第三步：师生对话、夯实思辨——表达辩疑。通过对青蛙、小鸟的对话的理解，教师让孩子们辨析为什么他们看到的天大小不一样。有学生说：“青蛙在井底，看到的天只有井口那么大。”也有学生说：“小鸟在天上飞了很远，还看不到边际，所以天是无边无际的。”到底谁才是正确的呢？通过师生辨析、对话，最终学生们明白：只有站得高才能看得远！通过思辨最终达成一致的认识。最后第四步：巩固、迁移思辨——习得辩证。看待事物要站得高才能看得远？今后面对各种问题，该如何解决？有同学说：“从多个角度思考。”也有同学说：“要有开阔的视野，更全面地考虑事情。”思辨的课堂点燃了学生思维的火花。通过教师引导学生思考和探究，在这宽松和谐的课堂氛围中，学生进一步提升自我对知识的认识、理解，加强对知识的掌握，最终实现自身语文核心素养的有效提升。

2. 思辨课堂，落实整本书阅读教学。

（1）晨读、午听——初识作品，拥有自己的独特感知。

学校依托语文教材《快乐读书吧》中推荐的阅读书目开展全体同学的整本书阅读的思辨读写。在思辨课堂中，孩子们需要独自静静地品味书目中的故事，根据自己的不同经历，品悟出不同的感受。早晨、中午就是学生海量阅读、静心品悟的心灵时光。学生初读故事后，根据自己的体会做出了不同的作

品理解的思维导图。（图 3－7）

图 3－7　孩子们基于对作品理解所做的思维导图

（2）阅读课——集思广益，群体思辨。

课堂上老师根据孩子们初读情况作出回应，一起来探讨大家都比较关注的话题。比如小鲤鱼为什么要跳龙门？最后它成功了吗？最后以“理想”这样相对抽象的话题跟孩子们探讨，引导孩子们思考自己的理想以及要怎样实现自己的理想。通过一系列的思辨促使孩子们读出自我，提升心智，促进思维品质的提升。

3. 思辨课堂，探寻数学课堂中的真知灼见。

在当今的“双减”政策背景下，如何既能减少作业量，又能提升学生们数学课堂效益？答案就是建构数学思辨课堂大背景！数学思辨课堂需要教师的教学理念、教学方法、教学策略都有相应的转变。在教学过程中改变了传统教学模式中的教师理念，重新定位了“教”与“学”的关系。由教师的“教”变为对学生的“导”，由学生“被动学”变为“主动学”，学生的主体性地位得到了保障。在互动、合作学习的模式和方法中，学生自学能力得到了突破。思辨课堂重在启发学生的数学思维，引导学生自主学习和思考，实现学科的融合。

（1）变换问题情境，适时制造预设。

促进学生数学思维发展需要教师在课堂教学中通过合理设计让学生产生对数学知识新的认识，以此形成新的学习需要，与学生原有数学知识基础产生关联。合理设计教学在于结合学生当前的认知特点和能力基础，在变换问题情境的过程中以学生学习的“最近发展区”为依托，让不同层次的学生都能得到思维能力的锻炼。例如，在教学《课桌有多长》时，教师提示有人用“几拃”和“几支铅笔”来表示课桌的长度，这是关联孩子们已有的生活认知。可是同学们很快又能发现：测量工具不同，长度单位不同，没办法进行比较和计算。如何在生活中进行有效的测量，成为支撑本课的“大问题”。以“大问题”进行引导，逐步有层次地追问，细分为不同的“小问题”。按照“还能想到什么？为什么？怎么验证?”的层次来指导学生进行思辨。

（2）提供探究机会，进行试点验证。

首先，教师从理论研究和课标要求出发，结合学生的学习和思维特点设计专项问题，让不同学习层次的学生都能有所作为，根据相关问题进行验证、修改与完善。其次，教师在讲解知识的同时引导学生建立并运用猜想、验证方法。经过猜想、不断验证、再猜想、再验证，最终深化认知，最后密切联系生活实际，解决课堂情境与生活情境中存在的现实问题。例如，在《百分数的认识》一课中，教师引导学生猜想电量这个百分数的意义。学生了解百分数表示“部分占整体的百分之多少”后继续猜想：有比一百小的百分数，是不是还有比一百大的？是不是还有小数的？它们又表示怎样的含义？最后，联系生活讨论衣服成分百分数的意义、打折百分数的意义……将抽象的数学定义与丰富的生活背景相结合，引导学生学会在“做”中学数学，在探究中学数学。

（3）掌握思辨方法途径，使解题更加灵活。

在数学教学中教师需使学生逐渐掌握思辨策略，灵活地完成思考。通常情况下思辨的形式多种多样，常用的方式包括分层理解以及反向思维等，只有理解不同方法的运用才能够更加灵活地进行后续的问题解答。例如，在《分数与除数》一课中学生会学习分数的相关知识，教师可以引导学生完成对比思辨，例如提出“与整数相比分数有什么不同”等问题。利用以上问题的设置与设计让学生学会使用分层思辨方法，并在过程中掌握思辨的具体形式，促使后续的思辨课堂能够更加灵活，满足数学发散思维培养的教学需求。

建构思辨数学课堂有助于激发学生主动探究和思考的学习情境，以问题为导向制造“预设”，设计学生自主探究、小组合作探究的实验过程，从而在猜想、验证中培养学生的思辨意识和灵活应用的能力，以提质增效为核心实现学生发展。

（4）思辨课堂，筑造缤纷童年。

为有效落实“双减”政策，确保课堂教学成为提高教育质量的主阵地，夯实课堂教学实际，成都市读者小学以学科嘉年华活动为依托，将“学”融于“做”之中，在做中学，学中做，提出以学生思维能力培养作为教学的主线与目标，让课堂不局限于常规，将课堂延伸至活动，以服务于学生终身发展为目标，形成思辨课堂的教学范式。

五、思辨课堂实施后的思考

学校的思辨课堂初具雏形，教师在课堂实施的热情较高，但还有以下问题有待进行更深层次的探究。

1. 学生年龄较小、水平参差不齐，如何能保证每一个孩子都能饱含热情地投入思辨课堂的预学中，并生成自己的预学感知？

2. 在任务探索、群体思辨过程中，如何让比较内敛的孩子也参与到集体思辨讨论中来？如何激发全体同学参与思辨讨论的热情？

第七节　课程管理评价

一、基础型课程评价

（一）对教师的评价

教学评价重点评价教师的教学行为，由教学研究中心牵头建立合适的教学评价框架。学校采取每学期行政推门听课的形式，重点关注教师课程计划的落实情况，检查是否符合“基于课程标准的教学与评价”要求。教学进度情况由教学研究中心根据实际对各学科安排一定数量的教学诊断活动，并对此提出改进意见，确保学校教学质量的稳步提高。

同时，学校也注重对教师师德修养、教学态度、教学行为等进行综合评价。学期结束，通过教师自评、互评、行政考评对教师作出全面公正的评价。

（二）对学生的评价

基础型课程学习评价由过程性评价和结果性评价两部分组成。

过程性评价：包括学科知识能力、学习情感、习惯、态度等维度，较为全面地呈现出学生学习情况。

结果性评价：基础型课程按照学科、年段要求（参照各学科评价方案）对日常练习、阶段考查等开展评价；每学期末按教学研究中心要求对学生的学习表现采用评语评价。评语内容以学生课堂表现、表现性任务完成情况、各类考查情况等的记录为主要依据，结合学生个体学习情况，从学习态度、学习习惯、知识理解、学习能力等方面选择若干要素进行语言描述，反映出学生学业发展状况。充分利用学生成长记录册并规范使用，对学生做出科学合理的评价，并不断地加以完善。

二、拓展型课程评价

（一）对教师的评价

包括拓展《课程实施方案》的撰写完成情况与每周教学巡视情况汇总两部分。

（二）对学生的评价

按照执教教师撰写的《课程实施方案》上的评价标准与要求对学生进行科目评价，坚持日常性评价、阶段性评价与终结性评价相结合，坚持学生自评、互评与教师评价相结合。

三、研究型课程评价

（一）对教师的评价

包括学期研究型课程备课检查情况与每周教学巡视情况汇总两部分。

（二）对学生的评价

按照课程的评价标准与要求对学生进行评价，坚持日常性评价、阶段性评价与终结性评价相结合，坚持学生自评、互评与教师评价相结合。

四、评价总结

（一）携手共绘：多元评价主体共绘教育星空

在读者小学的读育课程中，评价的主体展现出了多元化的特点。这不仅体现在教师对学生的学业评价上，更融入了自评、互评以及行政考评等多维度评价体系。教师、学生、学校行政共同构成了这一多元评价的主体。

教师作为评价的核心力量，其评价不仅关注学生学科知识能力，更延伸到学习情感、习惯、态度等多个层面。而学生自评与互评则让学生成为评价的主体，让他们在自我评价中反思成长，在互相评价中学会欣赏与批判。行政考评则从学校的层面，对教师的教学行为与效果进行宏观把控，确保教学质量的稳步提升。

（二）全程追踪：动态评价方式映照成长轨迹

读者小学的读育课程采用动态化的评价方式，随时捕捉学生的成长动态。过程性评价与结果性评价相结合，既关注学生学习的过程，也重视学习的成果。过程性评价中，学科知识能力、学习情感、习惯、态度等维度被全方位考量。

结果性评价不仅仅聚焦于期末或总结性的考核，对日常作业、练习、阶段考查等进行全面且多元的评价，每学期末还有全面的评语评价。这种动态化的评价方式，让学生的每一步成长都被看见，每一次进步都被肯定。

（三）百花齐放：多样评价内容展现个性风采

在读者小学的读育课程中，评价内容呈现出多样化的特点。这不仅包括学科知识掌握情况的评价，还涵盖了学习态度、学习习惯、创新能力等多个方面。学校如同春天的花园，百花齐放，每一朵花都代表着学生的不同特质和潜能。

这种多样化的评价内容，让学生能够在各个领域展现自己的个性风采。无论是学术上的精进，还是艺术上的天赋，抑或是体育上的特长，都能在这里找到属于自己的舞台。

（四）精雕细琢：具体评价标准刻画学习细节

读者小学的读育课程制定了具体化的评价标准，这些标准如同雕刻刀，精细地刻画出学生的学习细节。对于基础型课程，评价标准明确了学科知识能力、学习情感、习惯、态度等各个方面的要求；对于拓展型和研究型课程，也有相应的具体评价标准来指导学生的学习和教师的教学。

这些具体化的评价标准，不仅让学生明确了自己的学习目标，也让教师在评价过程中有了更明确的依据。学生的学习成果在精雕细琢中逐渐显现。

（五）因材施教：差异化评价要求助力个性发展

在读者小学的读育课程中，差异化的评价要求是一大亮点。学校充分认识到每个学生都是独一无二的个体，因此，在评价过程中也注重因材施教，根据每个学生的特点和需求进行差异化评价。

对于学习基础较好的学生，评价要求会相应提高，鼓励他们在学术上不断挑战自我；对于学习基础相对薄弱的学生，则会给予更多的关注和支持，帮助他们在学习中逐步建立信心。这种差异化的评价要求，如同量身定制的衣裳，让每个学生都能在适合自己的评价体系中找到成长的动力和方向。

第四章

读育课程的教学案例

在教育的世界里，阅读一直是一块基石，它不仅仅是获取信息的手段，更是培养思维、情感和认知能力的重要途径。随着教育理念的不断更新，“读育”课程应运而生，以其独特的魅力，正逐渐成为学校教育改革的重要推手。“读育”课程的核心在于将阅读视为一种师生之间动态的、互动的过程，而非学生静态和被动的接受，它倡导教师和学生共同构建知识，通过对话、讨论和合作来深化理解。

“读育”课程的成功，离不开理论支撑与实践经验的结合，它借鉴了建构主义、人本主义等教育理论，强调深度学习和主动探索的重要性。通过鼓励学生在学习过程中发挥主导作用，倡导其在真实情境中学习，培养他们成为自信、独立和有创造力的学习者。在这个过程中，学生被鼓励提出问题、寻找答案，并与同伴分享他们的发现。这种教学方法不仅提高了学生的阅读技能，还培养了他们的沟通能力、团队协作能力和解决问题的能力。

本章内容旨在深入呈现“读育”课程的教学案例，以期为教育工作者提供启示和实践指导。通过教师精心设计的各类活动和课程，教师的角色转变为引导者、合作者，带领学生走进书籍的世界，让他们在阅读中发现自我、认识世界，为学生搭建起从知识到能力再到价值观形成的桥梁。通过读者小学“读育”课程的教学案例展示，不仅阐述了“读育”课程的实践路径，更深层地探讨了其背后的教育理念和深远影响。相信随着更多教育者的加入与创新，“读育”课程将在更广阔的领域内绽放光彩，为小学阅读教育的探索与实践开辟出一片新天地。

《羿射九日》教学案例

一、案例背景

学　　校：成都市读者小学　　**年　　级**：二年级

授课教师：毛慧、臧心志、张彩霞　　**学　　时**：1学时

二、教学设计

（一）设计思想

1. 语文课程标准提出："语文是实践性很强的课程……而培养这种能力的主要途径也应是语文实践。"本教学设计让学生在活动中进行建构与运用语言的语文实践，切实提升了语文核心素养。

2.《语文课程标准》明确指出："要重视写作教学与阅读教学、口语交际教学之间的联系，善于将读写、说写有机结合，相互促进。"本课教学设计双线并行，读写互促，落实了本单元的语文要素。

（二）教学目标分析

1. 认识"射、值"等12个生字，会写"炎、类、弓"三个生字。

2. 学习默读，做到不动嘴唇、不出声。

3. 感受并交流羿射九日起因部分的神奇之处，对课文内容展开想象。

（三）学习者分析

根据小学生学习语言的认知规律，低年级主要进行字词句训练，中年级主要侧重段的训练。二年级的学生好奇心强，神话故事情节夸张，塑造的人物形

象身怀异能、神力超凡，能够引发学生阅读兴趣。因此教学中要透过对语言的品析，引导学生关注神话人物是如何被刻画的。在指导学生朗读的基础上，鼓励学生展示个性，这样有助于学生对课文内容的理解。

（四）学习内容与任务分析

本单元围绕“世界之初”，面对所处世界的好奇发问和自由想象这一主题编排了三篇课文。课文语言丰富，想象丰富。本单元旨在充分利用文本中蕴含的想象因素，拓展学生的思维空间，鼓励学生敢于想象，敢于表达自己的想法，培养学生的创造性想象能力。本单元的语文要素根据课文内容展开想象。

本单元的阅读要求是“根据课文内容展开想象”。这是对“读句子，想象画面”训练的发展与提升，引导学生通过想象深入理解课文内容。

（五）教学模式与策略设计

由读到写，以写促读。古人有云：入乎其内，故能写之；出乎其外，故能观之。读写结合是学生积累运用语言，进而实现语言表达水平的提升的重要途径。语文教师要用好统编版教材，善于发现教材中的具有独特性表达的语段，并将其作为教学中的“例子”，挖掘“言语训练点”，以言语实践活动为桥梁，从读写结合到读写有效，提升学生的语文核心素养。

（六）教学活动过程设计

1. 畅聊神话，引入情境。

2. 检查预习情况，学习字词。

3. 整体感知，感受神奇。

4. 书写指导。

（七）练习与课外学习设计

1. 讲一讲起因部分的故事。

2. 推荐阅读：彩绘版《山海经》。

（八）学习评价设计

相关评价任务见表4－1。

表 4-1 评价任务

核心评价任务	子评价任务
根据课文内容展开想象。	1. 用自己的话描述故事。
	2. 通过起因、经过、结果的结构，展开想象向同学描述故事。
	3. 让其他同学也爱上你描述的故事。

三、 教与学的实际过程描述

（一）畅聊神话，引入情境

1. 趣猜故事。

教师：同学们好，你们一定听过或读过许多神话故事，老师来考考大家，我们来做一个小游戏“看图猜故事”。

课件出示图画：“精卫填海”“夸父逐日”“盘古开天地”“嫦娥奔月”。学生看图依次猜神话名称。

2. 感知神话故事的特点：齐读故事题目，从这四个神话的题目你能猜出故事的主要内容吗？你发现故事有什么特点？（板书：神奇）

3. 揭示课题，齐读课题，相机为“羿”“射”词语正音。

（二）检查预习情况，学习字词

1. 课件出示词语，“开火车”认读。

2. 学生分析易读错的字音，玩游戏“把它们送回家”。

（三）整体感知，感受神奇

1. 学习课文，教师提出默读要求。

课件出示默读小锦囊：

（1）不指读。

（2）不动嘴唇，不出声。

（3）获取相关信息：

①后羿为什么要射日？（起因）

②他是怎样射日的？（经过）

③最终的结果怎样？（结果）

（学生默读，教师巡视。）

2. 检查默读情况。

（1）教师：谁刚刚默读的时候没有出声，没有指读的给自己在课题旁边画上两颗星。

（2）教师：谁刚刚读书的时候获取了相关的信息，我们来交流交流。

3. 学习一、二、三自然段写故事起因的部分。

（1）学生仔细阅读起因部分，从中感受童话神奇的想象。教师请学生默读课文一自然段，将感受到了“神奇”的相关句子用“—— ”画下来。（学生开始默读勾画。）

（2）引导交流，说说第一自然段中的哪些事物很神奇？神奇之处是什么？

①大树很神奇。

课件出示句子：很久很久以前，在世界最东边的海上，生长着一棵大树，名为扶桑。扶桑的枝头站着一个太阳，底下还有九个太阳。

交流要点：树很大，大到太阳能站在上面；树不怕晒，十个太阳都没烤焦它。

课件出示：古人在《海内十洲记》中说，扶桑在碧海之中，高数千丈，大二千余围。

译文：扶桑神树位于碧蓝色的大海之中，树高有几千米，树干粗达两千多围。

读出神奇：点名读，让学生评价。

②两轮车很神奇。

课件出示句子：每天天快亮时，扶桑枝头的太阳就坐上两轮车，开始从东往西穿过天空。

交流要点：两轮车很大，大到太阳能坐在里面；两轮车不怕晒，太阳都没烧坏它；两轮车会飞。

③太阳很神奇。

(3) 默读第 2 自然段，用“—— ”在文中勾画写“羿”为什么射日的语句。

课件出示句子：可是，有一天，这十个太阳觉得轮流值日太没意思啦，于是，他们一齐跑了出来，出现在天空中。十个太阳像十个大火球，炙烤着大地。

①“一齐”是什么意思？十个太阳“一齐”出来会怎样？

②课件出示“炙”的字理，理解字义。

③朗读指导：抓住“太”“一齐”“十个大火球”“炙烤”这几个词，读出故事的神奇。

4. 学习第三自然段，感受神话故事的特点。

(1) 默读这一段，用双横线勾画出十个太阳同时出现后，出现了怎样的情景。

(2) 全班交流。

(3) 这个神话故事里出现的禾苗、土地、江河水、沙石，都跟哪个职业的人的生活密切相关？(引导学生明白，神话故事中的人和事，都是古代劳动人民想象出来的。)

5. 体会“艰难”。

联系第 3 自然段，想象十个太阳一齐出现带来的后果。

课件出示句子：禾苗被晒枯了，土地被烤焦了，江河里的水快要蒸干了，连地上的沙石好像都要熔化了。人类的日子非常艰难。

(1) 理解“艰难”。想象这段话描述的画面。

(2) 想象除了文中描述的这些“艰难”之外，还有哪些后果？

(3) 朗读指导：注意读好“被字句”，体会用词的准确性，感受十个太阳带来的破坏力，感受故事的神奇。

人们能不能脱离苦海，羿又是如何射下九日的？下节课继续学习。

（四）书写指导

教师指导学生描红书写三个生字：弓、类、炎。

（五）作业布置

1. 讲一讲起因部分的故事。

2. 推荐阅读：彩绘版《山海经》。

四、教学反思

（一）文本教学反思

《羿射九日》是一篇经典的神话故事：天上同时出现十个太阳，大地万物都快被烤焦了，羿决心救人们于水火当中，一口气射下了九个太阳，最后留下一个太阳造福人类。这个故事展现了羿刚毅有力、英勇无畏的英雄形象。全文围绕“太阳”展开，行文思路条例清晰、结构严谨，有故事的起因、经过、结果。教师教学这篇课文，除了让学生感受语言文字的优美外，还应鼓励学生大胆想象，用自己的话描述故事，培养学生的创造性思维。

（二）阅读育人反思

教师在预设这节课时，针对二年级孩子的特点主要从两方面去思考：第一，突出“读”字。这篇课文的一个特点是用丰富的语言，描述一个具有神奇色彩的故事，是学生积累语言的好素材，应在教学中用多媒体课件播放许多图片，让学生在情景美之中学习语言美。第二，突出“说”字。在本课的教学中让学生主动用自己的话，展开想象描述故事，引导学生理解故事的主要情节和人物形象，同时探讨故事所蕴含的主题和价值观。这是对教材内容的一种拓展，是对语言学习的一种发展，让学生在课内学到方法，让他们在离开了课堂、离开了教师、离开了教材后，也能够自己去学习。

《大自然的声音》教学案例

一、案例背景

学　　校：成都市读者小学　　　　**年　　级**：三年级

授课教师：张芳、幸欢　　　　**学　　时**：1 学时

二、教学设计

（一）设计思想

1. 语文课程标准提出："语文是实践性很强的课程……而培养这种能力的主要途径也应是语文实践。"本教学设计让学生在活动中进行建构与运用语言的语文实践，切实提升了语文核心素养。

2.《语文课程标准》明确指出："要重视写作教学与阅读教学、口语交际教学之间的联系，善于将读与写、说与写有机结合，相互促进。"本课教学设计双线并行，读写互促，落实了本单元"感受课文生动的语言，积累喜欢的语句"的语文要素。

（二）教学目标分析

1. 有感情地朗读课文，背诵第 2、3 自然段。

2. 找到第 2～4 自然段的关键句并填写在图表中，借助图表说出课文写了大自然的哪些声音。

（三）学习者分析

根据小学生学习语言的认知规律，低年级主要进行字词句训练，中年级主

要侧重段落的训练。三年级的学生虽然初步有自主阅读的能力，但缺少生活经验和阅读经验，因此教师要引导学生走进文本对段落进行学习，多读文本，在读中感悟作者段落的表达方法，从而运用到自己的习作中。

（四）学习内容与任务分析

本单元围绕“我与自然”这一主题编排了三篇课文。本单元旨在体会“我与自然”之间密切的联系，初步了解人与自然和谐相处的美好情感。本单元的语文要素是感受课文生动的语言，积累喜欢的语句。

本单元的习作要求是“习作的时候试着围绕一个意思写”，即借助关键语句理解一段话的意思。这一阅读方法应用到习作中，即为由读到写的学习路径。

（五）教学模式与策略设计

由读到写，以写促读。古人有云：入乎其内，故能写之；出乎其外，故能观之。读写结合是学生积累运用语言，进而实现写作表达水平的提升的重要途径。语文教师要用好统编版教材，善于发现教材中的具有独特性表达的语段，并将其作为教学中的“例子”，挖掘“言语训练点”，以言语实践活动为桥梁，从读写结合到读写有效，提升学生的语文核心素养。

（六）教学活动过程设计

1. 感受“水声”的美妙。

2. 感受“动物声音”的美妙。

3. 完成音乐家小档案。

4. 书写“美妙”的声音。

（七）练习与课外学习设计

1. 教师：同学们听到过哪些“美妙的声音”？试着写几句话和其他同学交流，如“鸟儿是大自然的歌手”“厨房是一个音乐厅”。

2. 朗读课文，完成课后第二题：填一填，再说一说课文写了大自然的哪些声音？

（八）学习评价设计

学习评价设计见表 4-2。

表 4-2　学习评价设计

核心评价任务	子评价任务
你听到过哪些“美妙的声音”？试着写几句话和同学交流，如“鸟儿是大自然的歌手”“厨房是一个音乐厅”。	1. 用自己的话描述听过的声音。
	2. 通过关键词、关键句、想象画面等方法，向同学介绍听过的声音。

三、教与学的实际过程描述

教师导入：上节课，风这位音乐家为我们演奏了美妙的手风琴，这节课我们继续聆听大自然的音乐会，接下来上场的是哪位音乐家？

学生：是水。

（一）活动一：感受“水声”的美妙

1. 自由读课文第 3 自然段，出示活动要求。

（1）默读第 3 自然段，圈画生动的词句。

（2）思考：为什么说水也是大自然的音乐家？你最喜欢水的什么声音？带给你什么感受？

（3）和同桌交流你的想法。

2. 学生自学交流，教师巡视。

3. 汇报交流，集体品赏。

（1）为什么说水也是大自然的音乐家？

幻灯片展示：下雨的时候，他喜欢玩打击乐器；当小雨滴汇聚起来，他们便一起唱着歌。

（2）你最喜欢水的什么声音？说说你的感受。（指名多人交流，师生评议，教师相机指导。）

幻灯片展示：小雨滴敲敲打打，一场热闹的音乐会便开始了。滴滴答答……叮叮咚咚……所有的树林，树林里的每片树叶，所有的房子，房子的屋顶和窗户，都发出不同的声音。

①你听到了哪些声音？（滴滴答答、叮叮咚咚。）

②想象一下，小雨滴还会在哪些事物上演奏打击乐器，你还听到了哪些声音？（雨滴落在雨伞上、荷叶上、地面、池塘里……）（咚咚、嘭嘭、沙沙、噼里啪啦、淅淅沥沥、叮叮咣咣……）

③这么热闹的音乐会，谁来读一读？（鼓励学生主动朗读。）

段落：当小雨滴汇聚起来，他们便一起唱着歌：小溪淙淙，流向河流；河流潺潺，流向大海；大海哗哗，汹涌澎湃。从一首轻快的山中小曲，唱到波澜壮阔的海洋大合唱。

①小雨滴不仅会演奏，还会唱歌呢！你发现这些声音有什么变化？（越来越响，越来越大。）

②你从哪儿看出来的？（淙淙、潺潺、哗哗。）

③还有哪些词语也让你感受到水声越来越大？（山中小曲、海洋大合唱。）

④是什么让小小的雨滴拥有那么大的力量，可以唱出“大合唱”？一滴小雨滴能做到吗？

预设：引导学生想象小雨滴“汇聚”起来，从小溪、河流到大海的美妙经历，体会不同水声的特点。

⑤让我们顺着小雨滴的脚步，一步一步走向大海。

⑥师生合作看图配乐朗读。教师读“当小雨滴汇聚起来，他们便一起唱着歌”。

4. 指导背诵第 3 自然段。

这么美妙的声音，让学生尝试背下来。出示第 3 自然段填空，引导学生背诵。

（二）活动二：感受“动物声音”的美妙

教师过渡：听了风演奏的手风琴、水的打击乐和歌唱，我们再来欣赏一下动物们的歌喉。谁来读一读第 4 自然段？

1. 出示学习提示：自由朗读第 4 自然段，画出表示声音的词语，交流一下你是从哪里感受到动物声音的美妙的。

2. 根据学生汇报交流，教师进行相应指导。

预设 1：学生找出第 2 句，谈谈自己从“叽叽喳喳”“唧哩哩唧哩哩”等表示声音的词中感受到的动物声音的美妙。

(1) 教师：青蛙的歌唱是什么声音呢？(呱呱呱)

(2) 教师：谁来读读动物们的歌唱的部分？

教师评：语调轻快，好像看到了这些动物可爱的样子。

(3) 连续使用三个“听听”，写出了鸟叫、虫鸣、青蛙歌唱的声音。

预设 2：学生找出第 3 句，谈谈自己从“我在唱歌，我很快乐”等句中感受到的动物歌声的快乐。

(1) 播放鸟叫、虫鸣、青蛙歌唱的音频，学生跟随教师一起“走在公园里，听听树上叽叽喳喳的鸟叫”，“坐在一棵树下，听听唧哩哩唧哩哩的虫鸣”，“在水塘边散步，听听青蛙的歌唱”。教师引导学生读出快乐之情。

(2) 不同的动物唱着不同的歌，充分展示了声音的魅力。

3. 想象：大自然中，你们还听到哪些动物的叫声？

示例：公鸡——喔喔；小狗——汪汪；小羊——咩咩。

4. 趣味表演，请学生模仿相应的动物的叫声。

5. 师生互动，学生扮演动物，老师进行采访。

示例：

教师：“小鸟小鸟，请问你在唱什么？”

小鸟：“叽叽喳喳，我在歌唱春天的美丽！”

运用：

教师：“________，请问你在唱什么？”

学生：“__________，我在歌唱________！”

6. 一起快快乐乐地读读这一段吧。

（三）活动三：完成音乐家小档案

教师过渡：原来大自然里有这么多音乐家呀，他们呈现了各种各样美妙的声音。除了文中描写的声音，你还听到过哪些“美妙的声音”？赶快填写“音乐家小档案”吧！

示例：公园里的鸟叫声；厨房里爸爸妈妈做饭的声音；超市里的声音；音乐会的声音……还有那些需要用心才能听到、感受到的声音，比如钟表“嘀嗒”的声音、写字的声音、花开的声音……不同的地方有不同的声音，不同的时刻有不同的声音。

（四）活动四：书写“美妙的声音”

教师过渡：你听到过哪些“美妙的声音”？试着写几句话和同学交流，例如，“鸟儿是大自然的歌手”“厨房是一个音乐厅”。

提示：在上一环节交流的声音的基础上，学生可以选择自己想写的一个声音来写，试着用上一些拟声词描写声音。学生还可以参考课后第 3 题给出的词语，或文中的优美语句。

四、教学反思

（一）文本教学反思

《大自然的声音》是一篇文辞优美、富有童趣的课文。这篇文章通过介绍大自然中风的声音、水的声音和动物的声音，表达了作者对大自然的热爱和赞美之情。全文思路条例清晰、结构严谨，构段句群典型且多样，遣词用语精准且具体，所以教学这篇课文除了让学生感受语言文字的优美外，还应鼓励学生学习段落的写法。特别是第二、三段，其结构、句式都是孩子们写作的典范。

（二）阅读育人反思

教师在预设这节课时，针对三年级孩子的特点，从两方面思考。第一，突出“美”字。这篇课文的一个特点是用优美的语言描写了美丽的景象，是学生积累语言的好素材。教师在教学中用多媒体课件播放了许多图片，让学生在情景美之中学习语言美。第二，突出“练”字。三年级是作文的起步阶段，教师在本课的教学中让学生主动记忆，摘抄美词佳句，真正把积累语言落到实处，使学生自觉养成积累语言的习惯。另外通过创设语言运用的情景，引导学生把课文中的词语、句式、段落迁移到生活中，引导学生围绕一句话把内容说清楚、说具体。

忆清明　润童心

——《中国传统节日故事绘本》教学设计

一、案例背景

学　　校：成都市读者小学　　**年　　级**：三年级

授课教师：崔雪玲、赵艳梅　　**学　　时**：1 学时

二、教学设计

（一）设计思想

在当前教育背景下，弘扬和传承中华民族优秀传统文化显得尤为重要。清明节，作为中国的传统节日，不仅具有扫墓祭祖的肃穆，还蕴含了踏青游玩的乐趣。通过《中国传统节日故事绘本》这一教材，学生在轻松愉快的阅读中了解清明节的历史渊源、文化内涵和传统习俗，从而培养文化认同感和民族自豪感。

（二）教学目标分析

通过本教学设计，学生在轻松愉快的氛围中深入了解清明节的历史文化内涵和传统习俗。同时，通过参与各种教学活动，培养他们的团队合作能力和创新精神，为他们的全面发展打下坚实的基础。更重要的是，通过这一教学设计，学生更加热爱自己的民族文化，成为传承和弘扬中华优秀传统文化的有力使者。

（三）学习者分析

三年级的学生正处于形象思维向抽象思维过渡的阶段，他们喜欢通过直观、形象的方式获取知识，对新鲜事物充满好奇，喜欢探索未知的世界，已经具备了一定的阅读基础，能够自主阅读简单的绘本。但他们的阅读速度和阅读理解能力仍有待提高。因此，在教学中，学校应注重培养学生的阅读习惯和阅读技能，如通过提问、讨论等方式引导学生深入阅读、理解绘本内容。还应充分利用这些特点，通过讲述有趣的故事、组织有趣的活动等方式吸引学生的注意力，激发其学习兴趣。

（四）学习内容与任务分析

《中国传统节日故事绘本》以“传中华文化 讲中国故事”为主题编撰了包括“春季、元宵节、春龙节、清明节、端午节、七夕节、中秋节、重阳节、腊八节、祭灶节”等10个中华传统节日的内容，以绘本故事的形式介绍每个传统节日的起源和节日习俗。学生通过故事知道节日习俗背后的故事，进而热爱和弘扬中华传统文化。

（五）教学模式与策略设计

1. 教学模式设计。

主题导入模式：教学开始前，通过简短视频，激发学生对清明节的初步认识，并引导学生分享对清明节的了解和感受，从而顺利进入教学主题。

绘本共读模式：师生共读绘本，通过朗读、讨论、角色扮演等方式，深入理解绘本内容，感受清明节的氛围和文化内涵。

总结反思模式：在教学结束后，引导学生对所学内容进行总结，分享自己的感受和收获。同时，鼓励学生反思自己在学习过程中的表现，为今后的学习提供借鉴。

2. 教学策略设计。

情境教学策略：通过创设与清明节相关的情境，如布置教室为扫墓现场、模拟清明踏青等，让学生在情境中学习，增强学习的代入感和趣味性。

跨学科整合策略：将语文教学与历史、美术等其他学科相结合，让学生在多学科的学习中全面了解清明节的历史渊源、文化内涵和传统习俗。

合作学习策略：鼓励学生进行小组合作学习，通过讨论、合作完成任务等方式，培养学生的团队合作精神和沟通能力。

个性化教学策略：根据学生的不同特点和需求，提供个性化的教学支持和指导，如为阅读能力较弱的学生提供额外的阅读辅助材料，为兴趣浓厚的学生提供拓展学习资源等。

（六）阅读资源与环境设计

读者出版集团提供的《小读者唱诗班》。

（七）教学活动过程设计

诗歌导入，引出课题，进入好书见面会然后师生共读，揭秘故事。

（八）练习与课外学习设计

给学生布置以下任务。

1. 你知道这本书主要讲的是谁和谁之间的故事吗？请你写出他们的名字。

2. 请你动手查一查“风餐露宿”“饥寒交迫”这两个成语的意思。

风餐露宿：______________________________。

饥寒交迫：______________________________。

3. 请你圈画出最感兴趣的故事情节，再讲给爸爸妈妈听。

4. 请你思考绘本中的介子推是个什么样的人？

5. 你知道清明节都有哪些习俗吗？把你知道的习俗写出来吧！

（九）学习评价设计

通过学生的参与度、课堂表现、作业完成等情况，评价他们对清明节知识的掌握程度和对传统文化的理解深度。同时，也要关注学生在学习过程中的情感体验和态度变化，以便及时调整教学策略，更好地满足学生的学习需求。

三、教与学的实际过程描述

（一）诗歌导入，引出课题

1. 课件播放《小读者唱诗班》——《清明》。

小朋友们，又来到了《小读者唱诗班》课堂，今天和我们见面的是哪首古诗呢？请大家观看视频，观看时可以跟着一起唱一唱。

2. 教师提问：请你们大声说出这首古诗的名字。

3. 教师：这首古诗《清明》说的是在我国传统节日之一的清明节这一天，雨一直下个不停，行人们一个个悲伤难过，这一天究竟发生了什么呢？请小朋友们和老师一起来读一读《清明节》这本绘本。

（二）好书见面会

过渡语：绘本阅读的魅力就在于有时候只看插图也能读到很多信息。

教师：瞧！小朋友们，从这本书的封面你能知道些什么信息呢？

（三）师生共读，揭秘故事

1. 教师提问：昨天我们预习了这个绘本，你知道清明节和哪两个人物有关吗？（答案：晋文公和介子推。）

教师在黑板上贴人物头像并追问：猜猜看，这个穿黄色衣服的人他是什么身份？这个穿紫色衣服的人他会是谁？在古代，他们的身份分别是什么？（答案：君主与臣子。）

2. 教师：现在请同学们再次轻声朗读这个故事，说一说自己对哪个故事最感兴趣？（预设："割肉救主""床前侍奉""放火烧山""追悔莫及"。）老师也有几个印象最深的情节，请同学们看看这几幅图分别是哪个故事的呢？

（1）"割肉救主"图。介子推在紧要关头偷偷割下自己大腿的肉，煮了一碗汤让公子重耳喝，请同学们联系上下文说说这里的"紧要关头"是什么样的场景呢？（漫长的流亡岁月让他们备尝人间艰苦，常常风餐露宿，饥寒交迫。重耳身体吃不消，几度昏厥，最后连站起来的力气都没有了。）教师追问：介子推为什么选择偷偷地做这件事呢？

小组讨论：作为臣子的介子推尽心侍奉自己的君主，始终追随左右，忠心耿耿。可读完这个故事，我们知道介子推的结局是被晋文公下令烧死，如果介子推预先知道自己会是这样的结局，他还会割肉给晋文公吃吗？请同学们 4 人为一个小组进行讨论，说说自己的观点及理由。

(2)“床前侍奉”图。面临晋文公的大加封赏，介子推选择默默离开，回家尽心侍奉母亲。可当他回到家后发现老母亲已经双目失明。他很自责，于是每天都到深山采药医治母亲的双眼。在这个故事情节里，介子推在同学们的心里又是什么样的人？

3. 师生对话：就是这样一个重情义、知孝顺的人最后却被火烧死，介子推可是晋文公的救命恩人啊，晋文公为什么还会下令放火烧死介子推呢？(答案：听信了奸臣的建议。)晋文公看到被自己烧死的介子推心情是怎样的呢？(答案：晋文公看后痛哭起来。)(教师翻到第 6 页并出示。)介子推临死前还给晋文公留下一份血书，我们一起来读一读。血书里介子推劝诫晋文公要常自省、要勤政、清明，晋文公会听介子推的劝告吗？请同学们用书里的原话告诉老师。

小结：晋文公放火烧死介子推后追悔莫及，但是他听从了介子推的劝诫把国家治理得很好，他还特意设立了清明节来纪念介子推，也把介子推躲藏的大山改名为介山。

4. 清明习俗拓展：(教师翻到第 56 页并出示。)清明节这一天老百姓会做些什么呢？(答案：禁烟火，只吃寒食；捏“枣泥燕”。)那在今天，清明节我们会做些什么呢？(教师出示第 27 页。)(答案：直到今天，清明节成了中华民族的重要节日。每年清明节这天，人们都要祭扫、踏青，以不同方式进行每年一度的纪念活动。)

5. 这便是清明节的来历了，其实和清明节有关的古诗可不止这一首，课后请同学们查阅资料，再搜集一些和清明有关的古诗，我们下次课交流分享。

四、学生学习成果

学生能够准确描述清明节的历史渊源、文化内涵和传统习俗。学生能够理解清明节在中华民族传统文化中的重要地位和作用，从而对清明节产生浓厚的兴趣，愿意主动了解和学习相关知识，能够感受到清明节所蕴含的对亲人的怀念之情，对家人更加关爱和尊重，从而体会到传统文化的魅力和价值，增强对民族文化的认同感和自豪感。

五、教学反思

（一）文本教学反思

本次教学在教学内容的选择上，教师尽量做到了与三年级学生的认知水平相契合，通过生动有趣的绘本故事，引导他们了解清明节的历史渊源和文化内涵。但在实际教学中，教师发现部分学生对于某些传统文化概念的理解仍显得吃力，这提示教师在未来的教学中需要更加注重学生的个体差异，提供更为细致和个性化的教学支持。在教学方法的运用上，教师尝试采用情境导入、绘本共读等多种模式来激发学生的学习兴趣，促进了学生的积极参与。然而，部分学生仍表现出一定的被动性，这可能与教师的引导方式有关。因此，教师需要在未来的教学中更加注重激发学生的主动性。

（二）阅读育人反思

在阅读育人的过程中，授课教师深刻体会到了阅读对于学生成长的重要性，也认识到了自己在阅读教育中的责任和使命。通过阅读优秀的绘本和故事，学生不仅能够获取知识，还能够感受到故事中所蕴含的价值观、道德观和人生观。这些价值观、道德观和人生观对学生的成长和发展具有深远的影响。因此，教师需要在未来的阅读教学中更加注重选择具有育人价值的绘本和故事，引导学生深入阅读和思考。

《猜猜我有多爱你》教学案例

一、案例背景

学　　校：成都市读者小学　　**年　　级：**一年级

授课教师：侯宇杰、刘晓　　**学　　时：**1 学时

二、教学设计

（一）设计思想

《猜猜我有多爱你》是一本极其温暖、感人至深的书。这本书以一只小兔子和一只大兔子之间的对话形式，向学生展示了生命体之间那份无法言喻的深深爱意。这种爱意不仅能够让学生回想起小时候对父母的依赖和感激，也能让父母更加珍视与孩子们共度的时光。

对于学生而言，《猜猜我有多爱你》不仅可以帮助他们理解爱，还可以让他们学习如何表达对父母、家人和朋友的感激和爱意。它可以帮助学生增强情感认知能力。通过小兔子和大兔子的对话，学生可以更好地理解自己和他人的情感。此外，这本书还能培养学生的想象力和创造力。故事中的小兔子和大兔子用各种形象来比喻自己的爱，这不仅可以让学生在阅读的过程中感受到创造的乐趣，还可以让他们更好地理解这个世界上有很多不同类型的人和事情，应该对此尊重和接受。

《猜猜我有多爱你》对家长们也有着很大的帮助。它可以帮助家长们更好地了解孩子的情感世界，从而更好地与孩子沟通。同时，这本书还可以帮助家

长们教育孩子如何爱自己、爱他人。在这个充满竞争和压力的社会中，这种爱的教育是非常必要的。

（二）教学目标分析

1. 用学过的识字方法认读生字，流畅地朗读绘本。

2. 朗读文中对话，感悟自己和父母之间的爱。

3. 尝试制作爱心卡片，把对他人的爱用文字和图画表达出来。

4. 辩证思考如何爱自己、爱他人，明白爱是无法用实物衡量的。

（三）学习者分析

1. 年龄特点：这个年龄段的学生通常处于小学低年级或幼儿园大班，他们对于故事的兴趣浓厚，喜欢听故事、讲故事。同时，他们对于情感的理解和表达能力也在逐渐发展。

2. 认知水平：这个阶段的学生已经具备了一定的阅读理解能力，能够理解简单的情节和人物关系。然而，他们可能还难以深入理解故事中蕴含的复杂情感和价值观。

3. 情感需求：这个阶段的学生正处于亲子关系的敏感期，他们渴望得到父母的关爱和认可。同时，他们也愿意模仿大人的行为，尝试表达对父母的爱。

4. 学习方式：这个阶段的学生更喜欢通过直观、生动的形式来学习，如动画、图片、游戏等。此外，他们善于模仿和表演，可以通过角色扮演等活动来加深对故事的理解。

（四）学习内容与任务分析

1. 选择适合学生年龄特点的教学内容和形式，如动画短片、图片等，以激发学生的学习兴趣。

2. 在阅读理解环节，教师应提供适当的引导和支持，帮助学生理解故事的情节和人物关系。

3. 在情感体验环节，教师应创造机会让学生分享自己的感人故事，体会父母爱的伟大和无私。

4. 在拓展活动环节，教师应鼓励学生发挥创造力，用不同的方式表达对父母的爱。

5. 在总结与反思环节，教师应引导学生深入思考爱的本质，以及如何更好地表达对父母的爱。

（五）教学模式与策略设计

1. 教学模式。

（1）情境教学法：通过创设亲子之间的亲情情境，引导学生深入体验和理解故事中的情感。

（2）合作学习法：鼓励学生分组合作，共同完成角色扮演、讨论和创意表达等活动。

（3）多元智能理论：关注学生的多元智能发展，通过绘画、写作、手工制作等多种方式培养学生的创造力。

2. 策略设计。

（1）激活学生的前知：在导入环节，通过出示绘本封面和简要介绍故事背景，激活学生对亲子关系的已有认知。

（2）阅读与理解策略：在阅读环节，引导学生关注画面的细节和文字的描述，帮助他们理解故事情节和人物情感。

（3）角色扮演策略：在角色扮演环节，提供道具和服装，鼓励学生通过表演深入体验角色的情感，提高他们的表达能力和增强其自信心。

（4）讨论与反思策略：在讨论环节，提出问题引导学生思考如何用不同的方式表达对父母的爱，促进他们的批判性思维和情感表达。

（5）创意表达策略：在创意表达环节，鼓励学生运用多种方式表达自己的情感，培养他们的创造力和审美能力。

（6）总结与反馈策略：在总结环节，回顾本节课的学习内容，强调爱的表达方式和重要性，并提供针对性的反馈和建议。

（六）阅读资源与环境设计

1. 阅读资源设计。

（1）绘本资源：提供高质量的绘本版本，确保画面清晰、文字易懂，以便学生更好地欣赏和理解故事。

（2）拓展阅读材料：推荐与亲情、友情、爱情等主题相关的其他绘本或文章，帮助学生拓宽视野，加深对情感的理解。

（3）网络资源：利用网络资源，如教育网站、视频平台等，为学生提供与故事相关的背景信息、作者介绍、作品评论等内容。

2. 环境设计。

（1）教室布置：在教室内设置阅读角，摆放绘本和相关阅读材料，营造浓厚的阅读氛围。

（2）角色扮演区：划分一个区域作为角色扮演区，提供道具和服装，方便学生进行表演和观看。

（3）创意表达区：设置一个创意表达区，提供绘画、写作、手工制作等材料，鼓励学生自由创作和表达。

（4）讨论交流区：设立一个讨论交流区，提供舒适的座椅和讨论工具，方便学生进行小组讨论和交流。

3. 技术支持。

（1）电子书：利用电子书技术，为学生提供可交互的绘本阅读体验，增强学习的趣味性和互动性。

（2）教学软件：使用教学软件，如 PPT、Keynote 等，制作多媒体课件，辅助课堂教学。

（3）网络平台：利用网络平台，如学习管理系统、在线讨论区等，支持学生的自主学习和协作交流。

（七）教学活动过程设计

1. 导入（5 分钟）。

(1) 教师出示绘本封面，引导学生观察并猜测故事的内容。

(2) 教师简要介绍故事的背景和作者，激发学生的学习兴趣。

2. 阅读与理解（10分钟）。

(1) 教师带领学生一起阅读绘本，引导他们关注画面的细节和文字的描述。

(2) 学生分组讨论，分享他们对故事情节的理解和对父子感情的感悟。

3. 角色扮演（15分钟）。

(1) 教师将学生分成小组，每组选择一个角色（小兔子或大兔子）进行扮演。

(2) 学生利用道具和服装，准备角色扮演的表演。

(3) 每组轮流表演，其他同学观看并评价。

4. 讨论与反思（10分钟）。

(1) 教师提出问题，引导学生思考如何用不同的方式表达对父母的爱。

(2) 学生分组讨论，分享他们的想法和建议。

(3) 教师总结学生的讨论，强调表达对父母的爱的重要性。

5. 创意表达（10分钟）。

(1) 教师鼓励学生用自己的方式表达对父母的爱，如绘画、写作、手工制作等。

(2) 学生展示他们的作品，并解释其背后的意义。

6. 总结与作业（5分钟）。

(1) 教师总结本节课的学习内容，强调爱的表达方式和重要性。

(2) 布置作业：让学生回家后用自己的方式表达对父母的爱，并记录下来。

（八）练习与课外学习设计

1. 练习设计。

(1) 故事复述：要求学生用自己的话复述故事的主要内容，检验他们对故事情节和人物情感的理解程度。

（2）情感表达：让学生选择一个他们爱的人，用故事中的方式或其他方式表达他们的爱，并写下自己的感受。

（3）词汇积累：列出故事中出现的一些关键词语，如“爱”“喜欢”“远远”等，让学生造句或写出同义词和反义词，丰富他们的词汇量。

（4）创意写作：鼓励学生以《猜猜我有多爱你》为灵感，创作一篇关于亲情、友情小短文，锻炼他们的写作能力。

2. 课外学习设计。

（1）亲子共读：鼓励家长与孩子一起阅读《猜猜我有多爱你》，增进亲子间的沟通和理解。

（2）书籍推荐：向学生推荐与亲情、友情、爱情等主题相关的其他绘本，拓宽他们的阅读视野。

（3）电影观赏：组织学生观看与亲情、友情、爱情等主题相关的电影或动画片，加深他们对情感的理解。

（4）社区活动：鼓励学生参加社区组织的亲子活动、志愿者服务等公益活动，培养他们的社会责任感和爱心。

（九）学习评价设计

1. 形成性评价。

（1）课堂参与度：观察学生在课堂上的表现，包括听讲、发言、讨论等方面，评估他们的参与度和积极性。

（2）小组合作：观察学生在小组活动中的表现，包括分工合作、沟通交流、解决问题等方面，评估他们的团队协作能力。

（3）作品展示：对学生的创意表达作品进行评价，关注他们的创造力、审美能力和表达能力。

2. 总结性评价。

（1）故事复述：要求学生以口头或书面形式复述故事的主要内容，评估他们对故事情节和人物情感的理解程度。

（2）情感表达：让学生选择一个爱的人，用故事中的方式或其他方式表达他们的爱，并写下自己的感受。教师评估学生的情感表达能力和文字组织能力。

3. 自我评价与同伴互评。

（1）自我评价：要求学生对自己的学习过程和成果进行反思和评价，关注他们在学习过程中的收获和不足。

（2）同伴互评：鼓励学生相互评价对方的作品和表现，关注彼此的优点和需要改进的地方，促进彼此的成长。

三、教与学的实际过程描述

在教学过程中，教师可以通过以下步骤来引导学生理解和表达爱。

1. 导入：首先，教师可以通过提问的方式，让学生分享他们对自己的妈妈的爱有多少。然后，介绍绘本的名字和作者，特别强调“爱”字，让学生知道这是一个关于爱的故事。

2. 阅读绘本：教师逐页讲述故事，让学生观察小兔子和兔妈妈的动作和表情，理解它们之间深厚的感情。在讲述过程中，教师可以引导学生模仿小兔子的动作，如张开双手、把手举高、跳高等，并尝试用“××有多××，我就有多爱你”的句式来表达爱。例如，学生可以说“太阳有多亮，我就有多爱你”。

3. 故事延伸：在故事结束后，教师可以出示一些图片，如星星、太阳、房子、围巾等，引导学生用这些图片来表达他们对妈妈的爱。

4. 迁移：教师还可以引导学生思考其他可以用来表达爱的方式，如画画、唱歌、跳舞等。

5. 自然结束：在故事结束时，教师可以邀请学生分享他们对自己的妈妈的爱有多少，并鼓励他们回家后向妈妈表达爱意。

四、学生学习成果

1. 故事理解：学生能够清晰地阐述故事的主要情节，包括小兔子和大兔子之间的对话以及它们如何比较各自的爱。

2. 主题理解：学生能够理解故事所传达的爱的主题，以及如何表达和感受爱。

3. 语言表达：学生能够模仿故事中的对话，用生动的语言表达自己的观点和感受。

4. 情感共鸣：学生能够通过阅读和讨论，体会到故事中角色的情感，如小兔子的好奇、大兔子的耐心和爱心。

5. 创意拓展：学生可以发挥想象力，创作与故事相关的绘画、文章或其他形式的艺术作品，展现他们对故事的独特理解和创意。

6. 道德教育：学生能够从故事中学习到关爱他人、珍惜亲情的重要性，并将其运用到日常生活中。

7. 阅读技能：学生能够运用阅读策略（如预测、提问、总结等）来理解和分析文本。

8. 口语交际：学生能够在小组讨论或个人陈述中，清晰、有条理地表达自己的观点，并倾听他人的意见。

9. 写作技能：学生能够撰写一篇关于《猜猜我有多爱你》的读后感或书评，表达自己的看法和感受。

10. 跨学科学习：学生可以将故事中的情感元素与其他学科（如音乐、美术、舞蹈等）相结合，进行跨学科的创作和表演。

五、教学反思

（一）文本教学反思

1. 激发兴趣：在开始教学时，教师通过展示可爱的小兔子图片和提出问题，激发了学生对故事的兴趣。同时，教师鼓励学生分享自己与家人之间的温馨时刻，为后续的情感铺垫打下基础。

2. 朗读与感悟：在讲述故事的过程中，教师注重朗读的情感表达，让学生在听的过程中感受到大兔子和小兔子之间深厚的爱意。此外，教师还引导学生边听边思考，体会故事中蕴含的情感。

3. 互动与讨论：为了让学生更好地理解故事内容，教师组织了一些互动活动，如角色扮演、情境模拟等。这些活动不仅让学生更加投入地参与到课堂中，还有助于他们理解故事中角色的心理活动和情感变化。

4. 拓展与延伸：在教学的最后，教师引导学生思考如何将故事中的爱意应用到实际生活中，如与家人、朋友相处时如何表达关爱。此外，教师还鼓励学生尝试创作与故事主题相关的画作或文章，以表达对爱的理解。

5. 反思与改进：在本次教学中，教师认为在引导学生思考和讨论方面还可以做得更好。在今后的教学中，教师将更加注重培养学生的批判性思维和问题解决能力，让他们在阅读故事的过程中能够更加深入地思考和领悟。

（二）阅读育人反思

1. 情感共鸣：在阅读过程中，教师鼓励学生将自己代入角色，体会小兔子和大兔子的情感变化。通过情感的共鸣，学生能够更好地理解故事的主题和内涵，从而产生对爱的向往和追求。

2. 价值观引导：在讨论环节，教师引导学生思考故事中蕴含的价值观，如“爱是无条件的”“爱是相互的”等。学生通过这样的引导，能够逐步树立正确的价值观，培养他们的道德品质。

3. 同理心培养：这一情节可以引导学生思考他人的感受，培养他们的同理心。在实际生活中，使学生能够更加关心他人，学会换位思考。

4. 创造力激发：在拓展环节，教师鼓励学生发挥想象力，创作与故事主题相关的画作、文章或其他形式的作品。这样的活动有助于激发学生的创造力，培养他们的审美能力和表达能力。

5. 家校合作：为了更好地实现阅读育人的目标，学校可以加强与家长的沟通和合作。例如，邀请家长参与课堂讨论，共同关注孩子的成长；鼓励家长与孩子共读此书，增进亲子间的情感交流。

《蜘蛛开店》教学案例

一、案例背景

学　　校：成都市读者小学　　**年　　级**：2 年级

授课教师：张淇瑶、颜林宇　　**学　　时**：1 学时

二、教学设计

（一）设计思想

1. 以学生为中心。

2. 主题引导：本单元以“改变”为主题，设计教学时可以围绕这一主题展开，让学生通过故事理解改变的意义和价值，培养他们的思维能力和情感态度。

3. 趣味性与实用性并重：童话故事本身具有趣味性，教学设计应充分利用这一点，同时注重知识的实用性，让学生在轻松愉快的氛围中学习并运用所学知识。

4. 搭建支架：为了帮助学生理清故事发展顺序并完整地讲述故事，教师可以通过各种教学方法和活动，为学生搭建学习支架，如思维导图、关键词提示等。

5. 多元评价：采用多元化的评价方式，全面评估学生的学习成果，包括课堂表现、知识理解、故事讲述等方面。

（二）教学目标分析

1. 运用多种识字方法，正确认读“蹲”“寂寞”“罩”“付”等生字词，会

写“商”“店”两个字，理解“寂寞”“编织”等词语的意思。

2. 通过边读故事边梳理情节，学生能够根据示意图讲好蜘蛛“卖口罩”的故事，并尝试借助故事反复式的结构特点讲述“卖围巾”“卖袜子”的故事，提高语言表达和故事讲述的能力。

3. 体会故事中蜘蛛的想法和心情，激发学生对阅读的兴趣。

（三）学习者分析

二年级学生喜欢童话故事，想象力丰富但认知有限。教学应注重引领课文内容，搭建讲故事支架，增加学习趣味性。鼓励学生参与讨论互动，培养合作精神和思维能力，提高阅读和表达能力，培养阅读兴趣。

（四）学习内容与任务分析

1. 学习内容：《蜘蛛开店》的故事，包括生字词“蹲”“寂寞”等。

2. 任务分析：掌握字词、理解内容结构，培养思维、语言和情感能力。

（五）教学活动过程设计

1. 任务一：关注角色，联系生活引入故事。

（1）导入故事。

这节课学习作家鲁冰的另一个童话故事，请同学们一起来看一看故事的主人公是谁呀？（答案：蜘蛛。）

教师指导学生认识“蜘蛛”：它是一种小动物，“蜘蛛”这两个字都是虫字旁，形声字。

（2）理解“蹲”“寂寞”“每天”。

①有一只蜘蛛，它在做什么呢？（课件出示句子，请学生读。）

②随文识“蹲”。你知道什么叫做“蹲”吗？请学生做动作。引出蹲的偏旁。

③引导学生开展说话练习，理解“每天”的含义，读懂“寂寞”“无聊”的心情。

星期一的时候，这只蜘蛛蹲在网上等着小飞虫落在上面。

教师：“等了一天又一天”，对应的是这句话当中的（哪个词）？——每天。

谁来读一读？（请 2 名学生。）

就这样，蜘蛛每天只做一件事情，那就是蹲在网上等着小飞虫，只有它一个，连个小伙伴都没有。如果你是这只小蜘蛛，你的心情会怎么样？

④理解“寂寞”。你有过寂寞的感觉吗？什么时候会觉得很寂寞？板贴词语，齐读词语。

⑤带着这种感觉，读第一自然段。（请学生读。）

⑥这只寂寞、无聊的蜘蛛，它想了一个办法，他要——开店。

⑦识记“店”。

2. 任务二：聚焦情节，借助支架讲故事。

（1）预习反馈：蜘蛛开了什么店？顾客都有谁？（教师相机板贴，边贴学生边读。）

教师：现在我想提高难度，请同学们把这些词放到这句话中，说一句连贯完整的话。

（2）研读蜘蛛买口罩的部分，梳理蜘蛛开店卖口罩的过程。（教师：我们起来看看，它是怎么卖口罩的。）

（3）随文识记“罩”。拓展词语。

（4）理解“编织”：

①蜘蛛卖口罩，它还卖了什么？你发现蜘蛛老板卖的东西有什么特点？

教师：它们的工艺都是怎样的？（出示“编织”）

教师：编织是在干什么？指什么？（答案：用条状的东西把它钩造、组织起来。）

②观察“编织”偏旁，说说与什么有关？（答案：与丝状物有关。）生活中还有哪些是编织物的东西？

（5）蜘蛛老板开店为什么都是卖编织物呢？

（6）它是怎么卖口罩的？它怎么招呼这位河马顾客的？（读句子，请学生表演怎么招呼。）学生朗读，教师指导。

①随文识记“付”。

②继续请学生表演“吆喝”。(用自己的语言，加表情、动作。)

③有顾客来了吗？谁来了？说说第一位顾客的外貌特征。（答案：嘴巴大。)

④出示句子，请学生读。

(7) 河马的嘴巴超级大，口罩好难织，可是接了生意总要做啊，于是……(设置情景、想一想该怎么表述，感受“一整天”时间有多长。)

①天蒙蒙亮蜘蛛老板就开始织啊织，蜘蛛老板心里想__________。(请学生说。)

中午蜘蛛__________，他心里想：

晚上，__________________________！

教师：就这样从天亮织到天黑，这就叫一整天。(出示词语，请学生读、齐读，再读短句。)

② 蜘蛛忙碌一整天，累趴在蜘蛛网上，腰酸背疼。你如果是这只蜘蛛，你现在感觉怎么样，心里怎么想？(引出终于织完了，学生齐读。)

③ 请学生再读第 4 段，读出“好难啊”的心情。齐读。

(8) 学讲故事。

①通过板书示意图，用自己的话将蜘蛛老板是怎么卖口罩给河马的故事讲出来。

②举行“故事大擂台”，学生学技巧，自由练讲，上台展示。

出示要求：a. 声音响亮；b. 故事完整；c. 有表情，有动作；d. 用自己的话说，加入适当的想象让故事吸引人。

(9) 自读“卖围巾”“卖袜子”片段，补充故事示意图。

教师：蜘蛛开口罩店是这么做的，再读 6～11 自然段，看看蜘蛛开围巾店、袜子店的内容，又是怎么做的。(发现故事结构反复的特点。)

①除了相似点，有什么不同点？(答案：卖的东西不一样、顾客不一样。)

②从后面两个故事中挑一个，讲故事。(出示要求。)

(10) 你觉得这只蜘蛛怎么样？我们把表达它特别累的这些语句放到儿

歌里。

3. 任务三：儿歌复现生字，指导学生写字。

（1）课件出示生字串成的儿歌。

（2）滚动认读生字词。

（3）指导书写“商”“店”。

（六）练习与课外学习设计

1. 课内练习。

内容理解：设计填空题、选择题或简答题，考查学生对故事内容和发展顺序的理解。

故事复述：让学生在课堂上根据提示复述故事，或者以小组形式进行角色扮演，加深学生对故事的理解。

词语运用：提供一些与故事相关的词语，让学生造句或写短文，提高学生的词语运用能力。

2. 课外学习。

拓展阅读：推荐一些与“改变”主题相关的童话故事或其他文学作品，拓宽学生的阅读视野。

实践活动：例如让学生模拟蜘蛛开店的情景，进行角色扮演或手工制作等活动，培养学生动手能力和创新思维。

（七）学习评价设计

1. 课堂表现评价。

2. 知识理解评价。

3. 故事讲述评价。

4. 学习进步评价。

5. 自我评价与同伴评价。

三、教与学的实际过程描述

1. 导入。

引出《蜘蛛开店》的故事，激发学生的兴趣。

2. 阅读课文。

学生自主阅读《蜘蛛开店》的故事，初步了解故事内容。

3. 梳理内容。

引导学生共同梳理故事的主要情节，理清故事发展的顺序。

4. 搭建支架。

学生根据支架尝试讲述蜘蛛“卖口罩”的故事。

5. 小组合作。

将学生分成小组，让他们在小组内轮流讲述故事。

6. 全班分享。

每个小组推选一名代表，在全班面前讲述故事。

7. 拓展延伸。

提供其他与“改变”主题相关的故事或短文，让学生进行拓展阅读。

8. 总结评价。

教师对学生的表现进行总结和评价，肯定他们的努力和进步。

四、教学反思

（一）文本教学反思

1. 关注角色，联系生活引入故事。

通过故事的主人公蜘蛛以及创设情境、联系生活理解“寂寞”一词，引出蜘蛛开店，让学生知晓开店缘由，进而引入这堂课的学习。

2. 聚焦情节，借助支架讲故事。

选择卖口罩的情节进行细读，梳理出一条故事线索，为讲故事提供支架。在“卖围巾”和“卖袜子”情节中，创设“读”“讲”任务情景，由扶到放，迁移学习方法，照样子提取关键信息，形成完整板书示意图，把课后练习用到教学规程中。

3. 儿歌复现生字词，指导学生写字。

生字教学从来都不是一成不变的。因此，在此次生字教学中，进行了随文识字，带领学生在语境中去识字，同时也注重用多种方法对学生进行生字的训练。最后进行了生字书写指导。

不足之处在于，讲故事环节用时较多，应用时可以酌情减少内容。

（二）阅读育人反思

在今后的教学中，教师可以多选择富有教育意义的阅读材料，引导学生深入思考，培养他们的综合素养。同时，也要关注学生的个体差异，根据他们的实际情况有针对性地进行教学，让每个学生都能在学习中得到成长和进步。

《影子》教学案例

一、案例背景

学　　校：成都市读者小学　　**年　　级**：一年级

授课教师：吴畏、蒋东秀　　**学　　时**：1 课时（第二学时）

二、教学设计

（一）设计思想

本课时的教学设计侧重于深化理解与创意表达。在巩固第一课时基础知识的同时，通过引导学生深入探索影子的变化规律，激发他们的好奇心和探究欲。同时，鼓励学生运用所学知识，结合个人创意进行创作，培养他们的创新思维和表达能力。通过这样的教学设计，不仅提升学生的语文能力，更促进他们全面发展。

（二）教学目标分析

1. 基础知识：复习巩固已学习的“影”“前”等 11 个生字，会写“我”字与新笔画斜钩，通过偏旁识字法积累月字旁的生字。

2. 基本技能：借助生活经验，分清前、后、左、右四个方位词并能用四个词表示方位。

3. 基本思想：正确流利朗读全文，感受作者对影子的喜爱之情。

4. 基本生活经验：结合生活实际体会影子的特点。

（三）学习者分析

本课的学习者主要是一年级学生，他们处于认知发展的关键时期，好奇心强，对新鲜事物充满兴趣。在学习《影子》时，他们可能对影子的形成和变化有一定的直观感受，但缺乏系统的认知。因此，教学时需注重激发他们的学习兴趣，引导他们通过观察、实践等方式，逐步深入理解课文内容，培养他们的观察力和思维能力。

（四）学习内容与任务分析

这篇课文以简洁明快的语言，描绘了影子与人的亲密关系，充满童真童趣。学习内容包括影子的基本特点和其与人的互动关系，任务则是引导学生通过朗读、观察、想象等活动，感受影子的奇妙，培养他们对自然和生活的好奇心与探索欲。同时，课文也传递了友情和快乐，有助于培育学生的积极情感和社会交往能力。

（五）教学模式与策略设计

教学模式应注重学生的主体性和实践性。策略设计上，采用情境导入法，通过生活实例激发学生兴趣；采用互动探究法，让学生在观察、实验中认识影子；采用朗读感悟法，引导学生感受文中的情感与意境。

（六）阅读资源与环境设计

为《影子》这篇课文设计阅读资源和环境时，应注重丰富性、趣味性和互动性。可以提供与影子相关的图书、视频、实物等，让学生在多元化的资源中感受影子的魅力。同时，可以打造互动式的阅读环境，让学生在轻松愉快的氛围中探索影子的奥秘，实现快乐阅读、深度学习。

（七）教学活动过程设计

1. 播放视频，激趣导入。

2. 初读课文，巩固生字。

（1）分小节比赛读课文。

(2) 复习生字，检查学生识记情况。

3. 再读课文，感受作者对影子的喜爱之情。

(1) 分小组比赛读课文。

(2) 学习第一小节。

(3) 学习第二小节。

4. 巩固生字，学写“我”字。

(1) 学习“朋”字。

(2) 学习“我”字。

5. 总结课程，再读全文。

(八) 练习与课外学习设计

《影子》的练习设计应突出实践操作与创意表达。可以让学生画影子、写日记记录与影子的趣事，培养观察力和表达力。

课外学习可拓展至自然观察、科学小实验等，鼓励学生在真实世界中探寻影子的变化，促进跨学科学习。整体而言，练习与课外学习旨在激发学生的好奇心和探索欲，培养其主动学习与全面发展的能力。

(九) 学习评价设计

学习评价设计应关注多元化、过程性和激励性。可以通过观察记录、作品展示、口头表达等方式，全面了解学生的学习过程和成果。同时，评价应贯穿学习全过程，注重学生的进步与变化，及时给予正面反馈和建议。

三、教与学的实际过程描述

1. 播放视频，激趣导入

(1) 播放手影视频，激发学生学习兴趣。课件出示手影视频。

(2) 引导读题。

读课题，用视频激发兴趣，让学生用多种形式朗读课题。

识记“影”字，积累词语。

教师：“影”这个字在生活中比较常见，你想起来哪些词语？影字的朋友可真多，我们今天也来和“影”字交朋友。

导入课文。

2. 初读课文，巩固生字

（1）分小节比赛读课文。

（2）复习生字，检查学生识记情况。

过渡：大家读得真不错。看到你们读得好，有些调皮的“字宝宝”跑出来了，你们认识吗？

教师：去掉了拼音，你们还能读准确吗？

一字组多词。

朗读“前”“后”“左”“右”“好”“朋”等等。

讲解“前”“后”“左”“右”。引导：你们看，前后是一组（反义词），左右是一组（反义词）（板书连线），它们4个能够表示——（方向），这样的词语我们叫它方位词。你们能分清前后左右吗？我们一起来玩个好玩的游戏。

讲解“好”。过渡：这个游戏这么好玩，我们一起来认识“好”字。（出示字卡“好”）“好”字里藏着一个新偏旁。你有什么好方法记住好字？

教师：你还知道哪些女字旁的字？女字旁的字不仅和女性有关，人们还用女字旁的字表达像女生一样美好的意思，比如“妍”“妙”。

3. 再读课文，感受作者对影子的喜爱之情。

教师：看到你们读的这么热闹，老师也想来读一读。（教师读后引导学生说一说教师读的有什么不一样。）

（1）分小组比赛读课文。

（2）学习第一小节。

结合图片，感受影子与自己的亲密：课件出示课文插图。

教师范读。

理解文意。

从生活中的小黑狗入手。引导学生：你养过小狗吗？分享一下你和小狗的故事。结合实际：我们的影子就是这样可爱的小黑狗。谁想和影子小黑狗玩一玩？作者为什么觉得影子像小黑狗呢？

朗读“影子常常跟着我，就像一条小黑狗”。

结合学生阅读，解析为什么这样读。

“跟”：影子与我非常亲密。

“常常”：影子与我形影不离。

“小黑狗”：影子很顽皮。

仿写句子。

（3）学习第二小节。

理解“影子常常陪着我，它是我的好朋友”。

从生活中的朋友入手。教师引导：你最好的朋友是谁？你们平时怎样相处呢？

教师：你们经常一起玩耍、一起看书、一起画画，真是形影不离的好朋友呢！回想一下，平时你都是在哪里看到了影子朋友？

合作读：邀请你的好朋友和影子玩一玩，读一读课文第二节吧！

齐读课文。

4. 巩固生字，学写“我”字。

（1）学习“朋”字。

引出“朋”字。

讲解月字旁。

教师过渡：从刚才同学们的朗读中，我感受到影子真是我们的好朋友。看看“朋”字，里面有一个新偏旁，它是________（答案：月字旁）。

教师：关于月字旁，还有一个小故事呢！古时候有一个专门的偏旁代表肉的意思，你看看它像什么字？（答案：“月”字。）于是人们干脆用月字旁替代了它。把朋字右边的月换一换，换成“土”“退”“却”“齐”。

教师点拨：月字旁好神奇，加上它就可以和我的身体有关了！

(2) 学习“我”字。

教师：这些部位都长在“我”的身体上，这个“我”字可不好写，它里面藏着一个新笔画斜钩。小手指，拿出来，我们一起书空斜钩。

5. 总结课程，再读全文。

四、学生学习成果

通过阅读，学生们不仅了解了前后左右的方位，更在情感上得到了熏陶，感受到影子与生活的紧密联系与趣味，培养了观察力和想象力。

五、教学反思

（一）文本教学反思

本课的重点为复习巩固已学生字，会写“好”“我”字与新笔画斜钩。在教学实际中，教师将写字部分严格落实，重点教写独体字“我”与新笔画斜钩，为学生打好写字基础。本课的教学难点为分清前后左右四个方位词，在生活中，学生已经具备一定的区分能力，在本节课上，教师运用了游戏法充分调动学生的积极性，强调方位的概念。月字旁的归类识字也是本课的难点之一。教师运用了换一换的方法，让学生在教学中领悟月字旁的字与身体有关，初步建立偏旁表义的概念。

（二）阅读育人反思

在本课的学习中，学生使用了多种方法理解课文中影子的可爱之处，结合生活实际体会影子的特点，将课文朗读得流利且富有感情。

《要下雨了》教学案例

一、案例背景

学　　校：成都市读者小学　　　　**年　　级**：一年级

授课教师：徐蕊心、刘瑞雪　　　　**学　　时**：2 学时

二、教学设计

（一）设计思想

《要下雨了》的教学设计思路是：以朗读对话为主线，将情境教学法贯穿始终，让学生在情境中理解句子，在创造性的想象、表达中积累词汇和交流经验。通过创设情境、分角色朗读等教学方法，引导学生主动进入到探究性阅读中去。

根据一年级学生的心理特点和认知规律，本堂课的教学思路是：以读为主线，将情境教学法贯穿始终，让学生在一定的情境中理解语句。通过情境导读、角色扮演等教学方法，引导学生主动参与到探究性阅读中去，学习语言，感悟语言。在进行朗读训练时，教师通过读物、指点、表演等多种教学方法，不仅传授知识，还启迪和激发学生的学习兴趣。

（二）教学目标分析

1. 认识“腰”“坡”等 13 个生字，读准多音字“空”的读音，会写“直”“边”等 7 个生字。

2. 正确、流利地朗读课文，读好问句和感叹句，能分角色朗读课文。

3. 观察大自然一些奇妙的现象，能了解天气变化。

本部分需注意：2022 年的新课标已将三维目标，即“知识与技能”“过程与方法”“情感、态度与价值观”，转换为以“核心素养”为导向的四基（基础知识、基本技能、基本思想和基本活动经验）和四能（发现、提出、分析和解决问题的能力）。因此撰写教学目标分析时使用最新表述。

（三）学习者分析

一年级下学期的学生认知水平处于启蒙阶段，尚未形成完整的知识结构体系。由于学生所特有的年龄特点，学生的有意注意占主要地位，以形象思维为主。在课堂中，要注意引导学生养成倾听、书写、思考等学习习惯，切实培养学生的语文素养。引导学生采用多种方法识字。指导学生把字写美观、写规范；在阅读教学中，重视阅读方法的指导，引导学生读正确、读流利，读出感情，读出不同的感受，读出不同的味道。尽量在课堂中创设交际的情境，情境设计贴近学生的生活，容易触动学生的情感体验，引导学生进入情境，进行体验，展开想象，自由表达。

（四）学习内容与任务分析

1. 导入复习阶段：复习导入，出示字词，温故知新。

2. 精读课文阶段：这个版块中包含对话创编、角色表演，还把知识拓展融入其中，突出教学重点，使学生获得充分练习。

3. 创编对话阶段：通过全文解读，创设情境引导孩子自己创编对话。

4. 学习生字阶段：指导学生把字写规范、写美观，养成良好的学习习惯。

（五）教学模式与策略设计

本节课的教学模式是以对话为学习策略的教学模式，以“对话”为学习策略的小学语文教学模式是以“对话核心主题”为中心点，以“对话分主题”为线索，以“对话依托点”为具体内容，“由点拉线、由线画面、由面及点”地构成一种主题鲜明、各环相融、对话引证的课堂模式。

（六）阅读资源与环境设计

在孩子们精读文章之前，设计了一些关于课文的问题，能够使学生的求知欲增强，让学生更加愿意积极主动地参与到学习过程中。例如，在读文章第一段前，向学生提问谁在哪里干什么。

（七）教学活动过程设计

表 4—3　教学活动过程设计表

教学设计
一、出示生字，复习检查 1. 看图分析，故事发生在什么季节。（板书：贴“夏天”。） 2. 指名学生回答故事发生的地点。（板书：贴“山坡”。） 3. 玩“爬山坡夺旗”游戏，复习词语。
二、精读课文，重点突破 （一）精读第一自然段。 1. 引导学生用谁在哪里干什么，梳理第一句话，并根据句子的意思朗读，注意节奏。 2. 抽生回答天空的样子。（板书：贴“阴沉沉”。） 3. 创设情景，齐声朗读。 4. 讲解“直”字的书写。 （二）走进故事情境，精读燕子与兔子对话。 1. 观察插图，猜一猜故事情节，抽生分享。（板书：贴燕子图片和“低飞”） 2. 自由朗读课文，师生合作朗读。 3. 引导学生用谁在哪里干什么，梳理燕子在下雨前的行为。 4. 朗读句子，明白虫子飞不高的原因。 在黑板上将“因为________，所以________”补充完整。（学生选一个原因回答） 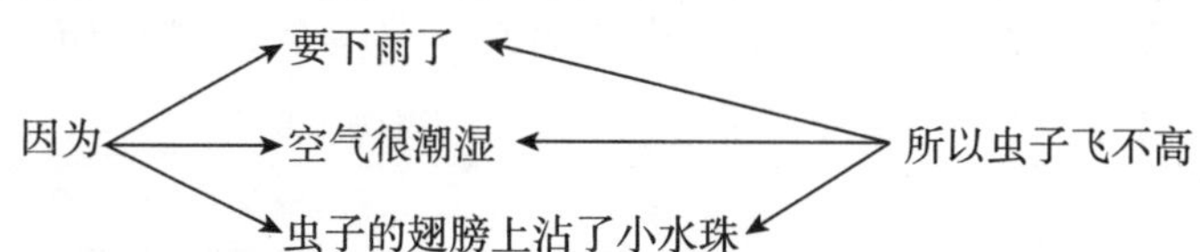 5. 理解“空气很潮湿”。 教师：三点水的字大多数和水有关。空气很潮湿，就是说空气里有很多小水珠呢！ 引导学生用“因为……所以……”句型，解释燕子低飞的原因。 因为虫子飞不高，所以燕子低飞捉虫子。 6. 同桌相互提问解释燕子低飞的原因。 （三）走进故事情境，精读蚂蚁、小鱼与兔子的对话。 1. 观察插图 2、3，猜一猜故事情节。同桌讨论，教师抽学生分享。 2. 小白兔这时候看到了谁？它又在干什么？抽学生回答。（教师贴蚂蚁和小鱼图片，板书“透气”“搬东西”）

续表

教学设计
3. 解释小鱼透气和蚂蚁搬东西的科学原因。 (1) 小鱼为什么要透气? (2) 深入理解“闷得很”。 (3) 蚂蚁为什么要搬东西? 4. 表演兔子、小鱼和蚂蚁的对话。 (1) 同桌练习，抽学生表演兔子与小鱼的对话，“呀”读出疑问的语气。 (2) 同桌练习，创编对话，抽学生表演兔子与蚂蚁的对话。 (四) 创编对话，小结对话内容，悟情明理。 1. 朗读第八自然段。 2. 创编小兔子与妈妈的对话，拓展谚语学习。 3. 书写“边”“加”两个字。 (五) 总结课文，指导朗读第 9 自然段。 教师指导学生朗读第 9 自然段。

（八）练习与课外学习设计

1. 看图片说话，复述课文。

2. 在这节课中学习哪些动物的活动与天气有关，你还知道哪个动物的活动与天气变化有关?

3. 课后朗读《彩色的雨》。

（九）学习评价设计

表 4-4　学习评价单

<table>
<tr><td>活动内容</td><td colspan="2">思考：要下雨了，小动物各自的表现如何?</td></tr>
<tr><td>小动物的名字</td><td colspan="2">表现</td></tr>
<tr><td></td><td colspan="2"></td></tr>
<tr><td></td><td colspan="2"></td></tr>
<tr><td></td><td colspan="2"></td></tr>
<tr><td></td><td colspan="2"></td></tr>
<tr><td>自我评价</td><td>同学评价</td><td>老师评价</td></tr>
<tr><td></td><td></td><td></td></tr>
</table>

三、教与学的实际过程描述

《要下雨了》是一篇科学童话，课文通过“鱼出水面，燕子低飞”这些自然现象说明下雨前动物的特点以及产生这种现象的原因。根据教材知识螺旋上升的这一特性，结合新课程提出的低年级学习要求，能“展开想象，获得初步的感情体验，感受语言的优美”，综合文本内容，使学生“向往美好的情境，关心自然和生命，对感兴趣的人物和事件有自己的感受和想法，并乐于与人交流”。这篇课文读来生动有趣，在生动有趣的语言文字中，有机地渗透身边的自然科学知识。不仅能引导学生留心身边的事物，注重观察，而且激发了学生探究身边科学现象的兴趣，从而使学生的幼小心灵里萌发热爱大自然的思想感情。在教学中，指导学生充分地读，在读中识字，在读中积累、内化，在读中欣赏、超越，辅以“思、议、评、演”等手段。

（一）导入复习阶段

学生观察图片，猜测故事发生的季节。学生自己发现夏天的天气特点，并进行总结；老师视情况板书。大部分同学在猜测季节的同时，能说出故事发生的地点在山坡。由此引出词语复习游戏“爬山坡夺旗”，检验学生的词语掌握情况。

（二）精读课文阶段

学生先自读课文，梳理文中第一句话。总结出句子结构“谁在哪里干什么”，并根据句子结构进行朗读，注意节奏。同时，随文认识“直”字和书写生字。在解读燕子对话时，教师采用看插图猜故事情节的方式，引导学生总结“燕子低飞”，视情况板书。学生自由朗读课文并运用句型“谁在哪里干什么”，梳理燕子在下雨前的行为。教师在黑板板书句子框架，“因为________，所以________”，引导学生将虫子飞不高的原因解释清楚。通过解释“潮湿”两字的偏旁，使学生理解这一词语的意思。然后运用同样的句子框架“因为________，所以________”，解释燕子低飞的原因。学生运用同样的方式理解蚂蚁、小鱼与兔子的对话。总结这两种动物的雨前行为。在解读小鱼的对话时，深入理解“闷得很”的意思。

（三）创编对话

朗读第八自然段，并根据前面小兔子和小动物的对话，创编兔妈妈与小兔子之间的对话。积累有关天气的谚语。并随文认识“边”“加”两个字。

四、学生学习成果

以下为学生学习成果示例。

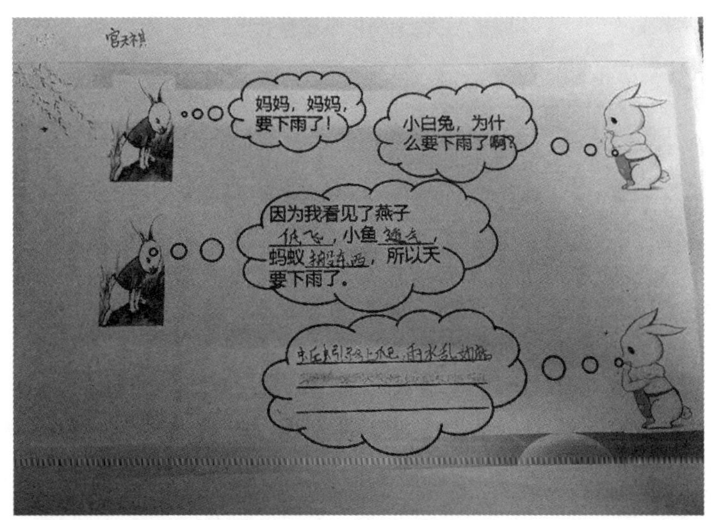

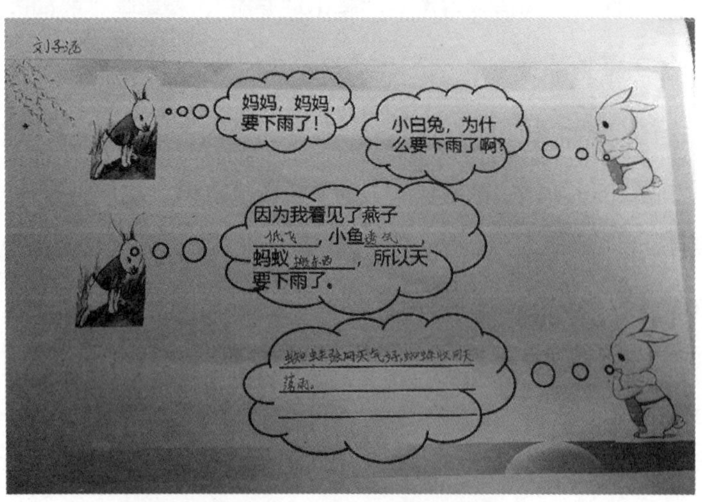

图 4-1　学生学习成果展示

五、教学反思

（一）文本教学反思

《要下雨了》是一篇科学童话，课文通过“鱼出水面”“燕子低飞”“蚂蚁搬家”这些自然现象说明下雨前动物们有不同的行为，进一步分析了产生这些现象的原因。教师在教学时采用图文对照法组织阅读活动。先通过观察插图来猜测剧情和理解图意，再随图学文，从而更好地理解全文内容，同时引导学生用“因为……所以……”的句型对文中的自然现象进行解释，培养学生的逻辑思维。在句子训练方面，把燕子与小兔子的对话作为重点进行解读，使学生理解句子与句子之间的因果关系，培养学生说话表达的逻辑性。

（二）阅读育人反思

教学时，抓住关键词语，研究文中三种自然现象与下雨的联系，例如，燕子为什么会飞得低？重点解析“燕子正忙着捉那些飞不高的虫子”这句话。从提问燕子为何低飞开始引导学生进一步发现燕子的行为原因：因为虫子飞不高——翅膀上沾了小水珠——空气很潮湿——燕子低飞捉虫子——所以要下雨了。

在朗读课文中，使学生感受小动物之间相互关心的好品德，有机地渗透思想教育。例如小鱼对小白兔说“小白兔，你快回家吧，小心淋着雨”。这些情节让学生们对情感有更好的体会。“小白兔遇到不明白的事物能够积极主动地去问别人”，这一情节教育学生要多观察周围的自然现象，激发学生观察大自然的兴趣。“小白兔回家会主动向家人分享发现”，教育学生遇见事情多与他人分享。

《谁偷走了西瓜》数学绘本融合课教学案例

一、案例背景

学　　校：读者小学　　　　**年　　级**：一年级

授课教师：胡琼月、刘睿、周芳　　　　**学　　时**：1 学时

二、教学设计

（一）设计思想

本单元是在一年级上册认识了长方体、正方体、圆柱和球四种简单立体图形的基础上，认识一些常见的平面图形。

本课利用《谁偷走了西瓜》绘本和一年级下册《认识图形》数学知识之间的联系，在读绘本、理解故事情节的过程中，掌握蕴含的数学概念和方法，培养学生的阅读和分析技能。同时，利用绘本故事吸引学生的注意力，让学生对数学学习产生更浓厚的兴趣，激发学生的想象力和创造力。

（二）教学目标分析

1. 学生通过绘本进一步了解长方形、正方形、三角形和圆，感知平面图形特征。

2. 在拼一拼的活动中，感受图形的拼组，培养学生动手操作能力，发展初步的空间观念。

3. 在合作、交流中积累数学活动经验，感受数学与生活的联系，培养学生用数学的眼光观察世界，体会数学的乐趣。

（三）学习者分析

学生对平面图形已有一定的生活经验，但是对于平面图形与立体图形的关系和四种平面图形的具体特征不是很明确。同时，学生很喜欢数学绘本课和动手操作的课程，但认知水平有限。部分同学动手能力较强，还有部分同学需要老师在活动过程中给予及时指导。

（四）学习内容与任务分析

1. 学习内容分析。

故事情节：《谁偷走了西瓜》讲述了一个关于西瓜被偷的故事，通过描绘不同的动物嫌疑人，引发孩子们的好奇心。故事中穿插了寻找线索和解谜的元素，使孩子们在阅读过程中积极参与思考。

认识平面图形：在绘本中，作者巧妙地将平面图形融入到故事情节中。通过描述西瓜的形状和颜色，引导孩子们认识圆形；通过描绘动物嫌疑人的形状特征，帮助孩子们认识其他平面图形。

观察与比较：在阅读过程中，孩子们需要观察不同动物嫌疑人的形状特征，比较它们与西瓜的形状是否相符。这样的观察与比较过程有助于培养孩子们的观察能力和逻辑思维能力。

语言表达：绘本文字简洁明了，适合孩子们阅读。在阅读过程中，孩子们学习一些描述形状和颜色的词汇，如“圆滚滚的西瓜”“绿色的皮”等，提高他们的语言表达能力。

2. 学习任务分析。

认识平面图形：学生通过观察和操作，从物体表面抽象出平面图形，认识平面图形特征。

感知“面”在“体”上：通过绘本故事和“从立体图形中得到平面图形”的实际操作活动，学生体会立体图形和平面图形之间的联系。

比较和区分不同的图形：学生学会如何比较和区分不同的平面图形，对之前学习的内容进行巩固和拓展。

激发学习兴趣：通过将数学绘本融入教学，激发学生对图形学习的兴趣，使学习过程更加生动有趣。

（五）教学模式与策略设计

1. 教学模式。

互动式阅读：教师阅读绘本，根据绘本设置知识提问，学生讨论，分享自己的理解和感受，互相启发和思考。

动手操作：学生亲手操作，以理解和掌握“面”在“体”上，并得到平面图形，分享自己的操作和发现，促进知识的共享和深化。

拓展延伸：在理解知识的基础上，感受绘本故事中的道理和启示，在家或课后对图形进一步理解。

2. 教学策略。

情境化教学：利用绘本中的故事情境，将学生带入一个有趣的学习环境中。通过故事情节的引导，让学生在寻找“偷走西瓜”的过程中，自然地接触到各种平面图形，并在故事背景中理解和应用这些图形知识。

启发式教学：引导学生仔细观察，通过寻找动物嫌疑人，帮助孩子们认识平面图形，鼓励学生小组合作交流发现平面图形特征。

（六）阅读资源与环境设计

1. 阅读资源设计。

主要材料：绘本《谁偷走了西瓜》。

辅助材料：本课相关的辅助材料，如教学 PPT、图片、音频等。

2. 环境设计。

灵活的座位安排：提供灵活座位选项，以便于快速调整课堂布局，便于学生根据教学活动需要进行合作或学习。

（七）教学活动过程设计

1. 导入阶段。

向学生介绍今天将要阅读的故事《谁偷走了西瓜》，询问学生们是否吃过西瓜，西瓜是什么形状的。

2. 阅读阶段。

阅读《谁偷走了西瓜》，在故事中，每当出现一个图形时，停下来让学生识别这是什么图形。

3. 操作阶段。

动手操作，指导学生使用彩色笔在白纸上描绘出不同的图形。

讨论每个图形的特征，例如边的数量、角的类型等。

4. 回顾绘本阶段。

讨论故事情节，哪个角色可能是“偷走西瓜”的嫌疑人，为什么？引导学生根据故事中的线索进行推理。

5. 拓展延伸阶段。

通过游戏进一步巩固平面图形认识能力。

6. 总结反思阶段。

学生总结：学生总结自己在本次绘本课中的收获和体会，强化学习成果。

教师点评：教师对学生的表现进行点评，肯定学生的努力和进步，鼓励他们在以后的阅读中继续探索和学习。

（八）练习与课外学习设计

1. 使用图形卡片，展示不同的图形，让学生说出它们的名称。

2. 小游戏“找出不同者”：显示一系列图形，其中一个与众不同，让学生发现并解释不同之处。

（九）学习评价设计

1. 评价学生在动手操作和互动讨论中的表现。

2. 评价学生作业完成情况。

三、教与学的实际过程描述

（一）创设情景，引入绘本

1. 通过给孩子讲一个故事来引入本课绘本内容，并通过录音及创设的背景让孩子沉浸在绘本故事中。

2. 介绍故事人物，回顾所学图形并认识新的图形——三棱柱，为之后的内容做铺垫。

3. 让学生观察各个图形，说出哪个最与众不同，以此来引出本课主人公——球。

（二）动手操作，启发思考

1. 引出课题——《谁偷走了西瓜》。

根据情节设置悬念，一起帮助球抓到小偷，引出课题——《谁偷走了西瓜》。在故事中，每出现一个图形，停下来让学生识别这是什么图形。

2. 活动操作，认识“面在体上”。

通过给出的线索，告知学生嫌疑人锁定在长方体、正方体、圆柱和三棱柱四个图形当中，引导学生在学习单上印出它们的脚印，先直观演示印的方法，然后学生自己通过动手实践验证，分两次逐步排查嫌疑人。学生在一边模仿、一边学习、一边动手操作的过程中体会平面图形和立体图形的关系，认识平面图形，积累学生的活动经验和发展他们的空间观念，逐步培养学生的逻辑推理能力。

（三）进一步认识平面图形特征

由脚印认识平面图形，研究、对比、发现、总结四种平面图形的特征，锻炼学生的归纳总结能力。

（四）巩固练习

以练促学，结合学生的发展特点，通过游戏的形式进一步巩固所学知识。紧接着让学生找找教室里的图形和校园中的图形，启发学生学会观察，培养观察能力。

（五）课堂总结、布置课后任务

回顾本节知识，展示平面图形拼租成的一幅美丽的画，引导学生说说看见了什么？激发学生制作这样一幅画的兴趣，让数学阅读课的趣味延续。

四、学生学习成果

1. 知识掌握。

学生认识常见的平面图形，如圆形、正方形、长方形、三角形等。

学生理解平面图形的基本特征，包括边的数量、长度等。

2. 数学素养提升。

提升学生的空间想象力，使他们能够在心中形成平面图形的图像。

提升学生的观察力和比较能力，使他们可以通过细节辨认图形，并能够对图形进行分类。

增强学生的解决问题的能力，会用数学的方式思考和推理，找到解决问题的策略。

3. 情感态度与价值观形成。

学生们在学习过程中认识到偷窃行为是违法的，塑造学生积极向上的价值观，形成情感共鸣。

通过合作交流，提高学生沟通表达能力，使他们能够更自信地与同学和老师交流自己的想法和观点。

五、教学反思

（一）文本教学反思

本节课学生通过绘本认识平面图形感知平面图形特征，学生在合作、交流中积累数学活动经验，动手操作能力得到提高，初步发展空间观念。同时，老师及时给予学生反馈和指导，帮助学生纠正错误和提高学习效果。

（二）阅读育人反思

绘本激发了孩子们的阅读兴趣，让孩子们在阅读中不仅认识了平面图形，还学会了如何观察、分析和解决问题。这种寓教于乐的方式，让孩子们在轻松愉快的氛围中获得了知识，培养了他们的学习能力。

《认识长度单位——厘米》

——“课桌有多长”教学案例

一、案例背景

学　　校：成都市读者小学　　**年　　级**：二年级上册

授课教师：乐音、王丽丹　　**学　　时**：1学时

二、教学设计

（一）设计思想

本节是北师大版二年级数学上册第六单元测量的第2课时《课桌有多长》的内容，主要是学习认识单位厘米，体会厘米的实际意义。

纵向看教材，在此之前，学生已经有了两次关于长度单位的直接经验，即一年级上册的“比长短”和上一课的自选长度单位测量。在这样的测量活动中，学生基本能定性描述物体的长度特征。这节课是学生学习图形计量单位的起点，开始从定性刻画走向定量描述物体的长度，与后续学习的长度、面积、体积的度量本质是一致的。教材中4个问题层层递进，帮助学生逐步构建长度单位厘米的概念。为以后学习长度单位“米”“千米”“分米”“毫米”以及简单的单位换算打下了基础。

横向对比北师大、苏教、人教版教材发现，各教材都聚焦于以下三个问题：①统一长度单位标准；②在尺上认识厘米，建立1厘米的长度表象；③用尺子正确测量物体的长度。

本单元教材整体设计意图是从测量教室长度出发，初步理解测量的意义，再到感受统一度量单位的必要性，帮助学生建立“厘米”和“米”的长度观念。原教材先是通过创设生活情境，体会统一单位的必要性，借助尺子认识长度单位“厘米”，帮助学生建立1厘米长度的概念，接着通过连环画，引导学生在辨析中掌握测量方法，最后，练习部分从量到画，进一步巩固测量方法。本着激活教材，深度开发的原则，教师对教材进行了以下处理：

1. 舍弃原教材的导入情境，把教材第一个小绿点的情境替换成《阿福的新衣》动画小视频，视频导入更易激发起学生的兴趣，进而抛出问题，引发学生思考。

2. 变“静”为“动”，借助1厘米的小棒，赋予1厘米这个抽象概念一个鲜活的载体，让学生的体验更加深刻，让学生对概念表象的建立更加牢固，在头脑中建立1厘米的长度观念。

3. 设计在尺子上找“几”厘米的环节，帮助学生体会几厘米就是几个长度单位累加的本质，并总结快速准确判断出尺子上表示几厘米的方法。

（二）教学目标分析

基于教材和学情，结合课标要求，教师将本节课的教学目标定为以下4个方面。

1. 结合生活实际，让学生再次经历用不同方式测量同一物体长度的过程，体会建立统一度量单位的重要性。

2. 通过观察、操作、交流等实践活动，初步认识长度单位“厘米”，建立“1厘米”的概念，体会厘米的实际意义，发展学生的空间观念。

3. 在量、比、辨等活动中，初步学会用刻度尺测量物体和线的长度（限整厘米），积累测量活动经验。

4. 在建立长度观念的基础上，尝试估测物体的长度，初步培养学生估测较小物体长度的意识。

教师将教学重点定为：认识1厘米，知道1厘米有多长，会用尺子测量物体和线的长度。由于学生抽象思维能力尚未形成，教师将教学难点定为：建立1厘米的表象，能估计较小物体的长度，培养估测意识，发展量感。

（三）学习者分析

二年级学生已经有比长短的学习经验，知道生活中的各种量是有大有小、有多有少、有长有短的。为了解学生真实水平，课前通过访谈的形式，教师对学生的已有知识和经验进行了摸底，交流问题包括："你知道厘米吗""你能比划一下1厘米有多长吗""你会使用尺子测量吗"等。在这一过程中教师发现了一些问题，思考如下：

1. 关于"1厘米有多长"，一半以上的学生还不是很清楚，还未形成表象。应该通过大量的测量和实践活动，给学生提供观察、操作、思考、交流等活动的机会，让学生充分体验1厘米有多长，建立厘米这个长度单位的概念。

2. 尺子对于二年级的学生来说并不陌生，他们已经初步知道尺子可以用来画直线，也有部分学生知道尺子可以测量长度。但能正确使用尺子进行测量的人数不到一半，能够说清尺子结构的更少，知道尺子产生原因的几乎没有。应该充分重视测量工具的发明和计量单位的形成过程的教学，因其对于学生量感培养具有重要价值。

（四）学习内容与任务分析

本节是北师大版二年级数学上册第六单元测量的第2课时《课桌有多长》的内容，主要是学习认识厘米、体会厘米的实际意义。本节课是多种知识的综合，涉及数数、比较、估测、空间观念的形成和实践操作技能等，对它的学习将为以后"图形与几何"的其他知识奠定十分重要的基础。首先，创设富有现实意义的问题情境，引导学生体会统一测量标准的的必要性。其次，安排多次实际测量活动，让学生在具体操作中，初步掌握测量方法，积累测量经验，进而形成必要的技能。教学中要注意联系学生生活实际，通过找一找、比一比、看一看、量一量等活动帮助学生充分感知1厘米的长度。在自主观察中学习新知，在动手实践中建构新知，发展学生的空间观念和估测能力，培养"量感"。

（五）教学模式与策略设计

为了有效突破教学重难点，加深学生对厘米长度概念的理解，教师采用“问题驱动，以导促学”的方式，结合谈话、直观演示、引导探究、练习等形式，充分调动学生各种感官参与，激发学生的主人翁意识，让学生在动手实践中感受统一标准的必要性，在师生对话中体会统一度量标准，在观察交流中认识尺和标准 1 厘米，在实践活动中建立 1 厘米的长度观念，在操作讨论中总结正确测量方法，在问题解决中强化尺子测量方法，以初步培养学生的估测意识。

（六）阅读资源与环境设计

小学数学课程融入阅读教育。教师布置课前任务，让学生查阅“秦始皇统一度量衡”的故事材料，了解历史，为新课做准备。课程导入采用视频方式，学生结合视频内容，总结出统一标准的必要性。在“辨一辨”环节中，学生自主阅读教材第 3 个小绿点内容，结合前面的学习经验进行判断，从而与阅读有效结合，实现了“阅读育人”教育教学理念。

（七）教学活动过程设计

课标要求课程内容的选择要贴近学生的实际，有利于学生体验与理解、思考与探索。教师将分以下 4 个环节组织教学。

环节一：视频激发兴趣，对话交流，统一标准。

本节课是学生建立长度观念的起始课，着重在体验中建立观念。课前组织学生全体参与测量活动，再次感受用不同工具测量同一物体的过程。课上，视频激趣，体会测量的本质要素在于测量工具长度单位的统一，使得“统一单位的必要性”深植学生的心里，顺势引出测量工具——尺子。

环节二：观察操作，引导探究，认识厘米。

1. 认识尺子。

二年级学生对于尺并不陌生，但对于“尺”的构成及要素的内在含义并不一定理解。通过引导学生观察讨论，强调“0”这个起始数，突出“0”在尺子上“起点”的作用，并指明字母“cm”的含义，让学生对“以1厘米为单位的学生尺”有了新的认识。

2. 认识1厘米。

在认识1厘米活动中，考虑到学生对概念的理解通常要经历一个直观到抽象、朦胧到明晰，直到灵活应用的过程，这个过程需要学生不断感知、体验、实践、交流反思和感悟。教师以问题串引领学生在动手指/动口说中，初步建立对标准1厘米的认识；借助小棒比划记忆，游戏激发兴趣，明晰1厘米的长度概念；启发学生联系生活，找长约1厘米的物体，让1厘米有了实际载体，加深了学生对1厘米长度概念的感知和体验。整个过程，调动学生多种感官参与，促进了学生对1厘米长度观念的构建，有效突破了教学难点。

3. 认识几厘米。

从认识1厘米到几厘米，是一个认知发展的过程。教师趁机追问，层层深入，让学生在交流中，初步体会到长度是由若干个长度单位累积而成的，几个1厘米就是几厘米。随机又让学生比划2、3厘米，进一步丰富学生对1厘米实际长度的体验，形成关于1厘米的空间观念，为后面估测和用尺测量长度提供方法基础。

环节三：动手操作，讨论辨析，正确测量。

探索测量方法时，一方面，引导学生调动已建立的1厘米表象，估测铅笔的长度，积累借助表象进行直观思考的经验，培养学生的估测能力和空间观念。另一方面，充分放手，引导他们在操作、比较、辨析等活动中，掌握测量物体长度的方法，领悟测量的本质，培养对测量的兴趣。同时，借助断尺问题，提高学生灵活运用所学知识解决问题的能力，提升学生的思维。

画线段时，引导学生自主探索画线段的方法，并在不同画法的比较中体会画线段的方法，加深对长度单位厘米的认识，积累用图形表征几何概念的经验。

环节四：总结思考，联系生活，巩固应用。

课末，引导学生回顾梳理本课知识。一方面，培养学生的归纳概括能力。另一方面，联系生活，运用所学知识解决实际问题，进一步引发学生思考，用直尺量课桌有多长，一把尺子不够长了怎么办，将学生的学习兴趣延伸到课后，起到了“曲虽终，但意未尽”的效果。

（八）练习与课外学习设计

数学基本技能的形成需要适度训练，本课进行如下有梯度的练习，即教科书第 52 页“练一练”第 2、3、5 题。

课前学习任务：课外查阅“秦始皇统一度量衡”的故事材料。

（九）学习评价设计

学生互评，教师评价。

三、教与学的实际过程描述

（一）情境导入，引发思考

课件播放视频《阿福的新衣》。

教师：这是怎么回事呢?

学生：因为师傅和徒弟手的大小不一样。

教师：在测量一个物体的长度时，有个统一的标准很重要。其实在国际上已经有了统一的标准，你知道这个标准藏在哪里吗?

教师：没错，就是尺子。下面我们就一起来重新认识下这个老朋友。

【设计意图】通过观看小视频，抛出问题，更容易引发学生思考。学生能体会到“只有用同样长的工具测量，测量结果才会一样”，虽然学生还不认识长度单位，但对标准已经有了感知，能体会到在测量物体长度时统一标准的必要性。

（二）探究学习，发展量感

1. 认识尺子。

教师：拿出自己的尺子，说一说你们和同桌的尺子有什么相同的地方？

学生汇报，教师课件依次出示并讲解。

（1）数字——刻度。

教师：这些数字在尺子里叫作“刻度”。最小的数字是 0，也叫作 0 刻度。

（2）竖线——刻度线。

教师：这些长短不一的线叫作“刻度线”。

0 刻度线在尺子上表示起点。

相邻两根刻度线之间的距离叫作“一大格”。

（3）cm——长度单位：厘米。

教师：cm 是英文“厘米”的缩写。厘米就是国际上通用的测量较短物体长度的标准。因为厘米是用来测量长度的，所以也叫作“长度单位”。

这节课认识长度单位——厘米。

【设计意图】一年级的学生虽然对尺子并不陌生，但他们大多数情况是用尺子画直线，并没有深入认识尺子的原理。这个环节就是让学生有仪式感地认识尺子，发现款式不同的尺子有相同的特点，都有刻度、刻度线、一大格、0 刻度线等信息，为后续使用尺子做好铺垫。

2. 认识 1 厘米。

（1）看一看，初步感知 1 厘米的长度。

教师：1 厘米到底有多长？它藏在尺子的哪个位置呢？大胆猜测一下。

学生：0 到 1。

教师：从 0 到 1 这一大格的长度就是 1 厘米。

在尺子上你还能找到其他的 1 厘米吗？

学生：1 到 2、2 到 3……

教师：谁能用一句话总结一下？

学生：尺子上每一大格的长度都是1厘米。

（2）比一比，第二次感知1厘米的长度。

教师：如果没有尺子，你还知道1厘米有多长吗？

用食指和拇指捏住1厘米小棒的两端，然后轻轻地抽出小棒，两根手指保持不动，它们之间的缝隙宽度大约就是1厘米，做几次比量的动作，用小棒检测。

（3）找一找，第三次感知1厘米的长度。

教师：我们生活中什么物体的长度或宽度大约也是1厘米长呢？

【设计意图】借助尺子，建立1厘米的正确表象，通过不断地在尺子上看、找，以及利用1厘米的小棒比量，让学生在头脑中建立1厘米的长度观念。

3. 认识几厘米。

（1）尺子上找2厘米。

明确2厘米就是有2个大格。

（2）尺子上找3厘米。

明确有3个大格就是3厘米。

（3）尺子上找几厘米。

明确是几厘米就数几个大格。

（4）课堂小游戏。

课件出示题目，学生抢答说出尺子上表示的是几厘米。

教师：你觉得从几开始找几厘米最快？

明确从0刻度开始最好判断，0到几就是几厘米。

学师：不是从0开始的又有什么好办法呢？

明确当不是从0开始时，用大刻度减小刻度来计算，得几就是几厘米。

【设计意图】学生通过在尺子上找一找“几”厘米的过程，了解几厘米就是几个长度单位的本质。

4. 测量。

（1）量物体的长度。

①估一估。

教师：估一估这根小棒有多长？

②量一量。

教师：要知道到底是几厘米，我们就需要借助直尺来量一量了。

学生量，教师巡视。

学生汇报。

③辨一辨。

课件播放小熊量铅笔。

教师：这几只小熊也想来试着量下铅笔有多长，他们这样量对吗？

学生判断对错，并说明原因。总结测量物体长度的两种方法：

通常，在测量物体的长度时，一端对准尺子的 0 刻度，另一端对着几刻度，物体的长度就是几厘米。

也可以把一端对准其他整刻度，用大刻度减小刻度，得几就是几厘米。

④练一练。

课件出示教材 52 页第 3 题。

教师：你能快速说出这些石头各是几厘米长吗？

教师让学生认识；从 0 刻度开始量，确实很方便。

（2）量线的长度。

数学书第 51 页。自主测量，集体订正。提醒学生将结果写在线的下面。

【设计意图】鼓励测量方法多样化，关注测量的本质。使学生会自主测量，也会解释别人的测量方法，注重在理解的基础上丰富测量方法、优化测量方法。同时，在估测结合的过程中，进一步发展学生的长度“量感”。

5. 画指定长度的线。

教师：尺子除了测量长度，还能用来干吗？

学生：画直线。

（1）自主画线。

教师：你能用尺子画一条长 4 厘米的线吗？画完后和同桌交换测量并检验。

教材第 51 页。学生画，教师巡视。

（2）规范画线方法。

一定起点，二找终点，三连线，四标线。

【设计意图】这个环节的目的就是使学生会用刻度尺测量和画一定长度的线，由量到画，在量和画的过程中，进一步巩固测量方法以及对厘米的认识。

（三）拓展练习，巩固新知

第一关：画一条长 8 厘米的线。（课本第 52 页第 2 题）

第二关：怎样用下面的“断尺”画出一条 6 厘米的线？（课本第 52 页第 5 题）

（四）课堂总结，回顾新知

通过这节课的学习，学生有什么收获？

利用本节课所学，课后用尺子量一量我们的课桌到底有多长。

板书设计如图 4－2 所示。

认识长度单位

——厘米cm

统一标准

1 厘米：尺子上每一大格的长度。

几厘米：数　几个大格

看　0到几

算　大数-小数

图 4－2　板书设计

四、学生学习成果

1. 会用刻度尺测量线段和生活中物体的长度。

2. 会用刻度尺画出指定长度的线段。

3. 能估测现实生活中物体的长度。

学生学习成果展示如图 4－3 所示。

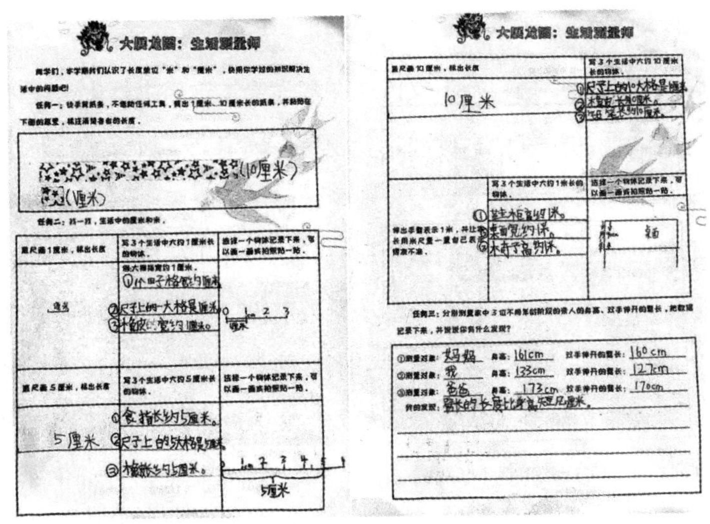

图 4-3　学生学习成果展示

五、教学反思

（一）文本教学反思

1. 加强学生动手操作环节的组织管理。在本课中，学生参与活动的积极性很高。动手操作虽容易吸引学生的参与，但低年级学生年龄小、好动、好奇心强，如何把操作、语言表达与思维有机结合起来，最大限度地发挥操作的实效性？在以后的教学中，教师会继续学习，深入研读新课程标准、研读教材，研究学生心理特点，让核心素养更好地落实在课堂上。

2. 学生通过引导，其画线步骤更加规范。在学生画指定长度线段的教学中，教师明确标准化画线步骤，优化画线方法，即先找端点，在两个端点位置点上圆点，再连线，最后标数。

3. 优化课后思考题，将学生的学习热情延伸到课后。本次整节课的呈现较为顺畅，各环节过渡流畅，学生对本课的重难点及课程培养目标已掌握较好，故在最后的课后思考中，可加入提升优化类型的题目，如“如何测量瓶盖的一圈有多长”。

（二）阅读育人反思

数学学科与阅读的融合，不仅体现在数学绘本这类书籍中，还体现在日常教学中的审题做题的过程中，例如，读题目、读定义、读算式。对于如何培养孩子们日常做题时阅读的能力，学校数学教师一直在思考、探索和实践。而关于数学绘本等阅读材料进课堂的板块，教师们仍处于研究初期，尚未形成典型的教学案例，但数学阅读材料，如绘本、数学史、数学故事、数学名题等，都是滋养学生数学学科涵养的丰富素材，丰富的数学课外阅读在培养学生阅读兴趣的同时，能使学生感受到数学发展和人类文明的价值，激起其体验数学魅力的热情，增强学习数学的持久动力。

通过前期的实践与研究，还有以下尚待解决的问题需作进一步探讨。

1. 如何围绕培养学生数学阅读能力来优化课堂教学结构，让养成的数学阅读习惯有助于提高学生的数学学习效果?

2. 数学阅读在提高数学理解力方面如何考量? 这仍是一个在实践研究中亟待解决的问题。

阅读是思考，是理解，是收获，是人生必然的经历。正确认识数学阅读，培养良好的数学阅读习惯与数学阅读能力，让学生感受到有趣的数学、有用的数学和富有挑战性的数学，是数学教育的重要课题。

《小蝌蚪的成长》教学设计

一、案例背景

学　　校：成都市读者小学　　　　**年　　级**：二年级下册

授课教师：邓茂杰、刘芷仪　　　　**学　　时**：1 学时

二、教学设计

（一）设计思想

本节内容是在学生基本掌握三位数减法计算方法的基础上，进一步学习需要连续退位减法的口算和竖式计算。创设“小蝌蚪变青蛙”这个涉及自然常识且小朋友感兴趣的情境，引出减法问题。连续退位是学生遇到的新问题，也是多位数减法中的难点。为帮助学生突破难点，除了竖式，教材还结合口算、数线和计数器等，启发学生用多种直观的方法体会连续退位的计算原理。

（二）教学目标分析

1. 借助数线和计数器，让学生进一步探索并掌握三位数减法的计算方法，经历与他人交流计算方法的过程，理解多位数减法的计算道理，并能正确计算。

2. 让学生学习把连续退位减法转化成不退位减法的过程，体验转化的思维。

3. 引导学生通过反思计算中的常见错误，养成认真、有条理的计算习惯。

4. 在经历把连续退位减法转化为不退位减法的过程中，提高学生的逻辑思维能力。

（三）学习者分析

已经掌握了三位数不退位减法和一次退位减法的计算方法。在本课中可以充分利用知识的正迁移，引导学生通过各种算法体会连续退位减法的计算道理，发展其逻辑思维能力。学生在连续退位减法的计算中很容易出错，需要帮助学生关注计算中的关键点，针对连续退位减法计算中的常见错误进行反思，保证计算的准确性。

（四）学习内容与任务分析

学习内容：连续退位减法的口算和竖式计算。

任务分析：通过情境图能找到有用数学信息、提出完整的减法问题并能解决。

（五）教学模式与策略设计

互动式教学：本节课进行三位数的退位减法学习，采用互动式教学，以学生为主体，学生由被动学习变为主动参与学习。教师也不再是单纯的知识传授者，而是学生学习中的引导者和协助者，通过各种互动，学生积极参与讨论、提问和解决问题。

问题导向：以问题为核心，培养学生的思维能力，同时增强学生自主学习能力和学习兴趣。

（六）阅读资源与环境设计

资料 1：《小蝌蚪变青蛙的故事》视频。

资料 2：毛毛虫变蝴蝶的视频或文字资料。

（七）教学活动过程设计

复习旧知——情境引入——自主探究；学习新知——练习巩固——全课总结。

（八）练习与课外学习设计

书（第 54—55 页）：第 2 题、第 4 题。

课外学习：查阅“毛毛虫变蝴蝶”的资料。

（九）学习评价设计学生评价与教师评结合

学习结束后，在学习评价设计时，结合学生、教师的评价。

三、教与学的实际过程描述

表 4－5

教学过程			
教学环节	教师活动	学生活动	设计意图
一、复习旧知	1. 你们能又对又快地笔算下面的这道题吗？ 138－45＝□ 2. 同学们，你们能说一说笔算减法时要注意什么？	独立完成。 ①相同数位对齐。 ②从个位算起。 ③哪位不够减向前借一当十。	回顾复习不仅是对知识的回忆，更是为完成本课的教学任务作好铺垫，对学生来说也是一种学习能力的培养。
二、创设情境	1. （课件出示蝌蚪图）视频科普“小蝌蚪变青蛙的过程”，教育学生保护青蛙。 2. 揭示课题：今天我们就来学习有关小蝌蚪成长中的数学知识。（板书课题：小蝌蚪的成长）		用具体的情境来吸引学生的注意力，使学生以极大的热情投入到学习活动中，提高学生学习的积极性。
三、自主探究，学习新知	教师：你从表格中发现了哪些数学信息？	1. 西池塘原有蝌蚪 514 只，变成青蛙的有 126 只。 2. 东池塘原有蝌蚪 412 只，变成青蛙的有 89 只。	培养信息收集能力。
	教师：根据这些信息提一个用减法计算的数学问题。（板书：东池塘有多少只蝌蚪没有变成青蛙？西池塘有多少只蝌蚪没有变成青蛙？）	1. 东池塘有多少只蝌蚪没有变成青蛙？ 2. 西池塘有多少只蝌蚪没有变成青蛙？	培养学生提出问题的能力。

续表

教学过程			
教学环节	教师活动	学生活动	设计意图
	1. 解决东池塘有多少只蝌蚪没变成青蛙？ (1) 重点解决第一个问题，要求“东池塘有多少只蝌蚪没有变成青蛙？”应该怎样列式？	412－89=□	在解决问题的过程中，引导学生独立列出算式并尝试在已有减法计算经验的基础上，迁移理解。
	(2) 教师引导学生列式计算，探究算法。 教师：请你先算一算，然后在小组内交流你的算法。 $\begin{array}{r} \dot{4}\dot{1}2 \\ -\ 89 \\ \hline 323 \end{array}$	独立完成 小组交流算法	
三、自主探究，学习新知	(3) 教师组织学生汇报计算过程和结果，并根据学生的回答进行板书。 交流算法： ①口算 412－80=332 332－9=323 画数线。	①用数线的方法：借助数线，理解算法。412－80＝332，332－9＝323。	用竖线图、计数器、拆分口算等多种方法解决连续退位的减法。
	②拨计数器。	②用计数器计算。（在计数器上先拨 412，从个位减起，个位上的 2 减 9 不够减，十位上借 1 当 10，到个位上是 12 减 9 等于 3，十位上 1 个也没有了，从百位借 1 当 10，10 减 8 等于 2，百位上 4 借 1 还剩 3，所以等于 323。）	
	③竖式计算	③用竖式计算。（个位上的 2 减 9 不够减，从十位上借 1 当 10，12 减 9 等于 3，十位上还剩 0，从百位上借 1 当 10，10 减 8 等于 2，百位上还剩 3，所以等于 323。）	

续表

<table>
<tr><th colspan="4">教学过程</th></tr>
<tr><th>教学环节</th><th>教师活动</th><th>学生活动</th><th>设计意图</th></tr>
<tr><td rowspan="3">三、自主探究，学习新知</td><td>(4) 教师追问算法：
①个位上2减9不够减时，你们是怎样解决的？
②得数的十位上为什么不是3？③百位上为什么不是4而是3？</td><td>个位上的2减9不够减，从十位上借1当10，12减9等于3。
因为十位给个位借走了1，就应减去1，10+1=11，11−1=10，10−8=2。百位给十位借走了1，就应该减去1，4−1=3。</td><td>让学生自主学习，解决问题，培养学生的合作精神和自主学习的意识，充分体现以“学生为主，教师为辅”的教学理念。并激励学生从多角度思考，充分给予学生表现的机会，强调竖式计算，突出重点。</td></tr>
<tr><td>2. 解决西池塘有多少只蝌蚪没变成青蛙？

怎样列式？板书：514−126=□</td><td>列式：514−126=□</td><td rowspan="2">经历把连续退位减法转化为不退位减法的过程，促进思维的逻辑性。</td></tr>
<tr><td>板书：514−126=□
教师：用你喜欢的方法来算一算西池塘有多少只蝌蚪没有变成青蛙？
交流汇报计算方法（同上）追问竖式：十位“1”怎么变成“0”？百位“5”怎么变成“4”？
小结：用竖式计算三位数连续退位减法时，①要注意相同的数位对齐；②从个位算起；
③哪一位不够减，要向前一位借1，位借出1就要再减1后再计算。

（板书：连续退位减法）</td><td>选择自己喜欢的方法计算集体交流算法。
认真倾听，适时补充说原因。
小组讨论后汇报
相同：
①都是退位减法；
②相同数位对齐；
③从个位算起；
④哪一位不够减，向前一位借“1”。
教师讲解不同：今天学习的是连续退位减法，十位也不够减，向百位借“1”，十位给个位借出1就要再减1后再计算。</td></tr>
</table>

续表

教学过程

教学环节	教师活动	学生活动	设计意图
三、自主探究，学习新知	3. 教师：“他做的对吗?”和同伴说一说。说一说错在哪里？理由是什么？该怎么改？ 526 −41 116	1. 数位没有对齐	通过判断对错，提醒自己做题时不能犯这样的错误。
	482 −178 314	2. 得数十位上应该是0，因为十位给个位借走了1，就应减去1，8−1=7，7−7=0。	
	小结：通过刚才的改错，以后在竖式计算时你有什么要提醒大家注意的吗?	小结竖式计算注意事项“齐”“借”。	
四、练习巩固	你能用今天学到的方法解决下面的问题吗? 1. 练一练1题 2. 练一练2题 (1) 理解题意；(2) 列式解决；(3) 交流订正。 3. 填空： 78+（ ）=536 245−（ ）=169	读题； 理解题意； 独立思考； 交流订正。	让学生将从生活中学到的知识运用到生活中去解决问题。在解决问题的过程中体验成功的乐趣，并对今天所学知识再次进行巩固。
五、全课总结	通过这节课的学习，你们有什么收获?	学生畅谈收获。	培养学生的概括总结能力。

板书设计

小蝌蚪的成长——连续退位减法

412−89=323（只）
…

$$\begin{array}{r} 4\ 1\ 2 \\ -\quad 8\ 9 \\ \hline 3\ 2\ 3 \end{array}$$

514−126=388（只）
…

$$\begin{array}{r} 5\ 1\ 4 \\ -1\ 2\ 6 \\ \hline 3\ 8\ 8 \end{array}$$

注意：
①相同的数位对齐；
②从个位算起；
③哪一位不够减，要向前一位借1，哪一位借出1就要再减1后再计算。

四、学生学习成果

学生学习成果如图 4－4 所示。

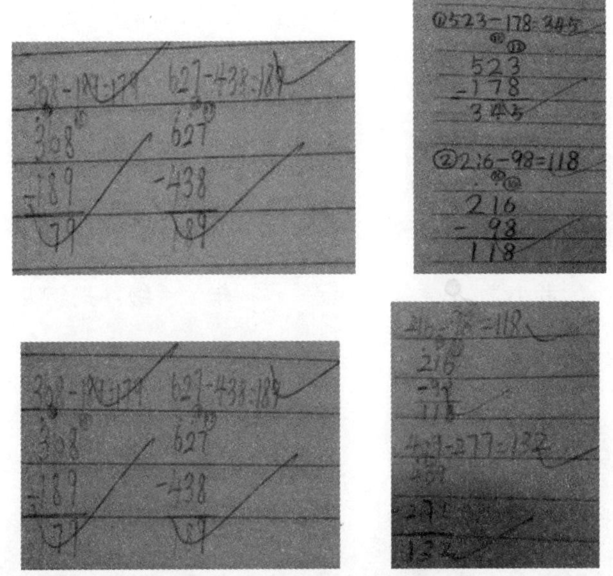

图 4－4　学生学习成果展示

五、教学反思

（一）文本教学反思

三位数连续退位减法竖式计算是难点，理解连续退位减法是重点，通过读情境图寻找数学信息提出数学问题，并解决问题，能够区分算理和算法。本节课中重视学生的算法叙述，但算理叙述还不够清楚，语言不够规范；部分学生在练习中计算正确率不太高，在今后的计算教学中要注意培养学生的良好计算习惯。

（二）阅读育人反思

数学的信息不仅隐藏在课本中，也可以通过阅读数学相关书籍、文章了解解决问题过程等，本节课阅读较为局限，仍需要阅读后找出有用的数学信息，并能通过已掌握的数学解题工具和技巧解决生活中的问题。后续可借助数学绘本进行教学，如《藏在数学书里的秘密》。

《时间与数学》教学案例

一、案例背景

学　　校：读者小学　　　　**年　　级**：三年级

授课教师：陈曦扬、付静　　　　**学　　时**：1 学时

二、教学设计

（一）设计思想

本教学设计以观察比较、发现规律为核心，通过学习运用做记号、找集合解决与时间有关的现实问题，结合学生熟悉的生活情境中的日历学习数学，培养学生观察、分析和开放性思维能力，初步感受集合的思想。

（二）教学目标分析

1. 学习运用做记号、一一列举的方法解决与时间有关的现实问题，形成初步的解决问题的策略，初步体验和理解集合的概念。

2. 结合“共同的休息日”这一常见生活情境，在生动有趣的生活情境中，感受日历中包含的丰富的数学信息、探索与时间有关的数学问题、体会数学与生活的联系。

3. 在观察比较、发现规律的教学活动中，培养学生观察能力、分析能力和开放性思维。

（三）学习者分析

1. 学生年龄：小学中段。

2. 学生特点：具有一定的数学基础，好奇心强，善于动手和观察。

3. 学生知识储备："共同休息日"和"日历中的规律"两部分内容，是学生在已学习第七单元"年、月、日"的基础上需要进一步学习的内容。

（四）学习内容与任务分析

《时间与数学》是北师大版小学数学三年级上册"数学好玩"的内容。"数学好玩"是以问题为载体、以学生自主参与为主的学习活动。"年、月、日"的知识在生活中经常用到，具有常识性，其中蕴含的丰富的数学信息，与数学有着密不可分的联系，在教师的引导下，学生能探索出许多规律。

学生需通过对具体问题的探索，积累相关数学活动经验，体会时间与数学的联系，初步感受集合思想。并通过观察、比较，寻找日历中的各种规律，体会日历中包含的丰富的数学问题。

（五）教学模式与策略设计

1. 情境化教学：以学生熟悉的生活问题为情境，引发学生兴趣。

2. 问题导向：通过提出实际问题，引导学生运用做记号和一一列举的方法解决问题。

3. 合作学习：鼓励学生小组合作，共同探索解决问题的方法。

4. 概念引导：引导学生从解决问题的方法中感受到集合的思想。

（六）阅读资源与环境设计

准备日历板、贴纸等教学辅助工具，营造轻松愉快的学习氛围。

（七）教学活动过程设计

1. 谈话导入，创设情境。

教师：同学们，你们平时全家人一起出去旅游吗？一般是什么时候出去旅游的呢？

（设计意图：联系学生熟悉的生活，学生很容易能发现，全家出行的时间是一家人都有空的时间，为探究阶段寻找"共同的休息日"进行铺垫。）

奇思 9 月份也想和爸爸妈妈一起出去旅游，但是在时间的安排上遇上了一些麻烦，奇思想知道哪一天可以和爸爸妈妈一起旅游，你愿意帮帮他吗？

提示：奇思的父亲是一名火车司机，每工作 3 天休息 1 天。奇思的母亲是一名飞机乘务员，每工作 1 天休息 1 天。奇思周六、周日休息。

【设计意图】创设问题情境，学生感受到面临的问题是自己生活中的问题，从而产生解决问题的欲望。

2. 合作探究，解决问题。

要想解决奇思的麻烦，你想怎么做？

板书：共同的休息日。

【设计意图】有了导入环节的前期铺垫，学生能发现问题的本质就是找到共同的休息日。

活动一：理解情境中的数学信息。

“母亲每工作 1 天后休息 1 天”是什么意思？结合日历说一说。

【设计意图】学生在理解“上一休一”的基础上，比较难用自己的语言替代“工作 1 天后休息 1 天”再次进行阐述，结合日历说一说哪天上班哪天休息，更方便全部同学理解。

“父亲每工作 3 天后休息 1 天”什么意思？结合日历说一说。

【设计意图】让学生通过领会这两句话，明白爸爸每 4 天里有 3 天工作 1 天休息，妈妈每 2 天里有 1 天工作 1 天休息，为后面找爸爸、妈妈休息日打下基础。

活动二：合作探究，找出三人各自的的休息日。

小组合作在日历上做标记，再根据提示找出父母、父子、母子及全家共同的休息日，并填在圆圈里。要求：从 9 月 1 日开始算起，用“△”标出爸爸的休息日，用“○”标出妈妈的休息日，用“√”标出奇思的休息日。

小组合作时，教师指导学生将带标记的日期填到相应的圆圈中，指名说说每个圆圈中都填了什么，并进行评价。

活动三：小组展示，分享交流。

展示 1：组员 1 解说父亲、母亲、奇思的休息日，组员 2~4 在日历上分别张贴代表父亲、母亲、奇思休息日的“△○√”贴纸。

教师讲解：使用不同的符号记录每个人不同的休息日的方法叫做“做标记”（板书：做标记），对于不同的人物使用不同的符号，可以让学生在寻找日期的时候观察得更清楚。

展示 2：小组代表展示“共同的休息日”集合圈，组员 1～4 分别解说填写过程。

教师点评：在数学的学习中，把具有共同特征的数字记录在一个圆圈里，圆圈中的数字表示同一个意义，这种记录的圈叫做集合圈（板书：集合圈）。

【设计意图】学生参与“找共同休息日”的过程，在展示交流中明晰有序标记的重要性，初步感受集合思想，积累解决此类问题的数学活动经验。

活动四：发现循环，掌握规律。

观察父亲的休息日：4、8、12……有什么规律？观察母亲的休息日：2、4、6、8……有什么规律？

（设计意图：引导学生发现父母休息日的循环，找到规律，不需要通过标记也能找到休息日，节省解决问题的时间。）

3. 拓展延伸，发现日历中的规律。

教师引导学生借助日历解决了奇思的问题，其实日历本身还藏着一些规律。

活动五：四宫格的规律。

出示一个能框出日历里 4 个数字的小透视镜，小组合作发现规律。

横着看，后面的数比前面的数多 1；

竖着看，下面的数比上面的数多 7；

斜着看，交叉的和相等。

换一组再试试。

活动六：九宫格的规律。

横着看，后面的数比前面的数多 1；

竖着看，下面的数比上面的数多 7；

斜着看，交叉的和相等。

活动七：猜一猜，说一说。

出示：笑笑选了横着相邻的两个日期，它们的和是 25，你知道她选的是哪两个日期吗？淘气选了竖着相邻的两个日期，它们的和是 37，你知道他选的是哪两个日期吗？

【设计意图】应用日历中的规律，结合线段图解决问题。

4. 总结回顾，课堂小结。

教师：这节课大家一起解决了日历中的数学问题，发现了日历中的规律，感受了时间与数学的联系。其实生活中处处有数学，希望大家能用数学的眼光观察事物，用数学的方法解决更多生活中的问题。

（八）练习与课外学习设计

练习 1

这是从日历上截取的部分日期。（图 4－5）

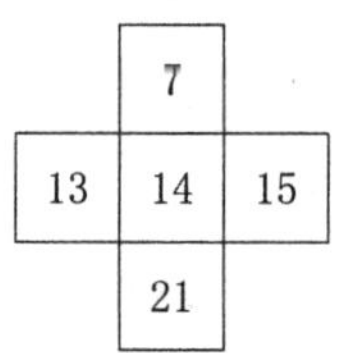

图 4－5

（1）横着看，竖着看，你发现了什么规律？

（2）这 5 个数的和是多少？与“14”有什么关系？

练习 2

整理出爸爸妈妈和你的休息日，制作“全家的休息日”9 月月历，列出父母的休息日、父子（女）的休息日、母子（女）的休息日、全家的休息日集合圈。

（九）学习评价设计

1. 教师评价：观察学生在解决问题和合作学习中的表现，评价他们的观察、分析和解决问题的能力。

2. 同伴评价：学生相互交流和分享，互相评价对方的解决方法和思考过程。

3. 自我评价：学生对自己在解决问题和学习过程中的表现进行评价，反思自己的成长和不足。

三、教与学的实际过程描述

在教学过程中，学生通过合作解决问题，观察比较日历中的特殊日期和记号，并从中体验和理解到集合的概念。他们在实际问题中掌握了做记号和一一列举的方法，初步形成了解决问题的策略。

四、学生学习成果

学生在教学过程中掌握了时间与集合的基本概念和方法，提高了观察、分析和解决问题的能力，同时也理解到数学与生活的联系，初步感受到集合的概念。

五、教学反思

（一）文本教学反思

教学设计结合了生活情境和实际问题，但在某些环节可能需要更多的细节和引导，以确保学生的学习效果。

（二）阅读育人反思

通过情境化教学和合作学习，学生在探索和发现中得到了成长，但也需要关注学生个体差异，提供个性化的学习支持。

《Jake Can Bake》教学案例

一、案例背景

学　　校：成都市读者小学　　　　**年　　级**：三年级

授课教师：徐蒙、杨欣然　　　　**学　　时**：1学时

二、教学设计

（一）设计思想

《Jake Can Bake》是《丽声北极星自然拼读绘本》第三级中的一本故事类读物，该故事主题属于“人与自我”范畴，主题群为“做人与做事”，涉及“家庭与家庭生活”子主题。

从故事情节来看，主要讲述了小男孩Jake为妈妈的生日制作蛋糕的事情。Jake的妈妈的生日要到了，Jake想为妈妈制作一个生日蛋糕，奶奶帮助Jake一起烘焙蛋糕，最后制作完成了给妈妈的蛋糕。

从自然拼读的角度来看，绘本重复出现a-e发音的单词。全文不断出现带有9个a-e音的单词，而且贯穿全文，在学生朗读的过程中，长元音a-e可以得到充分而有效的练习。

从故事主题意义看，作者通过讲述故事的发展过程，使学生明白只要有心并用心，就能做好一件事，即使遇到问题也要积极寻求解决方法。在此过程中，教师要注意引导学生体验人物的情感变化，从而体会人物的性格特质，理解故事含义。

（二）教学目标分析

基础知识：学生能够在故事理解和学习的过程中同时感知、辨别、练习字母组合 a-e 的发音。

基本技能：1. 学生能够借助图片，在故事语境中理解 bake，date，late，make a cake，late，take hands，mix，mess，plate 等关键词含义；

2. 借助图片和关键词梳理故事情节，理解故事大意；

3. 模仿音频，朗读故事。

基本思想：学生能够通过故事情节内容理解、认识到遇到问题不轻言放弃的优秀品质，要根据实际情况和自身能力积极寻求解决问题的方法。

基本活动经验：在教师引导下，总结 a-e 发音规则，举一反三，拼读更多 a-e 词汇。

（三）学习者分析

1. 认知特点。

本节课的授课对象为二年级学生，思维活跃，求知欲强烈，能够产生集体荣誉感，具备一定的推理和判断能力，但是注意力集中的时间较短。

2. 语言储备。

学生使用的教材为人教版小学英语，该教材主要以会话形式教授语言。日常自然拼读教学除了人教版教材中的内容，也会依托绘本开展教学，要求学生能找到故事标题、绘本作者、绘画者等文本信息，能根据图片内容猜测故事情节，具有一定的拼读基础。通过二年级人教版教材和自然拼读绘本的学习，学生已经掌握字母“a”在闭音节中的发音，能较熟练拼读相关词汇，如 cat、dad、map 等。

3. 生活经验。

大部分学生有过为同学、朋友、家长准备生日礼物的体验，但是很少有学生参与蛋糕制作，大部分学生不了解蛋糕制作的过程。

4. 潜在问题。

在拼读 a-e 词汇时，学生易受“a”在闭音节中的发音影响。

（四）学习内容与任务分析

本语篇为配图故事，围绕《Jake can bake》展开。

1. 通过故事图片环游，学生能借助图片信息和已有经验对图片进行描述，预测故事情节，体会人物情感变化，感知语篇的主题意义，培养学生图片观察能力。

2. 通过图片和故事语境引导学生理解文本中关键词 a-e word 的含义，进而理解整个故事大意。

3. 学生在故事学习过程中感知、辨别、练习 a-e word 的发音。让学生在故事学习过程中既习得自然拼读知识，又理解故事情节和故事的主题意义。

（五）教学模式与策略设计

1. 研读绘本，分析学情，预设教学方案。

2. 观察图片，积极预测，建构故事文本。

3. 多元阅读，互动体验，拓展阅读策略。

4. 问题引领，启发思考，拓展思维空间。

5. 品读故事，评价人物，升华情感认知。

（六）阅读资源与环境设计

该语篇为配图故事，本身属于绘本阅读教学的范畴，讲述的是小男孩 Jake 在妈妈生日来临之际，想要为妈妈制作一个生日蛋糕，在历经重重困难后终于成功制作出生日蛋糕的故事。故事文本中穿插了自然拼读知识教学，包含大量的 a-e words，学生在理解故事情节、大意的同时，对 a-e sound 和 a-e word 也得以充分感知、辨别和练习。课后可拓展相关阅读资源，向学生推荐其他含有 a-e words 并且符合学生当下阅读能力的绘本故事，用以巩固延伸。

（七）教学活动过程设计

Step 1：Pre-reading (5mins)

Activity1：Free talk about mum's birthday：围绕妈妈生日话题自由讨论。

Step 2：While-reading (20mins)

Activity2：Look and Answer：绘本封面信息解读讨论。

Activity3：Look，listen and say：图片环游，听故事音频，描述每页故事内容，推测故事情节，理解故事大意。

Step 3：Post-reading (15mins)

Activity 4：借助图片和板书简要复述故事情节。

Activity 5：听音，翻书指读故事。

Activity 6：两人小组数一数故事文本中 a-e word 的数量，并通过板书对整个故事中的 a-e word 进行唱读复习。(eg. a-e /ei/ b-a-bake)

Activity 7 拓展练习：出示更多的 a-e word，学生抢答拼读。(eg. a-e /ei/ l-a-lake)

Activity 8 Summary：利用板书和图片总结归纳故事内容（如何制作蛋糕、遇到困难不轻言放弃）和自然拼读知识（a-e word）。

（八）练习与课外学习设计

1. 向家人分享、朗读该绘本故事《Jake Can Bake》。

2. 唱读复习故事文本中的 a-e word。

3. 阅读绘本《The Snake and the Drake》，理解故事大意并圈出文中的 a-e word尝试拼读。

（九）学习评价设计

学习评价统计见表 4－6。

表 4—6　学习评价设计

	理解故事大意，借助图片和关键词简要复述故事情节	准确、流利朗读故事	找到故事中所有的 a-e word 并正确、流利拼读
Good job（优）			
Not bad（良）			
Come on（不太好）			

三、教与学的实际过程描述

（一）Pre-reading（5 mins）

Activity 1：Free talk about mum's birthday。

师生交流，学生能够在教师的帮助下，借助图片和已有语言知识表达自己会为妈妈的生日做些什么。

（二）While-reading（20 mins）

Activity 2：Look and Answer。

1. 封面信息解读讨论。

呈现绘本封面，教师引导学生观察：一是观察图片人物，二是观察“a-e”字母组合，最后过渡到标题，启发学生合理预测将会发生什么事情，设置悬念，激发学生阅读绘本故事的兴趣。

2. 图片环游第3～5页，了解故事第一部分内容——妈妈的生日要来了，Jake想为妈妈制作一个蛋糕，但是没人能帮他。

（1）教师引导学生仔细观察绘本上的图片，听音频指导学生朗读。

（2）在阅读中教师引导学生感知、辨别a-e word，并指导学生进行拼读，同时板书归纳a-e word。

（3）借助图片解释date、cake、bake、late的含义。

（4）借助板书归纳该部分故事情节，为下一步学生体会人物情感做铺垫。

3. 出示第6页——体验故事人物感受，Jake虽然很伤心但是不轻言放弃。

教师引导学生观察绘本上的图片并思考，在阅读中引导学生留意故事人物感受，在朗读人物内心独白时借助肢体语言、加入情感表达，体会Jake不轻言放弃的决心。

4. 出示第7页——看图片，学生表演P7对话。

学生阅读图片信息，根据自己的理解预测并表演人物对话。

5. 图片环游故事第8～10页，了解故事第二部分内容——Nan与Jake一起为妈妈的生日制作蛋糕。

（1）学生自主阅读第 8～10 页，初步了解蛋糕制作步骤。

（2）教师带领学生再读第 8～10 页，板书总结蛋糕之制作步骤。

（3）邀请学生上台对蛋糕制作步骤进行排序，培养学生的阅读能力与逻辑思维能力。

6. 图片环游故事第 11～12 页，了解故事第三部分内容——Nan 与 Jake 完成了送给妈妈的生日蛋糕的制作。

（1）课件展示门打开，引导学生说出妈妈回来了。课件呈现故事 P11，引导学生观察妈妈的表情，体会妈妈的感受，并询问原因，妈妈究竟看到了什么？

（2）课件出示 P12 图片、文字及录音，验证猜测，得知妈妈看到了一个蛋糕！大家都非常开心。根据图片解释 plate 的意思。引导学生感受这个蛋糕含有的满满爱意，从而感受人物间的情感态度。

（3）引导学生观察图片，询问学生对 Jake 的看法。

（三）Post-reading (15mins)

Activity 3：借助图片和板书简要复述故事情节。

Activity 4：听音，翻书指读故事。

Activity 5：两人小组数一数故事文本中 a-e word 数量，并通过板书对整个故事中的 a-e word 进行唱读复习（eg. a-e /ei/ b-a-bake）。

Activity 6：拓展练习，出示更多的 a-e word，学生抢答进行拼读（eg. a-e /ei/ l-a-lake）。

Activity 7 summary：利用板书和图片总结归纳故事内容（如何制作蛋糕、遇到困难不轻言放弃）和自然拼读知识（a-e word）。

四、学生学习成果

1. 绘本个人朗读、4 人小组分角色扮演故事。

2. 借助图片和关键词复述故事。

3. a-e word 歌谣说唱。

五、教学反思

（一）文本教学反思

1. 在故事学习中穿插 a-e word 教学时，注意教学层次性，封面和前几页中的 a-e word 可由老师直接指出并带读，中间几页的 a-e word 则由老师引导学生找出再带读，最后几页由学生独立找出并拼读，用以检测学生在整个故事学习过程中对自然拼读知识的掌握情况。

2. 学生合作学习活动仅体现在部分故事情节表演和数 a-e word 两个地方，应增加学生合作学习活动设计和读写练习，例如：自主朗读第 8～10 页，并勾画出蛋糕制作步骤的关键词；4 人小组讨论，用英语简单说一说蛋糕制作步骤；小组合作完成练习单，根据图片提示给蛋糕制作步骤排序，根据所给单词在相应的图片下方写上该步骤的关键词；最后以小组为单位上台展示，用英语描述蛋糕制作步骤。

（二）阅读育人反思

从故事主题意义看，作者通过讲述 Jake 给妈妈制作生日蛋糕遭遇重重困难，但最后还是成功做出蛋糕的故事，传递出故事深意：只要有心并用心，就能做好一件事，即使遇到问题也要积极寻求解决方法，才能获得成功。在此过程中，教师要注意引导学生体会人物的性格品质，引导学生对人物做出评价并给出相应的理由，培养学生的批判思维。同时应积极联系学生的生活经验和情感体验进行提问，例如，如果你妈妈生日即将来临，你会为妈妈做些什么或者送什么礼物呢？你用烤箱烘焙过蛋糕或者其他食物吗？你认为做蛋糕有哪些步骤？如果你是 Jake，你会放弃吗？不放弃的话接下来准备怎么做呢？通过头脑风暴激发学生的思考，再联系绘本故事，加深学生对故事情节的理解，提升学生的逻辑思维能力，达到阅读育人的目标。

《块头大不等于强》教学设计

一、案例背景

学　　校：成都市读者小学　　　　　**年　　级**：五年级

授课教师：王晓妮、李寅曦　　　　　**学　　时**：1 学时

二、教学设计

（一）设计思想

《块头大不等于强》是《习近平新时代中国特色社会主义思想学生读本》（小学高年级）的第 5 讲，本讲由中国芯片制造方面遭遇“卡脖子”问题引入主题。接下来分 2 个部分进行阐述，第一部分《经济大块头的“阿喀琉斯之踵”》通过古希腊神话指出“块头大不等于强”，提出我国经济发展的致命弱点就是创新能力不强的问题；第二部分《新发展理念是指挥棒、红绿灯》以创新引入，以点带面，引出新发展理念，并阐述了新发展理念的具体内容及重要性。

读本有文字、有插图，图文并茂；有神话、有事例，具体生动，教学中适宜联系学生生活，帮助学生理解“卡脖子”“块头大不等于强”“命门”等概念；同时，可与习近平总书记最新提出的“新质生产力”相结合，帮助学生深层次理解创新能力和新发展理念，激发他们的创造精神，引导他们从自己做起，落实新发展理念。

（二）教学目标分析

1. 理解“块头大不等于强”的涵义；知道新发展理念的具体内容和重要性。

2. 简单了解新质生产力及其和创新、新发展理念之间的关系。

3. 理解科技创新对个人进步和国家发展的重要性，树立创新意识和主人翁意识，从自己出发，落实新发展理念。

（三）学习者分析

本班学生具备初步的创新意识，有一定的创新能力，但对于为什么要创新、怎样创新、新发展理念的内涵、创新和新发展理念之间的关系理解较零散和浅显。教师需将“卡脖子”“块头大不等于强”“新质生产力”“新发展理念”等专业术语转化成学生听得懂的话，再通过生活化的事例，引导学生理解创新的重要性、紧迫性，树立创新意识，落实新发展理念。

（四）学习内容与任务分析

理解“块头大不等于强”的涵义；知道新发展理念的具体内容和重要性，理解科技创新对个人进步和国家发展的重要性，树立创新意识和主人翁意识，从自己出发，落实新发展理念。

（五）教学模式与策略设计

1. 采用启发式教学法，以启发学生的思维为核心，调动学生的学习主动性和积极性。

2. 多媒体情境教学法，利用多媒体和视频，采用图文并茂的形式充分调动学生的情感和想象力。

3. 小组讨论法，可以帮助提高学生的学习效果和综合素质，调动学生课堂的积极性。

4. 案例教学法，组织学生对案例进行思考、分析、探究等活动。有助于学生理解所学知识，培养学生分析问题和解决能力的问题。

（六）教学活动过程设计

1. 环节一：复习激趣，初识芯片。

（1）复习导入，链接内容。

回顾旧知《唯改革才有出路》，引出我国创造了世所罕见的经济快速发展奇迹，我国经济总量已稳居世界第二位。

补充目前有些领域我们还处于落后的状态，因为“块头大不等于强”，这就是今天我们要学习的新课。

（2）观看视频，初步感受。

利用 PPT 教学让学生认识华为公司，引出华为公司实力如此强大，了解华为公司取得的众多成就。

播放新闻视频：《美国对华为的三轮制裁》。观看视频，了解美国制裁华为事件，引起学生思考。

（3）了解芯片，感受科技。

阅读教材第 26～27 页内容。引导学生了解芯片是什么，哪些地方需要用到它？

教师引导学生了解我国芯片发展现状，了解芯片制造是我们目前遭遇的“卡脖子”问题。

播放音频：听习爷爷阐述关键核心技术的音频，了解核心技术的重要性。

2. 环节二：预习反馈，了解“卡脖子”。

（1）了解我国经济大块头。

请 1～2 位同学分享故事《阿喀琉斯之踵》，说说阿喀琉斯被射杀的原因。

（2）了解我国其他领域“卡脖子”问题，感受科技创新的重要性。

根据课前搜集的资料说说我国面临的“卡脖子”现象有哪些？学生交流，相互补充。

从习爷爷的话中再次感受科技创新对国家发展的重要性。

3. 环节三：创设情景，理解新发展理念。

（1）了解新发展理念的具体内容和重要性。

PPT 出示演奏会指挥棒和红绿灯图片，通过图片（指挥棒、红绿灯）帮助学生理解新发展理念的重要性。

齐读习语，有助于学生理解理念的重要性以及理念与行动之间的关系。

阅读读本第 31 页的图文，通过图文并茂的方式了解新发展理念的具体内容以及分别要解决哪些问题。

（2）了解新质生产力及其与创新和新发展理念之间的关系。

课前调查，教师提问什么是新质生产力以及它与创新和新发展理念之间的关系？

播放视频《三分钟读懂新质生产力》。通过课上观看视频了解中国经济发展最新趋势和要求，初步了解新质生产力。

（3）了解发展新质生产力的成都做法，树立创新意识。

观看新闻联播，了解家乡经济和科技发展。

结合读本第 29 页的内容，分享感受，反思交流。

教师进行课堂总结，激发学生的家国情怀，激励学生从自己出发，落实新发展理念，激发主人翁意识。

三、学生成果

1. 了解“块头大不等于强”的涵义；知道新发展理念的具体内容和重要性。

2. 理解科技创新对个人进步和国家发展的重要性，树立创新意识和主人翁意识，从自己出发，落实新发展理念。

3. 养成勤于探索，勇于创新的精神。

四、教学反思

1. 本课采用小组讨论法。学生了解了芯片的用途、重要性，从典型的高端应用到普通的日常使用，了解了我国芯片行业目前的整体发展现状及面临的主要问题。

2. 课前学生通过预习单进行了导学，通过课堂反馈，教师发现学生搜集信息途径较多，整理信息能力也逐步增强，但是透过现象看本质的分析能力还有待加强。

《古诗大作战——学习障碍跑》教学案例

一、案例背景

学　　校：成都市读者小学　　**年　　级**：二年级

授课教师：赵娜、刘星余　　**学　　时**：2 学时

二、教学设计

（一）设计思想

“五育融合”是素质教育的必然要求，是促进学生全面发展的必要手段，将阅读教育融入日常学科教学中还需要教师付出更多努力，教师教学也面临多种挑战。小学体育教学使命和责任重大，在学习中融入“阅读育人”理念，在教学中不断丰富教学活动，力求为学生营造全面发展的育人环境。小学阶段是学生世界观、人生观、价值观形成的重要时期，在体育课程中应用阅读元素能够潜移默化培育学生核心素养，为学生良好阅读习惯的形成打好基础。教师在教学中坚持“阅读育人”能够帮助学生树立健全的人格、完整的价值体系，有利于培养学生的自主性、能动性和独立性，帮助学生以积极健康的心态投入到生活和学习之中。

“古诗大作战”（水平一）综合运用语文学科中李白的《静夜思》，通过“古诗大作战”（学习障碍跑）和“古诗终极挑战赛”游戏形式，指导学生在体育课程中学习与巩固阅读古诗，开展各种障碍跑学练。本活动的设计目的是让学生了解与巩固李白的古诗，结合不同形式的障碍跑，运用游戏比赛的形式让

学生在“动中读、读中动”，促进学生的全面发展。本案例创设古诗学习情境，为学生布置了开放性的学习任务，鼓励学生通过团队合作来完成。本案例活动分为课外和课内两部分：课外活动收集、了解诗人李白生活经历以及朝代背景资料；课内活动主要是在教师的引导下，小组合作完成各种预设情景障碍赛、闯关赛，以及诗词拼图等比赛，从而提高学生运动、空间思维、小组组织协调、沟通与表达、决策与反思等能力。

（二）教学目标分析

1. 运动能力目标：综合运用阅读、语文、信息技术等知识与技能，了解诗人写诗情景以及古诗词大意。初步学会障碍跑练习及动作要领，培养学生的反应能力及灵敏性、协调性。

2. 健康行为目标：在“古诗大作战”游戏过程中，学生学会多种跑步方式以及穿越障碍的技能，同时培养遵守规则，听从老师口令以及与同学沟通配合的能力。

3. 体育品德目标：通过古诗游戏闯关跑、障碍赛、诗词拼图等比赛形式，提高学生运动能力、空间思维能力以及小组组织协调、沟通与表达、决策与反思等能力。

（三）学习者分析

1. 生理特点：二年级学生正处于自我意识萌发的时期。孩子们形象思维非常活跃，动作灵活性高，喜欢与伙伴们共同游戏、学习，对体育比赛兴趣高涨。让孩子学会独立实践、探索问题是很好的教育实践方式。

2. 心理特点：二年级学生，年龄在 8 岁左右，朝气蓬勃，富于想象力和挑战精神，好胜心强，爱表现自己，喜欢与同伴一起参与学练，适合培养同伴间互爱互助精神，积极发扬团队精神。

3. 运动能力：二年级的学生已经对小学体育课有了简单且基础的认识，正在形成正确的学习动机，强化常规意识和自我意识。这使得他们能够以积极、愉快的状态投入到学习和交往中，学会体育锻炼方法的并完成体育锻炼中的基本要求。在开展障碍跑阅读教学时，学生们热情高涨，练习积极，新颖的教学方式对他们具有很大的吸引力比较大。

（四）学习内容与任务分析

本教学设计围绕跨学科主题“古诗大作战”（水平一）进行活动设计，让学生通过阅读古诗了解古诗大意，创设情景教育，引导学生在体育活动中综合运用阅读、语文、信息技术等知识与技能。

1. 通过创设诗人写诗的情景，培养学生的阅读意识和了解诗词大意。

2. 通过古诗游戏闯关跑、障碍赛等形式提高学生的自主学习、合作学习、探究学习、解决问题等方面的能力。

3. 培养学生自信自强、遇到困难时勇敢克服、与人友好相处、团结协作等良好品质。

（五）教学模式与策略设计

小学体育课程跨学科主题学习——融入阅读教育，主要目标是“阅读育人”及运用跨学科知识解决问题。体育教学模式让学生向着主动学习的方向发展。传统体育教学模式是以教师为中心构建的，学生始终处于被动学习状态。随着新的体育课程标准的实施，教学模式也在不断创新与完善。本案例采用“情景化教学模式”与“探究发现模式”让学生“处在诗人的朝代”，感受古诗的大意，同时，在体育锻炼中探究古诗词，在与古诗词合作运动中发现学习的乐趣。

（六）阅读资源与环境设计

小学体育课程融入阅读教育。

1. 学校文化精神引领体育与健康课程。

成都市读者小学是全国第一所“读者”品牌冠名学校，是“读者·中国阅读行动”全民阅读基地。学校体育与健康课程在学校文化精神引领下开展跨学科教育融入阅读，创设有趣的阅读情境，让学生通过游戏、练习动作技术、闯关挑战等运动形式与阅读有效结合。学生既完成了体育锻炼目标，又体会到了阅读的乐趣，从而丰富了教学活动，实现了“阅读育人”教育教学理念。

2. 强调创设各种阅读情境。

创设情境学习的目的在于提高学生运用跨学科知识和思维解决问题的能力。“读育”课程构建与实施，强调创设各种阅读情境，探索推进融合阅读课堂构建，为学生健康、全面发展提供更多的时间和空间。体育与健康课程中的融入阅读教育需要创设多种情境让学生进行阅读探究，激发学生的跨学科学习思维，将运动技术学习与阅读知识进行融合。

3. 注重“五育”之间的融合。

小学体育课程中融入阅读教育的目的是促进学生的全面发展，体育既可以培育学生的体育品德、提升学生的智力水平，也可以让学生快乐学习、健康成长。跨学科学习的融合阅读教育要求以体育为中心实现对学生阅读方面的教育，例如，在集体跑中融入古诗词口号，在篮球原地运球中融入经典语句，在障碍跑中设施诗词闯关，在韵律操中选取诗词儿歌等。

（七）教学活动过程设计

教学活动过程设计见表4－7。

表4－7 教学活动过程设计

学习任务	学生活动	教师组织	活动意图
①了解诗人李白的生活经历，学习古诗《静夜思》诗词大意，观看相关视频。	①通过信息技术手段对古诗背景进行学习。 ②小组合作探究学习，分析诗词大意。	①引导学生学习诗人李白的经历，朝代历史，从不同角度分析诗人作诗意境。 ②在学生遇到困难时，及时给予帮助，鼓励学生进行小组学习与交流。	①通过学习，了解诗人李白所在朝代的历史背景以及诗人一生的遭遇。 ②尝试通过团队合作与交流解决问题，以积极的状态投入探究活动中。

续表

学习任务	学生活动	教师组织	活动意图
②“古诗大作战”（学习障碍跑）	①了解障碍赛跑的技术要领，提高钻跨小障碍身体动作协调性、速度、灵敏度。 ②灵活设计各种跑的形式、路径、障碍和游戏规则；小组合作拿到诗词卡片，然后进行“拼古诗”比赛。	①导入“古诗大作战”的情境，利用《静夜思》诗歌自编操进行准备活动练习。 ②引导学生自主学习各种跑穿越障碍的技术要领。 ③引导学生积极创编障碍跑的游戏方法和规则；关注个体差异，有针对性地采用相应的教学方法，增强学生自信心。	①通过各种形式跑的比赛练习，掌握科学的锻炼方法。 ②通过障碍跑练习提高身体动作灵敏性、协调性。 ③通过创编新的游戏，发展实践创新能力，锤炼团结协作、勇敢顽强、吃苦耐劳的优良品质。
③“古诗挑战赛”：向上吧！古诗、古诗拼图赛、看谁拼得快。	①向上吧！古诗： 设计闯关跑游戏赛获得古诗拼图，规定时间闯关项目越多古诗拼图越多。 ②古诗拼图赛：通过接力赛形式小组合作上一游戏环节获得的古诗拼图来完成古诗拼图。 ③看谁拼得快：考验学生的识字量以及检验古诗的掌握程度。	①指导学生完成不同闯关项目，并遵守游戏规则，注意运动中的路线。 ②引导学生积极主动投入到创设的场景中。 ③根据古诗音乐背景激发学生学习热情以及熟悉掌握古诗内容。	①通过布置不同闯关游戏激发学生学习兴趣，提高学生身体素质。 ②综合运用语文、信息技术等知识，发展学生创新思维，体验游戏的快乐。

（八）练习与课外学习设计

练习与课外学习设计见表 4-8。

表 4-8 练习与课外学习设计

使用时段	作业类型	作业内容	完成形式（独立、同学或家人等共同完成）	运动负荷（次数、运动时长）
课前	基础性作业	1. 收集、了解诗人李白生活经历以及朝代背景资料。	同学、家人共同完成	1 次，时长 5 分钟
		2. 体能训练：小步跑、高抬腿等	独立完成	1 次，时长 5 分钟
	发展性作业	1. 搜集李白的古诗词并背诵《静夜思》。	独立完成	1 次，时长 5 分钟
		2. 亲子游戏《我说你练》。	同学、家人共同完成	1 次，时长 5 分钟
课中	基础性作业	1. 小组合作探究学习，了解李白。	小组完成	1 次，时长 5 分钟
		2. 熟悉障碍跑游戏规则。	小组完成	1 次，时长 5 分钟
	发展性作业	1. 古诗背诵《静夜思》。	独立完成	1 次，时长 5 分钟
		2. 生字、生词熟悉。	独立完成	1 次，时长 5 分钟
		3. 古诗词大赛。	小组完成	1 次，时长 5 分钟
课后	基础性作业	1. 背诵李白的其他古诗，准备下节课的古诗挑战赛。	同学、家人共同完成	1 次，时长 5 分钟
		2. 体能训练：跳绳。	独立完成	5 次，时长 5 分钟
	发展性作业	1. 亲子古诗比赛。	同学、家人共同完成	1 次，时长 5 分钟
		2. 自制障碍跑小游戏。	同学、家人共同完成	1 次，时长 5 分钟

（九）学习评价设计

学习评价设计见表 4－9。

表 4－9　学习评价设计

评价与考核内容	评价和考核方式	评价标准
学习过程性评价（学习态度、学习兴趣、学习能力） 40 分	1. 制定学生过程性评价表。 2. 根据学生课堂表现进行及时打分。 3. 制定学生自评互评表。 4. 学生自评和互评打分。 5. 结合过程性评价分数和自评互评分数对总分进行展示与分析，分析同学们扣分点，学生总结自身需要改进的地方。	愿意为班级做贡献，班级榜样，遵守规则，乐于助人，学习积极，集体荣誉感强，同学关系融洽。
学习行为（家庭作业完成情况） 20 分	1. 制定家庭作业打卡任务。 2. 记录学生完成家庭作业情况。 3. 制作家长监督作业完成评分表。 4. 家长对孩子的家庭作业完成情况进行打分。 5. 学生对最后得分进行分析，给出改进措施。	A 等：认真完成家庭作业打卡，不缺勤，家长对学生完成作业态度和质量高度评价，自我分析精准，并给出合理的进步方法。 B 等：认真完成家庭作业打卡，缺勤次数在 10 次以内，家长对学生完成作业及态度比较满意，自我分析精准，并给出合理的进步方法。
古诗词比赛意识 40 分	古诗词熟练，比赛意识强。	A 等：技术动作规范协调，运用效果良好；战术意识及个人表现能力很强。 B 等：技术动作较规范协调，运用效果良好；战术意识及个人表现能力较强。

三、教与学的实际过程描述

1. 课堂导入。

教师：中国五千年的悠久历史，孕育出了古典诗歌这部文化宝典。无数文学俊杰在中国历史上写下了绚丽多彩的篇章。同学们朗朗的吟诵使我感受到你们一个个都像儒雅的“小诗人”。请问“小诗人”们，中国古代有一位伟大的诗人，被称为诗仙，你们知道他是谁吗？学生回答：李白。教师：那你们期不期待体育与古诗词相遇的课程？让我们一起来一场不一样的古诗奇妙之旅吧。

2. 准备部分。

教师情景带入：同学们，我们来到了大唐盛世，现在我们位于扬州，让我们跑起来，逛逛扬州吧。这里有一位诗人，离开自己的家乡很久了，想家了，我们一起来体会一下他的心境。

3. 基本部分。

（1）“古诗大作战”（学习障碍跑）。

（2）“古诗挑战赛”：向上吧——古诗挑战赛；古诗拼图赛；看谁拼得快。

（3）体能大挑战：跳生字垫。

4. 结束部分。

（1）放松操。

（2）课后小结。

（3）收拾器材、师生道别。

四、学生学习成果

1. 情境教学让学生切身体会诗人当时所处境地，了解诗词背景。

2. 在运动过程中熟练背诵古诗。

3. 身体素质逐步提高，运动技能逐步提升。

4. 体能练习运用生字垫让学生对生字印象加深。如图 4-6 所示。

图 4-6

五、教学反思

（一）文本教学反思

本教学案例采用引入教学情境、进行探究学习的教学方法，让学生在自主的空间里，自由想象与学习。在障碍跑教学过程中，要求学生用各种方法跑过、跳过、爬过、绕过若干障碍物取得古诗卡片并完成拼图和背诵古诗闯关。在游戏各环节中让学生体验学习古诗的乐趣，边学边玩，玩中学、玩中思，激发学生探究思维，提高课堂学习效率。通过这节跨学科阅读融合障碍跑的教学课，教师发现对学生的创造性培养应该从小开始。从小学低段入手，使学生形成创新性学习的习惯，不仅能使学生获得更多的知识与技能，挖掘出更多的潜能，而且还能使学生形成创新的意识和能力，获得更多的成功体验。

（二）阅读育人反思

通过丰富的教学活动形成"阅读育人"的案例，教师深刻认识到了体育教学以德树人的重要性以及"五育"融合对小学生成长的重要性。然而，五育教育不是一种表象教育，也不是一种刻意而为的教育，它是在无形中渗透于学科教学的始终，留给学生自然而深刻的影响。教师要以丰富的教学活动为载体，从融入阅读教育入手为学生构建五育育人的环境。师生互动活动，能让师生关系更为亲密融洽，优良道德品质和正确价值观的渗透就有了滋润的土壤；小组合作活动，能激发学生的主动性，学生在集体力量的带动下所体现出来的智慧让智育之光灿烂多彩；多样的实践活动，是劳有所得、动有所获的展现，是身体力行的平台，学生劳体意识会油然而生；不同的情境体验活动，使学生在不同的场景中体验体育之美。

"阅读育人"让学生在体育课堂中学得快乐、学得主动、学得富有成就感，实现课堂良性互动。在今后的体育教学中，教师应创新更多的教学活动，融入五育教育，让学生真正爱学、乐学，使每位学生都能学有所获，最终得到德、智、体、美、劳全面发展。这是任重而道远的一件事，教师以一颗真诚的教育之心，付出满满的教育行动，促进“阅读育人、五育融合”在体育课堂中生根发芽，为促进学生综合素质的提高努力前行。

《体育与健康》教学案例

一、案例背景

学　　校：成都市读者小学　　**年　　级**：三年级

授课教师：尹腾、卿明铭、张耀魏　　**学　　时**：1学时

二、教学设计

（一）设计思想

本单元教学设计树立“健康第一”的指导思想和以学生发展为中心的教育理念，结合三年级学生生理、心理特点，将运动实践的情境教学贯穿始终，让学生在有趣的情境中，积极主动地学习，使学生乐学、愿学、想学，充分调动学生的学习积极性。创设自主、合作、探究学习的空间，培养学生创新精神和实践能力，发展学生个性和特长，重视学生的全面发展，为学生形成终身体育意识和养成良好的运动习惯打下基础。

（二）教学目标分析

运动能力：全体学生了解立定跳远规则，80％同学能够初步掌握立定跳远的正确技术动作；剩余20％同学能说出立定跳远的基本动作，并能跳到一定的距离，平稳着地。发展学生下肢力量，提高反应、速度、灵敏度等。

健康行为：通过立定跳远练习及游戏的参与，树立学生安全意识，使学生能保护自己也能保护同学，运动后能合理补充膳食和饮水，保持良好的心态面对学习中遇到的困难。

体育品德：学生能够愉快地参与到练习和游戏中，在游戏比赛中培养学生顽强拼搏、坚毅果断、胜不骄败不馁的意志品质以及相互配合的团队精神。

（三）学习者分析

三年级学生大都在9岁左右，他们在一、二年级进行了立定跳远的学习，但只是初步掌握了简单的跳远方法。到了二年级，要在一年级的基础上，加强巩固立定跳远技术，到了三年级，他们的模仿能力更强，更容易理解技术动作。在学习的过程中，学生是学习的主体，要让学生能积极主动地学习，选择方法是很重要的。根据学生的年龄特点和心理特点教学，如果只是让学生一味地跳，会使学生感到厌烦。据观察了解，小学生对不同的练习方式有不同的新鲜感，为了能使本课的情境更符合学生的心理，本次课采用了不同的练习方式，例如横排跳远比赛、半场跳远比赛等，以此引导学生以积极的态度去参与练习。

（四）学习内容与任务分析

学习内容分析：本内容选自人教版《体育与健康》水平二第三部分第四章第二节跳跃的教材。跳跃是进一步发展三年级学生身体活动能力的重要教学内容；立定跳远是三年级体育教学的重点学习内容。

学习任务分析：主要任务是要学会两脚同时用力蹬地向前上方起跳，身体充分伸展，落地要屈膝缓冲。因此，教学中应着重解决两个问题：

1. 培养学生正确的跳跃姿势，为学习急行跳远发展打下基础；

2. 学生学会轻巧落地的方法，增强安全参加体育活动的意识，提高自我保护的能力。

（五）教学模式与策略设计

从学生的主观能动性出发，从教学的情感入手，创设符合学生年龄特点的生动、活泼、和谐的学习氛围，激发学生的情感，唤起学生的自主性，以教师的“乐教”到学生的“乐学”为中介。

（六）阅读资源与环境设计

把技术动作编成口诀，让学生易读易懂，如本次课立定跳远的准备姿势可以归纳为“双脚分开与肩宽，脚尖站在线后面”；起跳的动作归纳为“双手用力前后摆，双脚用力跳向前”；落地动作归纳为“落地屈膝要下蹲，站得最稳是关键”，把整个技术动作用诗歌的形式呈现，和同学们一起朗读，让同学们加深印象。在练习中一边读动作，一边做动作，读与做相结合。

（七）教学活动过程设计

教学活动设计过程见表 4－10。

表 4－10　立定跳远教学活动设计表

<table>
<tr><td>学校</td><td colspan="2">成都市读者小学</td><td>班级</td><td colspan="4">三年级二班</td></tr>
<tr><td>课型</td><td colspan="2">新授课</td><td>人数</td><td colspan="4">45 人</td></tr>
<tr><td>课次</td><td colspan="2">第三节</td><td>教师</td><td colspan="4">尹腾</td></tr>
<tr><td>教学内容</td><td colspan="7">立定跳远</td></tr>
<tr><td>教学目标</td><td colspan="7">1. 运动能力：通过学练和游戏比赛，学生能够初步掌握双脚跳跃的基本能力，能做到双脚同时起跳、同时轻巧落地，发展学生下肢力量。
2. 健康行为：养成良好的锻炼习惯，运动后能合理膳食，树立安全意识，保持良好的学习心态。
3. 体育品德：比赛中培养学生顽强拼搏、坚毅果断、胜不骄、败不馁的意志品质以及相互配合的团队精神。</td></tr>
<tr><td>教学重点</td><td colspan="7">弹性屈伸与快速有力起跳相结合。</td></tr>
<tr><td>教学难点</td><td colspan="7">上、下肢动作协调配合。</td></tr>
<tr><td>教学过程</td><td>教学内容</td><td>组织</td><td>教师活动</td><td>学生活动</td><td>数</td><td>时</td><td>强</td></tr>
<tr><td rowspan="2">准备部分</td><td>一、课堂常规
1. 体育委员整队集合、师生问好、清点人数。
2. 宣布本课内容及要求。
3. 检查着装、安排见习生。</td><td>四列横队
×××××
×××××
×××××
×××××
◎</td><td>1. 教师语言清晰、声音洪亮。
2. 讲解课堂要求及任务。
3. 安全教育。</td><td>1. 认真听讲精神饱满。
2. 衣着大方得体。</td><td>1</td><td>1</td><td>个</td></tr>
<tr><td>二、热身活动
1. 队列队形练习。</td><td>四列横队
×××××
×××××
×××××
×××××
▲</td><td>1. 教师口令清晰、声音洪亮。
2. 师生同做。</td><td>1. 听从指挥。
2. 口令洪亮。
3. 方向正确。</td><td>2</td><td>3</td><td>小</td></tr>
</table>

续表

教学过程	教学内容	组织	教师活动	学生活动	数	时	强
准备部分	2. 游戏：找朋友。 方法：在慢跑过程中，当听到老师喊出数字后，就几个同学抱在一起，没有按照数字要求抱在一起的同学原地下蹲2次。	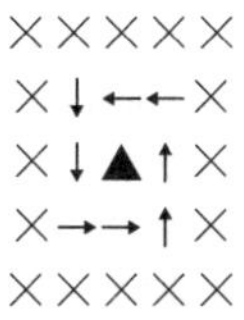 ××××× ×↓←←× ×↓▲↑× ×→→↑× ×××××	1. 教师讲解游戏规则。 2. 组织学生练习。	1. 积极参与游戏。 2. 遵守游戏规则。 3. 正确面对游戏结果。	5	2	中
	3. 行进间准备活动。 头部运动。 扩胸运动。 振臂运动。 腹背运动。 正、侧压腿。 膝关节运动。 手腕踝关节运动。	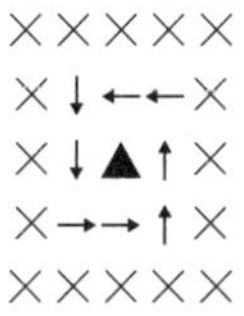 ××××× ×↓←←× ×↓▲↑× ×→→↑× ×××××	1. 口令清晰。 2. 声音洪亮。 3. 教师领做。	1. 按口令完成动作。 2. 动作正确。 3. 充分活动关节。	1	2	中
	4. 专项准备活动。 并脚前后跳。 并脚左右跳。 单脚交换跳。	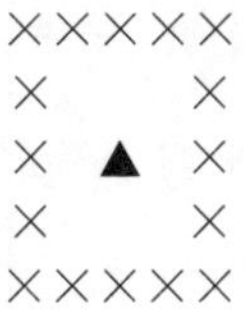 ××××× ×　　　× ×　▲　× ×　　　× ×××××	1. 教师口令指挥。 2. 组织学生练习。	1. 按照要求完成动作。 2. 遵守游戏规则。	1	2	中
基本部分	一、学本领 集体练习3～4次。 利用口诀练习：双脚分开与肩宽，脚尖站在线后面，双手用力前后摆，双脚用力跳向前，落地屈膝要下蹲，站得最稳是关键。	组织： 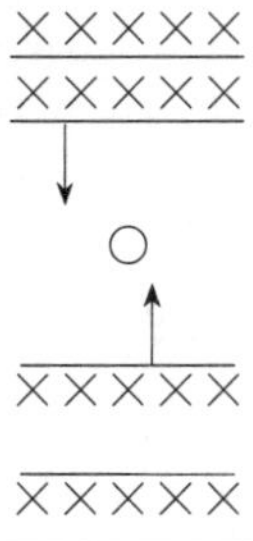 ××××× ××××× ↓ ○ ↑ ××××× ×××××	1. 教师讲解示范技术动作（正面、侧面）。 2. 组织学生练习，口令统一指挥。 3. 评价、纠正动作。	1. 认真听教师讲解。 2. 仔细观察老师的示范动作。 3. 积极练习注意练习安全。	4	25	中

续表

教学过程	教学内容	组织	教师活动	学生活动	数	时	强
基本部分	二、练本领 向前跳出，比比谁跳得远落地稳。	组织： 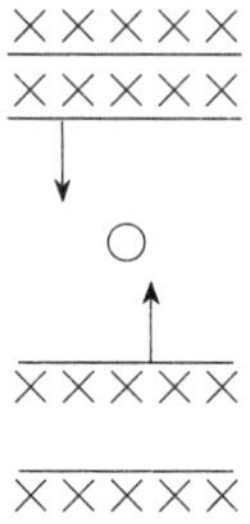 ××××× ××××× ↓ ○ ↑ ××××× ×××××	1. 组织学生徒手进行练习（3～4次）。 2. 集体纠正错误动作，再次练习（1～2次）。 3. 个别纠正。 4. 小组展示。	1. 仔细观察教师示范动作，积极模仿。 2. 小组按要求完成练习任务。 3. 积极投入练习，注意练习安全。	6	25	中
	三、赛本领 分组比赛	组织： 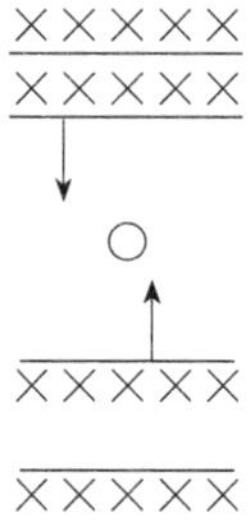 ××××× ××××× ↓ ○ ↑ ××××× ×××××	1. 教师讲解规则。 2. 每个小组同时进行比赛。 3. 组织学生练习。	1. 认真听教师讲解比赛要求。 2. 积极投入比赛，注意比赛安全。	5	25	大
	四、游戏 技术提升（立定跳远比赛），石头、剪刀、布，赢的同学向前跳，到达指定位置后，另一位同学连续跳到终点。	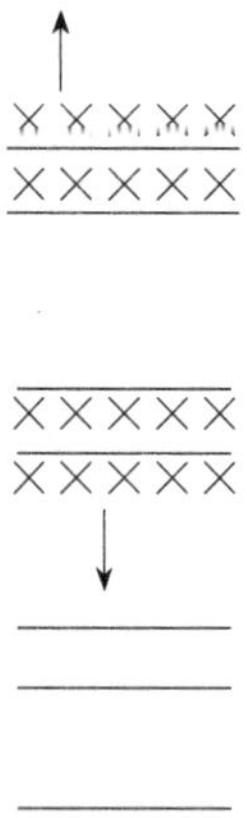 ↑ ××××× ××××× ××××× ××××× ↓	1. 教师示范方法。 2. 强调练习规则。 3. 安全教育。	1. 仔细观察教师示范动作，积极模仿。 2. 小组按要求完成练习任务， 3. 积极投入练习，注意练习安全。	4	25	大
结束部分	一、放松活动 1. 拉伸练习。 2. 有节奏拍打小腿及大腿。 二、小结本次课 三、收拾体育器材	 ××××× ××××× ××××× ××××× ◎	1. 教师口令统一指挥。 2. 组织学生进行放松练习。	1. 按要求完成放松任务。 2. 积极投入练习。	1	5	中小

* 数：练习次数；时：练习时间（分种）；强：练习强度。

（八）练习与课外学习设计

课前练习：先进行热身活动，双脚跳跃锻炼 15～20 次，轻巧落地；观看立定跳远的视频。

课中练习：先进行热身活动，立定跳远 10～15 次，轻巧落地；与同学进行定距离跳远练习。

课后练习：先进行热身活动，立定跳远 8～12 次，轻巧落地；与家人进行立定跳远比赛。

（九）学习评价设计

学习评价设计见表 4－11、表 4－12。

表 4－11　立定跳远综合性评价表

内容	知识	能力	态度
立定跳远	能讲述立定跳远的方法。	能做到：双脚同时起跳落地，上、下肢协调配合。大部分学生都能完整地做出立定跳远的技术动作。提高学生的跳跃能力。	在学练与游戏过程中表现出主动积极参与，与同伴友好合作，积极进取等学习态度和行为。
评价建议（仅供参考）	1. 要以发展的眼光对学生学练的态度、练习质量、行为表现等给予客观、综合评价。 2. 目的是帮助学生学会和掌握正确的动作方法，激发学生兴趣，提高学生学习积极性。 3. 评价重点是掌握立定跳远的基本动作，能将动作紧密衔接，并在活动中建立良好的同学关系，培养团结协作的优秀品质。 4. 评价的方式可以有：学生自评、师生互评、综合性评价，根据学习情况进行等级评定。		

表 4－12　立定跳远量性评价表

等级 / 类别	超级无敌“战神”	所向披靡“少将”	奥利给“战士”	奋发图强“黑马”
立定跳远	掌握技术动作的基础上，跳远成绩很突出。	掌握技术动作的基础上，跳远成绩略有小成。	基本掌握立定跳远的技术动作。	还需努力掌握!

续表

等级 类别	超级无敌 “战神”	所向披靡 “少将”	奥利给 “战士”	奋发图强 “黑马”
男生	跳远达标：1.65m	跳远达标：1.5m	跳远达标：1.4m	跳远达标：1.3m以下
女生	跳远达标：1.5m	跳远达标：1.4m	跳远达标：1.3m	跳远达标：1.2m以下

三、教与学的实际过程描述

在实际的教学应用中，教师通过不同的练习手段和方法，让同学们在不知不觉中进行了多次练习，同时也不会让学生觉得枯燥乏味。学生在游戏环节更是乐此不疲，主动积极地投入练习。好胜心强，是该年段学生的特性，要抓住这一学生特性。教师真正做到精讲、学生做到多练并组织同学常赛。提高下肢力量，促进身体健康成长。

四、学生学习成果

通过口诀式的技术学习，学生对立定跳远的技术动作的理解更为深入，明晰了犯规的判定标准，知道了立定跳远需采用双脚分开与肩同宽的起跳准备姿势，能跳到一定的距离。通过游戏设计，学生积极投入，做到学中玩、玩中学、学中思。

五、 教学反思

（一）文本教学反思

1. 三年级学生的学习热情很高，教师的语言引导和语言评价非常关键，因此，以“游戏”和“闯关”创设情境来贯穿整节课才能有效地激发学生的学习兴趣，尤其是游戏环节，既对学生的立定跳远技术动作进行了巩固，也提高学生学练兴趣。

2. 本课器材简单、队形组织简洁，做到了场地、器材使用效率最大化，有效提高了课堂练习密度和运动负荷，激发了学生的学习兴趣，提升了学生的跳跃能力。

3. 在游戏“剪刀、石头、布”中培养学生团队合作意识和遵守规则意识，激发和培养学生的竞争意识。

（二）阅读育人反思

通过阅读立定跳远的口诀，加深学生对立定跳远动作技术的理解；体育运动的技术动作解释较为复杂，学生不容易理解本质，把复杂的技术动作阐述转化成七字口诀，简单易懂。学生一边阅读一边做动作，把读和做有效结合起来，可以更快、更好地掌握技术动作。

《时令好物 “青”得我心》教学案例

一、案例背景

学　　校：成都市读者小学　　**年　　级**：三年级

授课教师：宋萌、秦雅珊　　**学　　时**：1学时

二、教学设计

（一）设计思想

1. 资源优势—学校楼顶建立了生态农场。

学校开辟教学楼楼顶空地，建立了空中生态农场，采用生态发酵法自制肥料，利用环保种植箱进行生产劳动，根据时令和节气采购种子，开展种植、移栽、采摘、制作化肥、除草、除虫等系列劳动课程；同时将农场课程与中华传统文化、美术、科学、心理、综合实践等课程进行融合。

2. 校家社合作，以劳助德，全面发展。

劳动教育具有树德、增智、强体、育美的综合育人价值，《义务教育劳动课程标准》（2022年版）中指出学校在实施劳动课程时要始终以开放的姿态，积极与家庭和社区紧密合作，构建“家庭—学校—社区 ”一体化劳动教育环境。家校合作，一方面，设计家庭日常劳动清单，家长指导、陪伴孩子共同完成劳动任务，使学校劳动课程和家庭劳动教育建立关联，让孩子习得的劳动技能得到及时的应用和巩固。另一方面，开展家长劳动课堂，邀请家长能手进校进行技能指导。校社合作，一方面邀请社区相关人员到校共同参与、制定学校

《劳动教育实施方案》，另一方面，邀请劳动模范、能工巧匠进校做劳动技能指导，校家社合作，三教合力，以劳助德，助力学生全面发展。

3. 构建“跟着节气趣劳动”跨学科融合课程。

采用“1+4+24”原则，构建“跟着节气趣劳动”融合课程，“1”代表一年，“4”代表四季，“24”代表二十四节气，每个节气以一种时令蔬菜（时令好物）为主题设计系列课程，覆盖日常生活劳动、生产劳动和服务型劳动三大类别，以劳动学科为主，融合语文、数学、科学、美术等学科。

（二）教学目标分析

1. 让学生了解清明节的起源、习俗和青团的由来；学习制作青团的基本步骤和方法。

2. 让学生能正确、独立完成制作青团的整个过程；掌握蒸制这种烹饪方法；尝试制作不同口味的青团。

3. 让学生感受节气和食物之间的关系，初步建立健康饮食的观念；养成良好的烹饪习惯和卫生整理习惯。

（三）学习者分析

学校是一所城郊次新小学，只有 3 个年级，本次授课对象是 3 年级 2 班。该班学生热情活泼，喜爱动手，劳动兴趣浓厚，家长认可度和支持度高。学生有做汤圆、包饺子的经验，已掌握和面、擀皮、包馅儿的基本方法和水煮的烹饪方法；但是，通过前期调查，教师发现他们对清明节的习俗、艾草的植物的特点、青团食物的由来和制作方法了解较少。

（四）学习内容与任务分析

本课是以春季清明节气中的时令好物——艾草为主题设计的系列课程中的一课。本节课学生需要了解清明节的起源、习俗和青团的由来，掌握制作青团的基本步骤和方法，并在实践中养成良好的烹饪习惯和卫生习惯。

（五）教学模式与策略设计

1. 采用跨学科主题学习法，以劳动课为依托，综合运用其他学科相关知识和方法，以清明时节时令好物——艾草为主题，开展学习活动。

2. 采用项目式学习方式，基于学生真实生活情境构建学习任务，以问题探究为驱动力，以学生调查研究、亲身观察、动手实践为主要方式。

（六）阅读资源与环境设计

学校一直以“读书以传文承粹，育人以成德达才”为精神引领，秉承“书香致远，体健德雅”的办学理念，恪守“好好读书，天天进步”的校训，致力于培养“雅德尚美、睿智阳光、灵动向上的小读者”。学校有图书馆、学生阅读馆、书香长廊等，每年读者出版集团会赠予学校大量图书，其中就包含了“二十四节气”绘本，本课绘本《清明节》是其中一册。

（七）教学活动过程设计

1. 绘本激趣引入，了解清明节气。

（1）利用绘本故事《清明节》，了解清明节气，感知中国传统文化。

（2）了解清明节的起源和习俗，感受节气和食物之间的关系，引入清明节时令好物——艾草。

2. 交流预习单，揭秘小青团。

（1）根据前期艾草种植情况、生长情况以及自己的持续观察，回忆艾草的种植方法、生长规律以及颜色、形状等特点。

（2）根据课前调查情况，说说艾草的功效和作用，了解青团的由来和清明节食用青团的原因。

（3）交流讨论制作青团的材料、工具以及基本步骤。

3. 微课讲解，学习方法。

（1）带着问题观看微课，了解制作青团的正确步骤和每一步的注意事项。

（2）小组讨论、复述制作青团的步骤和注意事项，其他同学补充，教师板书提醒，淬炼操作方法。

4. 评价前置，进行实践。

完成前三个步骤后，将青团用蒸笼纸垫上后放进打包盒，第四个步骤回家完成。

（1）实践前：教师提出实践要求，出示《时令好物，一见“青”心》劳动技能评价表，学生了解青团制作的标准，为突破重难点做准备；同桌可以相互帮助，仍有困难的同学可以举手，等待教师指导。

（2）实践中：教师播放音乐，创造情境：教师巡视，点拨关键步骤，为个别遇到困难的学生提供帮助。

（3）实践后：学生将手中材料和工具有序放回桌面，收拾干净桌面，培养良好的劳动习惯。

5. 分享感受，反思交流。

利用投屏功能，将学生完成成果上传到 PPT 同步展示，邀请 4 位完成得又快又好的学生带上青团上台和大家交流分享，教师首先肯定同学们的劳动成果，同时，让学生说说劳动过程中遇到的困难、如何克服困难、完成青团制作后自己的心情等，引导他们感受成功劳动后的乐趣和劳动的价值——“青”得我心。

6. 同桌互评，拓展延伸。

（1）教师出示完整评价标准，同桌之间根据细则互评，在评价单上贴上“蜜宝”劳动奖章。

（2）教师进行课堂总结，布置拓展延伸任务。

（八）练习与课外学习设计

1. 和家人共同制作三种不同口味的青团，并分享给自己的邻居。

2. 回家继续探索艾草的其他妙用。

（九）学习评价设计

学习评价设计见表 4−13。

表 4-13 学习评价设计

评价项目	评价细则	自评	家长评价	教师评价
劳动效率	规定时间内完成劳动过程。	☆☆☆☆☆	☆☆☆☆☆	☆☆☆☆☆
劳动习惯	全程佩戴一次性手套、口罩；正确使用劳动工具；劳动结束后桌面干净整洁，劳动工具放回原位、摆放整齐。	☆☆☆☆☆	☆☆☆☆☆	☆☆☆☆☆
劳动安全	安全、规范使用劳动工具；劳动过程操作规范、安全。	☆☆☆☆☆	☆☆☆☆☆	☆☆☆☆☆
劳动成果	青团圆润饱满、色泽鲜艳；大小均匀、皮馅比例适当；未出现开裂、露馅或塌陷。	☆☆☆☆☆	☆☆☆☆☆	☆☆☆☆☆
劳动创意	在传统的青团制作基础上有创新。	☆☆☆☆☆	☆☆☆☆☆	☆☆☆☆☆

三、教与学的实际过程描述

（一）绘本激趣引入，了解清明节气

1. 利用绘本故事《清明节》引入，了解清明节既是中国传统节日之一，也是二十四节气之一，感知中国传统文化。

2. 根据绘本内容，了解清明节的起源和习俗，感受节气和食物之间的关系，引入清明节时令好物——艾草。

（二）交流预习单，揭秘小青团

1. 根据前期艾草种植情况、生长情况以及自己的持续观察，让学生回忆艾草的种植方法、生长规律以及颜色、形状等特点。

2. 根据课前调查情况，说说艾草的功效和作用，了解青团的由来和清明节食用青团的原因。

3. 交流讨论制作青团的材料、工具以及基本步骤。

（三）微课讲解，学习方法

1. 带着问题（制作青团有哪些步骤，每一步有什么注意事项）观看微课，了解制作青团的正确步骤和每一步的注意事项。

2. 小组讨论、复述制作青团的步骤和注意事项，其他同学补充，教师板

书提醒，淬炼操作方法。（第一步，制作面团；第二步，搓条分剂；第三步，包馅揉圆；第四步，蒸煮刷油。）

（四）评价前置，进行实践

操作开始后，教师使用 101 软件连接手机，开启实时投屏功能和上传照片功能；完成前三个步骤后，将青团用蒸笼纸垫上后放进打包盒，第四个步骤回家完成。

1. 实践前：教师提出实践要求，出示《时令好物 一见“青”心》劳动技能评价表，学生通过自读、同桌合作读、有困难请教师帮助等了解青团制作的标准。

2. 实践中：教师播放音乐，学生在情境中制作青团；教师巡视，点拨关键步骤，为个别遇到困难的学生提供帮助。

3. 实践后：学生将手中材料和工具有序放回桌面，并在教师的提醒下收拾干净桌面。

（五）分享感受，反思交流

教师利用投屏功能，将学生完成成果上传到 PPT 同步展示，并邀请 4 位完成得又快又好的学生带上青团上台和大家交流分享。教师首先肯定同学们的劳动成果，同时，让学生说说劳动过程中遇到的困难、如何克服困难的、完成青团制作后自己的心情，等等，引导学生感受成功劳动后的乐趣和劳动的价值——一见“青”心。

（六）同桌互评，拓展延伸

1. 教师出示完整评价标准，同桌之间根据细则互评，在评价单上贴上“蜜宝”劳动奖章。

2. 教师总结，布置拓展延伸任务：

（1）青团除了豆沙馅儿的口味，还可以做成各种各样不同的口味，请同学们根据自己的喜好回家和家人共同制作 3 种不同口味的青团，并分享给自己的邻居。（2）艾草不仅可以食用，还有很多其他作用，例如入药、洗澡、热敷等，请同学们回家继续探索艾草的其他妙用。

四、学生学习成果

1. 了解了清明节的起源和习俗，学会了种植和照料艾草。

2. 学会了制作青团和蒸煮的烹饪方式，并能将此劳动技能进行迁移，尝试制作其他类似食物。

3. 初步建立了跟着节气健康饮食的观念，初步养成良好的烹饪习惯和卫生习惯。

五、教学反思

（一）文本教学反思

1. 制作青团的过程中，揉面团是一个难点，需要加入沸水后快速搅拌，本课因为考虑学生安全和制作的时间关系，学生实践时加入的水温不够，导致面团柔韧性不够，青团塌陷、不成形。

2. 本课有学生态度认真，但是仍然没有按时完成制作。

3. 形状、质量等不高，是因为学生的基本动手能力较弱，所以在评价时要针对此类型的学生加入增值性评价。

（二）阅读育人反思

1. 本课利用学校图书馆书籍开展教学，充分利用学校资源。

2. 采用绘本故事引入主题是融入了学校阅读特色“读天读地读万物，一事一物皆教育”。

3. 通过绘本教学，将劳动课与中华传统文化教育融合开展，但是融合程度还不够，还需拓展。

《网上探秘大熊猫》教学案例

一、案例背景

学　　校：成都市读者小学　　**年　　级**：三年级

授课教师：李佳泰　　**学　　时**：1学时

二、教学设计

（一）设计思想

在设计《网上探秘大熊猫》这节信息技术课时，教师的教学思想主要是让学生通过现代信息技术工具探索和学习有关大熊猫的知识。教师计划引导学生使用互联网资源如在线博物馆、科普网站等，来搜集大熊猫的相关资料。此外，教师希望通过这样的教学活动，培养学生们的信息获取能力和辨识能力，加深他们对生态保护和物种保育重要性的理解。教师的目标是通过综合运用信息技术和生态教育，激发学生探索自然的兴趣，并培养其信息意识和环保意识。

（二）教学目标分析

《网上探秘大熊猫》教学目标拟定如下：首先，学生能熟练运用互联网搜索引擎，搜集关于大熊猫的基本信息，提高信息筛选和处理能力。其次，学生能了解大熊猫的生活习性并认识其在自然环境中的地位，从而增强环境保护意识。再次，通过探究性学习，培养学生自主学习的能力和兴趣。最后，学生能在网络安全的前提下，合理使用网络资源，养成良好的网络道德规范。通过这些目标，综合提升学生信息技术应用能力及生态保育意识。

（三）学习者分析

在设计《网上探秘大熊猫》这节课时，需要考虑到三年级学生的特点。这个年龄段的学生好奇心强，但注意力可能不够集中。他们对使用电脑和互联网有着浓厚的兴趣，但可能缺乏有效搜索信息的技巧和判断信息真伪的能力。学生对大熊猫等珍稀动物通常充满好奇，这为课堂创造了天然的吸引力。但他们对生态保护和物种保育概念的理解可能比较浅。因此，教学中应重视学生兴趣的激发和引导，同时通过分组合作等形式提高他们的专注度，渐进式地培养他们的信息筛选、评估能力以及生态保育意识。

（四）学习内容与任务分析

《网上探秘大熊猫》课程的学习内容应囊括以下几个方面：了解大熊猫的基本事实（如生理特征、食性、栖息地等），使用互联网搜索工具获取信息，识别和选择可信赖的网络信息来源，以及网络安全知识的基本要点。学习任务则可以设计为：在教师指导下，学生利用网络搜索引擎搜集大熊猫相关的资料，鉴别信息的真伪和准确性，整合信息制作简单的电子报告或演示文稿，并讨论大熊猫保护的重要性，培养责任感和合作精神。通过实际操作，提高学生的信息素养和媒体识读能力。

（五）教学模式与策略设计

在教授《网上探秘大熊猫》这一课程时，教师可以采取任务驱动和探究式学习的教学模式。策略上，首先，要求学生以探秘任务的形式提出问题，鼓励他们使用教师教授的网络搜索技巧去寻找答案。其次，教师引导学生识别信誉良好的网站资料，采用多媒体工具整理和展示信息。其间，通过小组合作，学生交流信息、共同完成任务，培养他们的团队合作能力和批判性思维。最后，组织学生分享成果，进行同伴评价，增强学习的互动性和深度。

（六）阅读资源与环境设计

教师在布置《网上探秘大熊猫》的课堂时，首先要确保每位学生都能使用到计算机及访问到互联网。教师提前准备相关大熊猫的在线资源链接，如科普网站、熊猫保护区的官方网页或动物园的实时监控画面，确保这些资源内容丰富、符合学生当前的学习阶段，能够支持学生的学习和探索。此外，为营造良好的探究环境，教师设置一个专题探究角，布置熊猫图片、模型和相关图书，以激发学生的兴趣，并提供更为直观的学习体验。

（七）教学活动过程设计

在《网上探秘大熊猫》这节课中，教师设计如下教学活动过程：第一，以图片和短视频引起学生对大熊猫的兴趣，简单介绍大熊猫的基本情况。第二，指导学生如何在互联网上安全地搜索信息，并教授学生判断信息真伪的基本方法。第三，分组让学生在网上搜集关于大熊猫的独特习性、栖息环境等资料。第四，指导学生整理搜集到的信息，并准备展示材料。第五，组织学生展示他们的研究成果，并进行互动讨论，促进知识的共享和深入学习。

（八）练习与课外学习设计

针对《网上探秘大熊猫》课程，教师设计以下练习与课外学习活动：

1. 教师教授学生网络搜索技巧，并要求学生分别搜索一项有关大熊猫的独特事实，加强信息检索能力。

2. 家庭作业：学生需要在家长指导下，访问特定的教育网站，观看大熊猫相关的科教视频，记录三点学到的新知识，并编写简短的观后感。

3. 教师提供相关的在线测验或互动游戏链接，让学生在课外通过有趣的方式巩固课堂上学到的知识点。

4. 教师鼓励学生在图书馆寻找与大熊猫相关的书籍进行阅读，培养自主学习习惯，同时加深对大熊猫的了解。

（九）学习评价设计

在《网上探秘大熊猫》的学习评价中，采用以下多样化的评价方式。

1. 观察评价：课堂上观察学生搜索信息和识别信息真伪的能力，以及小组合作交流的过程。

2. 过程评价：检查学生的信息搜集和整理过程记录，了解他们如何逐步构建知识体系。

3. 成果评价：评估学生的最终展示内容，看是否准确、全面地介绍了大熊猫的相关知识。

4. 自我评价与同伴评价：鼓励学生进行自我评价并给予同伴评价，提高批判性思维能力和互相学习的机会。

5. 家庭作业检查：评估学生提交的家庭作业（观后感）是否能体现对大熊猫了解的增进和对网络学习内容的反思。

三、教与学的实际过程描述

教师首先向学生介绍了大熊猫及其所面临的保护问题，并说明了本节课的目标：运用网络资源来探究大熊猫的相关知识。接着，教师通过展示并讲解如何使用搜索引擎和筛选信息，引导学生学习并实践网络搜索技巧。在这个过程中，学生在教师的指导下，尝试使用关键词搜索，学习如何判定信息的可靠性。学生分组进行探究活动，每组选取一个主题，如大熊猫的生活习性、栖息地、保护措施等，然后利用网络资源进行学习和信息搜集。组内成员需要协作，分工搜索、整理资料，并准备简短的小组汇报。在活动的最后阶段，各组分享他们的发现，同时接受其他小组的提问和教师的点评。教师积极鼓励学生围绕主题进行讨论和思考，帮助学生深化理解。在小组讨论和成果展示中，教师巡视指导，确保每位学生都有参与和表达的机会。最后，教师对整节课进行总结，肯定学生的努力和进步，并指出待改进之处。教师还布置了相关的课外作业，让学生在家长的辅助下，延伸学习内容，旨在通过教与学的过程，培养学生自主学习能力，让他们了解并关心大熊猫等濒危动物的保护工作。

四、学生学习成果

在《网上探秘大熊猫》这一课程的学习过程中，学生取得了显著的学习成果。学生不仅掌握了网络搜索和筛选信息的基本技能，而且能够独立完成对大熊猫知识的探索和学习。在搜索关键信息方面，学生学会了如何利用关键词搜索，以及如何鉴别网络信息的真伪，这对于其今后的网络学习具有重要意义。在课堂讨论和小组合作中，学生积极参与，表现出良好的团队协作能力和沟通技巧。通过自主搜集整理信息，学生对大熊猫的生活习性、食物链、保护现状和面临的威胁有了更为深入的认识。学生采用小组展示的方式分享了自己的研究成果，准确而详细地描述了大熊猫的特征，并提出了一些富有创意的保护建议。这表明学生们能够将学习知识与现实问题相结合，展现出较高层次的思考和社会责任感。最终，学生提交的作业也折射出他们对课堂学习内容的理解和消化。学生能够运用所学技术和知识，撰写关于大熊猫的小报告或制作电子海报，这些成果不仅体现了学生信息整合和再创造的能力，还彰显了学生对大熊猫保护工作的关心和支持。通过这一系列活动，学生的信息素养和自主学习能力得到了有效提升。

五、教学反思

（一）文本教学反思

《网上探秘大熊猫》这一课程的教学给教师带来了丰富的反思。在教学过程中，教师发现学生对互联网资源的搜索和应用能力有待加强，教师需要在未来的教学中更加注重对他们线上信息筛选和鉴别的指导。同时，将课程内容与学生感兴趣的话题相结合，可以极大地提高学生的学习积极性。课堂上，通过分组合作完成探究任务，学生展现了良好的团队合作精神，教师进一步引导他们怎样高效地分工协作。在信息整合和小组展示方面，尽管学生们能够完成任务，但是表达能力和演示技巧的提升仍是未来教学需要重点关注的领域。此外，应该尽量为学生提供更多思考的空间，鼓励他们对于大熊猫保护以及其他相关环境问题提出自己的见解和建议。总体来看，在继续教授信息技术的同时，应更加平衡知识传授与创新思维的培养。

（二）阅读育人反思

《网上探秘大熊猫》的教学实践带来了深刻的阅读育人反思。教师通过信息技术课程引导学生进行主题阅读，不仅可以提升他们的信息搜集与处理能力，还能在阅读过程中培养学生的环保意识和责任感。这种以兴趣为驱动的学习方式，能够激发学生的学习热情，使他们在获取知识的同时，学会如何对信息进行批判性思考。然而，在引导学生进行网络阅读时，必须更加注意培养他们辨别信息真伪的能力。网络信息的复杂多变要求教师不仅要教会学生如何检索信息，更重要的是教会他们如何鉴别信息的可靠性，这对于培养学生的媒介素养至关重要。利用学生感兴趣的话题进行教学可以极大地提升他们的阅读兴趣和参与度。未来，应寻求更多与学生生活经验和兴趣爱好相结合的话题，不仅通过信息技术课程传授技术知识，更通过阅读育人，引导学生形成正确的价值观和世界观。

《磁铁怎样吸引物体》教学案例

一、案例背景

学　　校：成都读者小学　　**年　　级**：二年级

授课教师：彭锐真、廖欢欢　　**学　　时**：1学时

二、教学设计

（一）设计思想

第一部分——聚焦，从“使小车动起来需要力”的体验活动引入，引导学生思考怎样通过直接接触和不直接接触让小车动起来。第二部分——探索，在探究直接接触让小车动起来的活动中，引导学生让学生通过自己的动作感知到“推力”和“拉力”；在探究不直接接触使小车动起来的活动中，发现磁铁不仅能使小车动起来，还能隔着一些物体让小车动起来。第三部分——研讨，在经历体验、探究活动后，让学生探讨不接触小车，磁铁为什么能让小车动起来。第四部分——拓展，在经历隔着物体吸引铁后，让学生来玩一玩磁铁隔着一定的距离吸引带有回形针的“蝴蝶”的游戏，体验磁铁与铁之间的作用力。

（二）教学目标分析

1. 科学概念目标。

（1）磁铁可以隔着一定距离和一些物体对铁产生吸引作用。

（2）推力和拉力是常见的力。

2. 科学探究目标。

（1）运用推力、拉力和磁力，让小车动起来。

（2）在教师指导下，学生能简单讲述探究过程，并与同学交流研讨。

（3）通过探究活动，培养学生对探究过程进行评价与改进的意识。

3. 科学态度目标。

（1）能够围绕探究主题，进行思考和推测。

（2）能够根据观察获得证据，完善和修正自己的想法。

（3）能按要求进行合作探究学习。

4. 科学、技术、社会与环境目标。

（1）对小车的运动产生思考与设计的兴趣。

（2）了解科学技术的发展来自于方法的不断进步。

（三）学习者分析

1. 学生年龄特点。

小学二年级的学生通常处于7～8岁的年龄段，他们的好奇心旺盛，对周围的事物充满探究欲望。这个年龄段的学生逐渐从具象思维向抽象思维过渡，但仍需要借助具体的实物和直观的操作来理解新知识。他们的注意力持续时间相对较短，所以教学活动需要设计得生动有趣，以吸引他们的注意力。

2. 磁铁知识前测。

在教授《磁铁怎样吸引物体》这一课程前，学生可能已经对磁铁有了一些基础的认识，比如知道磁铁可以吸引铁制品。然而，对于磁铁的性质、磁场、磁力线等更深入的概念，他们可能还缺乏了解。因此，教师需要对学生的前知进行评估，以便确定教学的起点和难易程度。

3. 学习动机分析。

小学二年级学生的学习动机主要来源于好奇心和对知识的渴望。他们对磁铁这一神秘且有趣的物体充满了好奇，想要了解它是如何吸引物体的。同时，他们也可能希望通过实验和活动来验证所学知识，增强学习的成就感。

4. 科学实验操作能力。

对于小学二年级的学生来说，他们的科学实验操作能力尚处在初级阶段。他们可能还不太擅长独立进行实验设计和操作，需要教师在实验过程中给予引导和帮助。

5. 安全意识与规则。

在进行科学实验时，安全意识是非常重要的。小学二年级的学生可能对实验中的一些潜在危险缺乏认识，因此教师需要反复强调实验安全规则，并教授学生正确的实验操作方法。同时，教师还需要在实验过程中密切关注学生的操作行为，确保实验安全进行。

（四）学习内容与任务分析

学生在本课以及本单元具体学习情境中，逐步领会到磁力的含义是指磁铁和铁、磁铁和磁铁之间的作用力，还能体会到磁力可以穿透一些物体，这一概念暗含着对“磁场”的初步理解，并指向了“能量”这一科学概念。

（五）教学模式与策略设计

1. 采用启发式教学法，通过提问、讨论等方式引导学生主动思考。
2. 结合实验教学法，让学生亲手操作，观察实验现象，总结规律。
3. 利用多媒体教学资源，如 PPT、视频等，辅助教学讲解。
4. 鼓励学生进行小组合作，培养团队协作能力和沟通能力。

（六）阅读资源与环境设计

1. 学习资源与辅助。

教师可以准备磁铁、铁钉、纸片等实验材料供学生操作；还可以制作 PPT、视频等多媒体教学资源辅助教学讲解；此外，教师还可以推荐一些适合学生的科普读物或网站供学生拓展学习。

2. 环境设计。

(1) 实验室环境。

为了让学生更好地理解磁铁如何吸引物体，可以设置一个简单的实验室环境。在这个环境中，学生可以使用不同类型的磁铁（如条形磁铁、环形磁铁等）和不同材料的物体（如铁钉、铜块、铝片等）进行实验。

（2）探究学习环境。

为了培养学生的探究能力和创新精神，可以设置一个探究学习环境。在这个环境中，学生可以根据自己的兴趣和问题，设计并开展相关实验和研究。教师可以提供必要的指导和支持，帮助学生解决问题并总结规律。

（七）教学活动过程设计

《磁铁怎样吸引物体》教学活动——“使小车动起来需要力”的体验活动过程设计。

1. 活动目标。

（1）学生通过实际操作体验，理解力可以使物体运动。

（2）利用磁铁吸引物体的原理，使小车动起来。

（3）培养学生的实验观察能力和动手操作能力。

2. 活动准备。

（1）小型塑料或木质小车若干。

（2）磁铁若干（大小适中，能够吸附在小车上）。

（3）平滑的实验台或桌面。

（4）测量工具（如卷尺或直尺）。

3. 活动过程：

（1）第一步：导入。

①向学生介绍磁铁的基本性质及吸引原理。

②展示小车和磁铁，提出问题：“我们如何利用磁铁让小车动起来？”

（2）第二步：实验操作。

①将磁铁放在小车的底部或车轮上，确保磁铁能够吸附在小车上。

②将小车放在平滑的实验台或桌面上。

③让学生用不同方向和力度的动作移动磁铁，观察小车的运动情况。

（3）第三步：观察与记录。

①让学生记录不同动作下小车的运动状态（如速度、方向等）。

②引导学生思考：为什么小车会动起来？力是如何作用的？

（4）第四步：总结与讨论。

①邀请学生分享他们的观察结果和体验感受。

②结合磁铁吸引原理，解释小车运动的科学原理。

③引导学生思考生活中类似的现象，如电动玩具车、磁铁门吸等。

4. 活动延伸。

（1）尝试使用不同大小的磁铁，观察对小车运动的影响。

（2）尝试在斜面上进行实验，观察重力对小车运动的影响。

（3）让学生来玩一玩磁铁隔着一定的距离吸引带有回形针的“蝴蝶”的游戏，体验磁铁与铁之间的作用力。

5. 活动注意事项。

（1）确保学生正确、安全地使用磁铁和实验器材。

（2）鼓励学生积极参与讨论和分享，营造良好的学习氛围。

（八）练习与课外学习设计

1. 作业内容：要求学生回家后寻找家中的磁铁和可以被磁铁吸引的物体，并记录下来。

2. 思考题：提出一个与磁铁相关的思考题，如“为什么磁铁在某些情况下会失去磁性?”鼓励学生思考和查找资料解答。

（九）学习评价设计

1. 磁铁基本性质理解。

通过课堂问答、小组讨论等方式，评估学生对磁铁的磁性、磁极等基本性质的理解程度。

2. 实验操作与观察。

观察学生在实验中的操作是否规范，能否准确记录实验现象，并进行分析。评价其观察力和实验操作能力。

3. 安全使用意识。

在实验过程中，观察学生是否遵守安全操作规程，如轻拿轻放磁铁、避免将磁铁靠近电子设备等。通过观察和口头询问进行评价。

三、学生学习成果

（一）磁铁的基本性质

知道磁铁有南北两极，并且同极相斥、异极相吸。

（二）磁铁吸引物体原理

磁铁具有磁性，能够产生磁场，而铁质物体也会被磁场所吸引。这种吸引作用是由于磁铁和铁质物体之间的磁力相互作用所导致的。

（三）吸引物体的条件

了解到磁铁吸引物体的条件是物体必须是铁质或带有磁性的。

四、教学反思

（一）文本教学反思

在教授小学二年级《磁铁怎样吸引物体》这一课程时，教师认识到文本教学的重要性。对于二年级的学生来说，他们的思维方式正处于由具体形象思维向抽象逻辑思维过渡的阶段，因此，文本中生动、形象、具体的描述对于他们的理解至关重要。

（二）阅读育人反思

在阅读育人方面，《磁铁怎样吸引物体》这一课程具有很高的教育价值。通过阅读这篇课文，学生不仅能够学习到磁铁的相关知识，还能够培养他们的观察能力、实验能力和思考能力。

然而，在阅读育人方面，本案例也存在一些不足。有时教师过于注重知识的传授，而忽略了对学生情感、态度和价值观的培养。在今后的教学中，教师应该更加注重通过阅读文本，引导学生树立正确的价值观和人生观，培养他们的科学精神和人文素养。

《一张奇特的脸——我的心情我来塑》教学案例

一、案例背景

学　　校： 成都市读者小学　　　　**年　　级：** 三年级

授课教师： 唐影娴、王小杨　　　　**学　　时：** 1 学时

二、教学设计

（一）设计思想

根据《艺术课程标准》确立阶段目标，本课属于表现（“造型・表现”）类艺术实践，立足学科核心素养审美感知、艺术表现、创意实践、文化理解四个方面设定教学目标。通过阅读绘本《我的情绪小怪兽》、动手操作等形式培养学生动手能力、夸张想象力、创造性思维等能力。通过观察、讨论、对比、分析、交流等方法使学生对“奇特的脸”有初步的审美感知，然后深入从五官、色彩、表情、装饰等方面去感受如何用情绪来塑造脸的奇特之处，学生通过绘本故事了解颜色代表心情的同时，初步感受不同情绪背景下孕育出的不同的艺术作品，加深对奇特之脸的情绪理解。

注重引导学生观察体验古今中外的艺术创作和同龄学生作品中采用的夸张与概括的手法，使学生从中获得创作的灵感，激发其大胆创新的积极性，在看老师的微课示范过程中，总结步骤，学会艺术表现的方法。本课以玩粘土的形式进行脸部的情绪造型表现，以夸张和变形的艺术手法表现“奇特”脸部造型，注重五官的表情的变化，突出生动奇特的风格。注重在教学中引导学生细

致地观察不同地域、不同文化、不同形式的艺术作品，分别对脸形、五官、表情、头饰、色彩等方面进行分析，发现它们富有艺术魅力的形象特点，采用富有美感的线条、图案和色彩，让同学们运用多种泥塑技法，表现出富有新意的泥塑形象，实现创意实践。

（二）教学目标分析

1. 审美感知：了解情绪变化及艺术作品运用夸张和变形手法对脸部进行创作表现的方法。对用情绪塑造“奇特”之脸有更深刻的认识和理解。

2. 艺术表现：以“激趣导入→回忆旧知→观察发现→学习方法→创意制作→自评互评”等方法串联“情绪塑造人脸”的学习过程，以观察、探讨、想象、创作、自评、互评等方法，制作富有创意且造型奇特的脸。

3. 创意实践：学习采用揉、捏、粘、压等泥塑技法设计制作奇特的脸。体验玩粘土的乐趣，感受脸部情绪变化带来生动奇特的艺术魅力，激发学生大胆创新的积极性和对艺术的热爱，教会学生做情绪管理的小能手。

4. 文化理解：欣赏绘本故事——《我的情绪小怪兽》，观察分析情绪变化的表情特征，感受艺术魅力，在体验探究绘本阅读活动中运用多种艺术手法进行创新表现。

（三）学习者分析

三年级的学生具备一定的动手能力和造型表现能力，对生活充满着好奇，有着很高的积极性，但是对于作品创作也容易出现眼高手低的情况，特别是对于人物脸部的刻画。因此，教师在教学中要引导学生细致观察不同地域、不同文化的脸部艺术作品，分析“奇特”之处表现在哪里。从脸型、五官、表情、装饰、色彩等方面进行分析，帮助学生发现脸部富有艺术魅力的形象特点，减少学生的畏难情绪，降低随堂作业的难度。

（四）学习内容与任务分析

“学习任务”是《艺术课程标准》（2022 年版）提出的一个新概念，体现了艺术学习实践性的鲜明特征。课程标准强调学习任务是培育和发展学生核心素养的必然选择，也契合了新时代教学改革的现实要求。美术学科课程内容包括四类艺术实践，涵盖 16 项具体学习内容，分学段设置不同的学习任务，并将学习内容嵌入学习任务中，每一个学段均设了 5 个“学习任务”，将美术语言贯穿其中（图 4−7）。学习任务是艺术实践的具体化，要求学生在现实生活中运用综合知识完成项目、解决问题等，显著特征是实践性。（图 4−7）

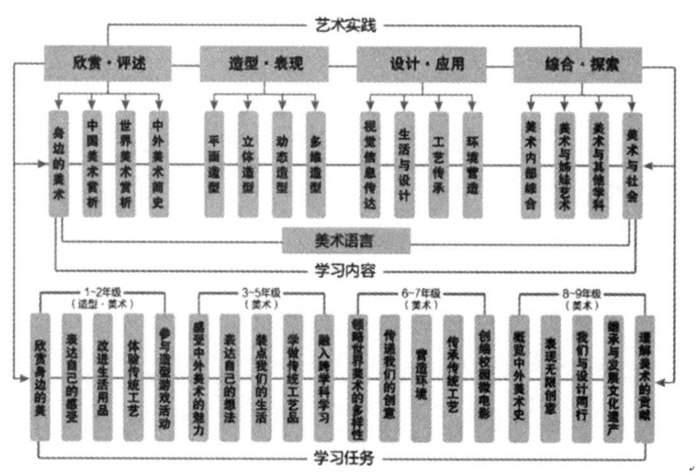

图 4−7　学习内容与学习任务

（五）教学模式与策略设计

基于《艺术课程标准》（2022 年版）所倡导的学习任务，是链接本课“教学目标”和“核心素养”培养的关键环节。本课以读绘本切入课堂，让学生感受情绪变化带来的表情变化。以制作一张带有情绪变化的脸为学习任务，通过任务驱动组织教学，结合学生学段特点，从绘本阅读链接起学科知识的关联性，以明确高位的学习任务，实现知识技能向核心素养的转化。

（六）阅读资源与环境设计

师生共同阅读电子绘本《我的情绪小怪兽》，创设课堂中的阅读情景。

（七）教学活动过程设计

1. 任务前置——情景导入。

教师：欢迎走进今天的美术课堂，在生活中你们是否也遇到过开心、愤怒、恐惧、郁闷的时候呢？那么请同学们跟随老师一起去读一个故事吧，看看故事中的主人公是如何处理情绪的呢？

《我的情绪小怪兽》

学生：接下来，请拿出纸和笔用四字成语或三字词语快速将情绪写在卡片上。

学生上台进行“我演你猜”的游戏。

教师：这位小朋友表演得非常到位，那他在表达情绪时，脸上哪里变化最大呢？

教师总结：我们把这种变得不寻常、很特别的样子叫做奇特。

教师：同学们，视频中的小怪兽在遇到众多情绪交织在一起时，及时将各种情绪装进了瓶子里，那老师这里有一本表达情绪的绘本，但是它现在什么内容也没有，需要我们的情绪小主人把自己的情绪装进去，一起来完成属于我们班级的绘本故事：一张奇特的脸——我的心情我来塑。

教师：你们愿意把情绪装进去吗？

学生：愿意。

展示学生非常开心的图片。

教师：那老师就要考考你们了，当我们在表达非常开心，脸都笑烂了的情绪时，脸上哪里会变得最奇特呢？

教师总结：我们把这种大的变得更大，小的变得更小的方法叫做夸张、变形。

任务一：学做脸型

1. 出示学生表情变化的图片。

当五官发生变化后，脸型有没有变化呢？变成了什么形状？

也就是说，当人们的五官发生变化时，脸型也会随之改变。

2. 出示平静、非常开心、愤怒时候的表情变化图片。

因此，脸型的变化也能表达情绪的变化。

3. 请学生跟着教师一起回忆视频中小怪兽分别用了哪些颜色表达不同的

情绪？

黄色代表…… 蓝色代表…… 黑色代表……

看来颜色也能表达不同情绪的变化，接下来请学生根据自己写下的情绪词语，选择相应的粘土色彩，跟着教师一起去做一做。

4. 示范（做脸型）。

移动投影仪示范脸型的变化——开心的情绪，选择黄色做了一个葫芦形；伤心的情绪，选择蓝色做了一个长长的胖冬瓜。

教师：相信同学们已经有了更多的想法，想要做出更多夸张的脸型，请大家用 3 分钟时间快速地将代表情绪的主要色彩表达在我们的板子上，开始！

你们都是能干的小朋友，一会儿功夫就做出了这么多夸张变形的脸。

5. 其实，用夸张的方法做的奇特之脸可不止这些，在艺术作品中还有很多张奇特的脸，它们被艺术化以后是什么样子呢？

任务二：认识艺术作品中的脸

1. 教师：让我们翻开书本 16 课，找一找书上的这 3 张脸。它们之间又是如何表达奇特的呢？贵州面具与京剧脸谱和法老王相比，它的奇特之处在哪里？脸型有变化吗？眼睛有变化吗？有什么变化？嘴巴呢？耳朵呢？

教师总结：眼睛瞪得像铜铃，嘴巴快咧到耳朵边了，耳朵也变得尖尖的，眉毛还竖起来了，我们把这样的变化也称之为五官的夸张变形。

2. 教师：同学们，前面我们知道了色彩可以表达情绪，请问：贵州面具的主要色调是什么？为什么是红色？

教师总结：红色给人一种威严感，使人不敢靠近，就像我们发怒时，脸都被气红了一样。

3. 教师：京剧脸谱呢？主要色调是什么？知道为什么要用绿色吗？

学生：绿色代表性格刚直、豪爽。

就像《唱脸谱》这首歌，蓝脸的窦尔墩盗御马……喜欢这首歌的同学课后可以学一学。在京剧脸谱中鲜艳的色彩代表着鲜活的人物性格。

4. 教师：那法老王除了整体的色彩是金色外，他是否还有其他的不同呢？

同学们仔细瞧瞧他的头饰上都用了我们点线面绘画中的哪种元素呢?

法老王戴的头饰用了很多的线条来装饰。

5. 粘土五官对比分析。

教师:欣赏完艺术作品中的脸,想一想还差什么呢?你们可太聪明了,瞧,今天老师是开心的,快乐的,我的表情是这样的吗?那是这样的吗?这对眼睛适合这张脸吗?为什么?

教师总结:利用粘土五官图片的对比分析,总结出我们在做五官时,要选择深浅对比强烈,颜色鲜艳的粘土。

练习与课外学习设计

任务三:添加表达情绪的五官

1. 教师出示做好的脸型,邀请学生上台根据教师的描述添加有表情的五官。

艺术实践:用夸张变形的艺术手法添加有趣的五官,表达脸的奇特。(8分钟)

任务四:添加装饰

教师:情绪之脸即将完成,但是老师觉得它们还不够奇特,我们一起去看看其他同学是如何增加脸的奇特的呢?

欣赏学生作品:看来有的小朋友早已按捺不住小手了,接下来请你们用点线面及其他材料完成最后的装饰,老师有以下三点要求。

(1) 用搓、压、刻的粘土技法进行脸部的装饰;

(2) 能用点线面等方法对奇特的脸进行个性装饰;

(3) 看谁的脸装饰得既奇特又有艺术魅力。

学生实践。教师及时指导,辅导有困难的学生,表扬有创意的学生。

完成的小朋友请用白色笔在板子下方用一句话表达自己的情绪。

表 4-14　学习评价设计

<table>
<tr><td rowspan="8">评价表</td><td colspan="5">课题：《一张奇特的脸——我的心情我来塑》　　班级：</td></tr>
<tr><td>组员姓名</td><td>外形奇特夸张</td><td>运用丰富的表情形象</td><td>运用的艺术表现手法</td><td>对同学提出的建议</td></tr>
<tr><td></td><td></td><td></td><td></td><td></td></tr>
<tr><td></td><td></td><td></td><td></td><td></td></tr>
<tr><td></td><td></td><td></td><td></td><td></td></tr>
<tr><td></td><td></td><td></td><td></td><td></td></tr>
<tr><td colspan="5">注：组内每位学生按照自己对同学作品的评价，在对应评价点的格中画“√”及写上建议。</td></tr>
</table>

三、学生学习成果

图 4-8

四、教学反思

（一）文本教学反思

1. 在制作情绪之脸时，学生易急于求成，在课堂中需给予很好的引导和示范。

2. 可利用废旧材料与粘土进行更多的结合，突出视觉效果。

（二）阅读育人反思

1. 直观式导读，引导学生与情绪绘本的初次对话，利于激发学生的学习活动，通过绘本让学生真正投入到本课中，更好地探索和理解“奇特”之脸与情绪表达的关系。

2. 在课堂绘本阅读活动中，教师只有确立真正的儿童立场，才能有效实现教学的价值。教师为儿童选择适合的阅读内容，探求属于儿童的阅读方式，探究区域活动中绘本元素的拓展，能让儿童在课堂学习过程中更有快乐感、获得感。

《画汽车》教学案例

一、案例背景

学　　校：成都市读者小学　　**年　　级**：一年级

授课教师：游灿、李安琪　　**学　　时**：1 学时

二、教学设计

（一）设计思想

《美术课程标准》提出九年义务教育阶段美术课程的价值主要围绕四个方面展开：培养学生的审美能力，培养学生的创新能力，促进学生艺术素养的提升，培养学生对美术文化的理解和鉴赏能力。

（二）教学目标分析

基础知识：教师通过对汽车图片的展示，让学生能够总结和概括各类汽车的外形特点和主要的功能。

基本技能：通过对汽车外形的观察分析，学生能用绘画的形式表现出外形新颖、花纹装饰丰富的汽车。

基本思想：在对汽车的观察、分析、表现过程中培养学生的感知和形象思维能力。

基本活动经验：通过观察和创作，积累对汽车设计的直观感受和经验，促进个人成长。

（三）学习者分析

本案例中的学习者是小学一年级的学生。他们习惯还没有养成，注意力不集中，但模仿能力和动手能力较强，活泼好动，思维活跃，对美的事物保持好奇心，有初步感受美的能力，能根据自己的感受大胆地描绘。虽然小汽车是儿童很熟悉的交通工具，但单纯地要求他们自己去观察并画汽车，有可能画得千篇一律，大同小异。因此，针对一年级学生注意力不集中、思维活跃、绘画基础薄弱、构图单纯的特点，本课采取形式丰富有趣的教学方法，让学生在自由的教学活动中学会画小汽车，画出自己理想中的小汽车。

（四）学习内容与任务分析

《画汽车》是一课与学生生活密切相关的绘画创作课。汽车是学生非常熟悉的一种交通工具，儿童从涂鸦期开始，就对外形各异、功能多样、色彩丰富的汽车产生了浓厚的兴趣。这节课就是为了使学生通过对汽车的回忆、观察，大胆地把自己所见所闻、所感所想的事物表现出来，从而体验美术活动的乐趣。

（五）环境设计

情境导入：创设一个有趣的情境（动物们准备来学校旅游但需要交通工具），激发学生的学习兴趣和好奇心。

知识探究：引导学生通过欣赏和分析不同类型的汽车，了解汽车的基本构造和特点。

创意设计：在了解汽车的基本知识后，鼓励学生发挥想象力，为小动物们设计个性化的汽车。

实践表现：学生动手绘制自己设计的汽车。

（六）教学活动过程设计

1. 创设情境，引入新课。

（1）教师：（激动）在遥远的大森林里，住着许多的动物，今天，它们聚到了一起，这是要做什么呢？原来它们准备出去旅游，它们想到我们读者小学来看一看，大家欢迎吗？

(2) 教师：可是，这些动物们住在遥远的大森林里，离读者小学太远了，正在发愁呢！它们到底怎么过来呢？不知道咱们班的小朋友有没有办法？

教师：对呀！坐汽车挺方便的，这是个好办法。那今天就一起来学习画汽车，来为小动物们设计一辆汽车。我们用形状来画，哪位小朋友能来回顾一下我们之前学过哪些形状呀？

2. 欣赏分析，体验研究。

(1) 了解各种不同用途的汽车。

教师过渡：可是它们根本没见过汽车，请同学们翻开美术书第 14 页，里面是不是有不同种类的汽车呀？嗯，那什么样的车才适合它们坐呢？大家愿意给小动物们介绍介绍吗？这么多同学都想介绍。好，请看。

①课件出示救护车。

· 看，这是什么车呢？

· 我们能坐这样的车去旅游吗？

· 为什么呢？

· 救护车以救助病人为主，它们不是病人，不能坐这辆车。

②课件出示消防车。

· 这辆是什么车呢？

· 这辆车能坐吗？

· 为什么呀？

· 消防车是灭火、辅助灭火或消防救援的车辆，如果森林里着火了，消防车就可以来帮忙了。这辆车不能坐。

③课件出示挖土机。

· 呦，这辆车好怪，是什么车呢？

· 坐在这个大铲子里行不行呀？

教师：同学们，你们怎么知道这么多，看来这辆车也不能坐了。

④课件出示警车。

·这辆车小巧玲珑挺好玩的，是什么车呢?

·警车干什么用的呢?

·抓坏人的，它们可不是坏人，不能坐，不能坐。

⑤课件出示公共汽车。

·这辆车大大的，里面还有座位呢！这是什么车?

·公共汽车是干什么的?它们能不能坐这辆车去旅游呢?

·原来这是一辆专门运送客人的车，是为了人们出行方便才设计的。小动物们能坐这辆车吗?

(2) 了解汽车由哪些部分组成。

教师：介绍了这么多不同种类的汽车，有哪个小朋友知道我们现在见到的这些汽车有什么共同的特点呢?都是由哪些部分组成的呢?

教师小结：由车身、车轮、车灯、车窗组成。

那它们分别是什么形状呢?

教师：小动物们，你们听到了吗?你们满意小朋友们的介绍吗?(出示课件)

教师：动物们这么有礼貌，我们该说什么呢?

教师：好了，不要耽误时间了，大家赶快上车走吧。

(3) 设计个性化的汽车

教师出示过渡课件：其他动物们走了，留下了三个没走。

①帮小猫解决问题，给小猫设计汽车。

教师：咦，你们怎么还没上车呢?我们来问问小猫，你为什么不走?

出示课件(小猫说话："刚才听了你们的介绍，我也喜欢你们的汽车，可是我不想和他们挤在一起，那样会把我的新裙子弄皱的，我想单独坐一辆小巧可爱的车。")

教师：小猫还挺挑剔的。大家想想，有没有办法帮帮小猫呢?什么样漂亮的外型，小猫会喜欢呢?如果小汽车也是小猫的形状，小猫肯定会很高兴的。(板书：外形)

教师：老师根据你们的想法，设计了一辆汽车，我们一起来看看，不知道小猫满意不满意？（出示范作：小猫的外形）

②给小老虎设计汽车。

教师：小猫走了，可小老虎怎么噘着嘴呀？

（出示课件：小老虎说话：哼！小朋友们，你们的车有没有花纹好看一点的？）

教师：原来这个小老虎这么爱美，设计什么样的车老虎才满意呢？（生：画上更多的花纹，添上好看的颜色）（板书：花纹）

教师：同学们想得真妙！但是，不知道，这辆汽车，老虎喜欢不喜欢？

（出示范作：开来一辆汽车）

③给小鸟设计汽车。

教师：看来，这是一只最挑剔的小鸟，我们来听听小鸟有什么要求。

（出示课件：大家好，其实整天在天上飞也挺累人的，要能有辆车既能在地上跑，也能在天上飞，最好，还能带我去找小鱼妹妹玩，那就好了，你们能帮帮我吗？）

教师：大家想想办法。

（学生：可以添加翅膀解决飞的问题。）

教师：同学们，你们太聪明了，这么快就解决问题了。（板书：用途）

（示范：加上翅膀，加上入水的潜水镜。）

小鸟很满意地走了。

教师：同学们真了不起，又聪明，又热情，这么短的时间解决了这么多难题，老师真为你们骄傲。

3. 大胆想象，创意表现。

（1）启发想象，指导构思。

教师：你们看又有谁来了？

（出示课件：来了好多小动物）

我们来听听小动物们想说什么。

（出示课件：刚才我们也听到了小朋友们的介绍，了解了很多关于汽车的知识，我们想请大家也给我们画一辆汽车，你们愿意吗?）

教师：小动物们想请大家来画汽车送给它们，你们愿意吗?

你想送什么样的车给小动物们？为什么？是从车的外形上、花纹上还是从用途来设计呢?

刚刚同学们说了自己的想法，你们想看看老师送给小动物的汽车吗？注意哟，仔细观看老师的设计步骤。

看完游老师的示范，老师这里有两张不同构图的汽车，我们来看一看哪张最合适呢？为什么?

看完老师的作品，我们再来欣赏小朋友们的优秀作品，这里有外形奇特的，也有花纹装饰丰富的，还有特殊用途的汽车，你最喜欢哪个作品？为什么?

（2）看了这么多作品，相信大家都已经迫不及待想开始设计汽车啦！接下来的时间就请大家为小动物们设计一辆汽车，注意以下要求：

①注意构图饱满，颜色鲜艳；

②设计大胆创新。

4. 欣赏、评价

（1）这里的汽车太多了，同学们真不错，在这么短短的时间里设计出了这么多的汽车，下面就到了激动人心的评奖时刻了，哪位小老师来说说你觉得谁的汽车设计得最好？为什么?

自评：请学生说自己的设计思路。

教师评。

（2）总结：大家的设计都非常有新意，不但造型奇特，而且花纹装饰丰富。老师相信小动物们一定会喜欢你们为它们设计的汽车！那今天的课就上到这里，再见！

三、教学反思

（一）文本教学反思

本堂课通过创设动物旅游的情境，成功吸引了学生的注意力，激发了其学习兴趣。在引导学生欣赏和分析不同类型汽车时，部分学生仅停留在表面，未能深入理解和掌握汽车的基本构造和特点。今后，教师需要在此环节加入更多的互动和讨论，以深化学生的理解。在创意表现环节，部分学生表现出一定的畏难情绪，缺乏自信和创新思维，教师需要更加耐心地引导和鼓励学生，帮助他们克服心理障碍。在实践表现环节，部分学生的绘画技能有待提高。

（二）阅读育人反思

在本堂课的教学中教师鼓励学生发挥想象力和创造力，根据阅读图片和自己的想象，设计出独特的汽车，培养了学生的想象力。

《心理健康》教学案例

一、案例背景

学　　校：成都市读者小学　　**年　　级**：一年级

授课教师：卿思琪　　**学　　时**：1学时

二、教学设计

（一）设计思想

《中小学心理健康教育指导纲要》指出，心理健康教育的总目标是：提高全体学生的心理素质，培养他们积极乐观、健康向上的心理品质，充分开发他们的心理潜能，促进学生身心和谐可持续发展，为他们的健康成长和幸福生活奠定基础。心理健康教育的具体目标是：使学生学会学习和生活，正确认识自我，提高自主自助和自我教育能力，增强调控情绪、承受挫折、适应环境的能力，培养学生健全的人格和良好的个性心理品质；对有心理困扰或心理问题的学生，进行科学有效的心理辅导，及时给予必要的危机干预，提高其心理健康水平。

在心理学中，注意力就是将心理活动指向和集中于一定对象的能力。注意力总是和各种心理活动紧密联系在一起，是心理活动的共同基础。人的感觉、知觉、记忆、思维的心理活动过程都有注意力的参与，可以说，注意力与学习生活密不可分。本堂课以“学会学习”为出发点，将注意力作为核心设计活动课，通过课堂活动让学生体验专注状态，在活动中进行注意力训练并使学生学会一些训练注意力的方法，使其能够在生活学习中有意识地锻炼和强化自己的注意力水平。

（二）教学目标分析

基础知识：了解心理学注意力的概念。

基本技能：学会一些训练注意力的游戏，能够在日常生活中尝试。

基本思想：从游戏活动中总结出注意力是眼耳手口脑共同作用的过程。

基本活动经验：体验注意力集中的感受，发现注意力能够通过训练得到提升。

（三）学习者分析

本案例中的学习者是小学一年级的学生。小学一年级学生的注意力往往较差，很难长时间保持对某一事物的专注。他们的注意力容易被外界的事物或声音所干扰，导致他们难以长时间维持学习或进行某项活动。同时，他们思维主要以具象思维为主，更善于通过直观、形象的方式来理解和记忆事物，往往受到兴趣的影响，更容易关注自己感兴趣的事物。因此，在教学过程中，应尽可能使用具体的实例和教具来吸引学生的注意力，根据学生的兴趣和爱好来设计和组织教学活动，帮助他们更好地理解和掌握知识，激发他们的学习热情和积极性。

（四）学习内容与任务分析

舒尔特表是一种心理学上简单有效的注意力训练工具，通过动态的练习锻炼视神经末梢，提高视觉的稳定性、辨别力、定向搜索能力。其使用方法是通过让被测者按照特定的顺序在舒尔特方格中找出并读出每个数字，以训练其注意力的集中、分配和控制能力。完成一张表格用时越短，注意力水平越高。通过不断的练习，可以帮助学生提高注意力和视觉能力。

（五）环境设计

将学生以四人小组的形式分组，前后每四人桌椅拼接到一起，便于课堂的分组练习。

（六）教学活动过程设计

1. 团体热身阶段——我说你做。

游戏热身导入。

2. 团体转换阶段 发现“专心”。

（1）认识“专心”。

了解心理学中注意力的定义，发现班级榜样。

（2）感受“专心”。

通过课堂活动感受专心的状态，总结专心是眼耳口手脑共同作用的过程。

3. 团体工作阶段——练习“专心”。

利用舒尔特表格训练注意力。

4. 团体结束阶段——拓展延伸。

总结课堂，拓展一些训练注意力的游戏。

（七）练习与课外学习设计

学生自编舒尔特表格，相互练习。

三、教与学的实际过程描述

（一）团体热身阶段

游戏“我说你做”：教师发出口令，学生做相应的动作。

教师：今天的心理健康课老师先和大家玩个游戏——我说你做。老师发出口令，同学们做动作，大家明白了吗？（生齐答：明白了！）

（进行5轮口令游戏。）

（二）团体转换阶段

1. 认识“专心”。

教师：同学们真棒！请大家想一想，玩好游戏的秘诀是什么？

学生1：仔细听。

学生2：专心听口令。

教师：没错，秘诀就是“专心一意”。（板书“专心一意”）

教师：专心就是指一心一意，注意力高度集中做事情。那你们认为我们班哪个同学做事最专心？从哪里看出来的？

学生 1：我认为×××最专心，因为他上课一直认真听讲。

学生 2：我认为×××最专心，因为他写字很好看。

学生 3：我认为×××最专心，因为他作业很整齐，老师总是表扬他。

教师：原来我们班有这么多专心的同学！大家观察得也很仔细。那大家想不想像他们一样呢？我们一起通过一个游戏来体验一下专心的感觉。

2. 体验“专心”。

（1）聆听故事，专心发现。

教师讲《乌鸦与乌龟》的故事，要求学生在听到“乌鸦”时拍手一次。

教师：从前，在森林的小木屋里，住着一个巫婆和她的乌鸦。这一天，天空上飘来一片乌云，天色乌黑乌黑的，不一会儿就下起了大雨。忽然，门口传来了敲门声，乌鸦开门一看，门口是一只乌龟……（学生按要求拍手。）

教师：故事讲完了，老师发现同学们刚才都非常专注。请举手告诉我你们听到了几次“乌鸦”？

学生 1：7 次。

学生 2：6 次。

学生 3：8 次。

教师：让我们一起回到原文找一找。

（2）寻找答案，发现总结。

（教师带领学生通过 PPT 逐个寻找。）

教师：请正确的同学高高举起你们的手。老师很高兴看到这么多同学都举手了，没有答对的同学也不用气馁，因为在刚才你们都体会到了专心一意去做一件事是什么感觉。那么现在请同学们回忆一下，在刚才的游戏中，你们都用到了身体的哪些部位呢？

学生 1：用到了耳朵，听老师讲故事。

学生 2：用到了手，拍手。

学生 3：用到了嘴巴，一起数数。

学生 4：用到了眼睛，看老师讲故事。

学生 5：用到了脑袋，记住听到了几次乌鸦。

教师（小结）：同学们说的都对，我们通过亲自体验知道了集中注意力需要眼耳口手脑共同参与。（板书：眼一看；耳一听；口一说；手一动；脑一想）

（三）团体工作阶段

教师：我们已经发现，专注的能力是由好几个部分组成的，也已经感受了专注的力量。那同学们想不想让自己成为更加专心的人呢？老师这里有一个神奇的表格，通过它，我们可以锻炼提高自己的注意力水平，也就是我们心理学所说的专心的能力。老师先给大家示范一下怎么使用它。

1. 带领练习，总结方法。

教师：这张表格上有 1～16 的数字，但它们的顺序是打乱的，我们要按照 1 到 16 的顺序找出它们，用手边指边读。（教师示范）大家明白了吗？

2. 学生练习。

教师：现在请同学们拿出你的课堂活动单，上面有标号 1～5 的六个表格，请先把活动单倒扣在桌面，听老师的口令，我们一起试一试。

（第一轮计时 30 秒。）

教师：时间到！我看到有不少同学提前完成了，很棒！还有一些同学没有完成，没关系，我们来总结一下。请问这位同学，你有没有在规定时间内完成呢？

学生 1：完成了。

教师：那你是怎么做到的呢？

学生 1：仔细观察，按顺序快速找，边找边读。

教师：还有同学要补充一下自己的方法吗？

学生 2：我很专心，用手指着一个一个找。

教师：那么大家都发现了，眼睛手指嘴巴一起行动是这个挑战项目的通关秘籍。那现在我们再来尝试一次，加大难度，看这次是不是更多的同学能够完成挑战。

（第二轮计时 25 秒。）

教师：很棒！我发现这次有更多的同学完成了挑战。看来你们已经能够运用一些保持专心的方法。很多同学意犹未尽，那你们想不想试试自己来编一个表格呢？（学生齐答。）

教师：现在老师要请一位同学上台来帮帮我。（板书：空白表格）请大家拿出笔，在空白表格的任意位置写一个“1”；在任意位置写一个“2”……（请一位学生上台协助示范，跟随口令讲解在黑板上完成 4×4 表格编写，其余学生自主在活动单上的空白表格中完成）

教师：现在同学们成功自己编写了一个表格。我看见很多同学都跃跃欲试了，那么老师给大家 5 分钟的时间，请同学们在四人小组内互相交换表格，挑战一下同学出的题目。

（四）团体结束阶段

教师：今天在课堂上尝试了好几个能够锻炼注意力的游戏，大家都完成得很出色！不过除了今天我们在课上体验的，还有很多好玩有趣的游戏可以帮助我们提高注意力，我们一起来看看。

教师：（教师在 PPT 上展示“找不同”“萝卜蹲”“传话筒”游戏的图片）这是什么？（学生齐答：找不同。）这是什么？（学生齐答：萝卜蹲。）……看来同学们知道很多游戏的名字和玩法，下课的时候我们就可以邀请同学一起玩这些游戏，既有趣还能够锻炼我们专注的能力。当然，我们想要锻炼自己专注的能力，还需要长期的坚持，不是一节课就能够完成的哦。老师今天就要给大家布置一个长期作业：请大家每天坚持和同学或者爸爸妈妈一起玩我们的数字方格游戏，坚持打卡一个月，看看自己能不能变成专心致志小达人呢？今天的课就上到这里，下课！

四、教学反思

（一）效果及感受

1. 本节课，学生知道了专心的含义，了解到集中注意力需要眼、耳、口、手、脑共同参与，学会了一些训练注意力的游戏，较好地达成了教学目标。

2. 教学环节设计完整、有层次，学生能够专注课堂活动、认真思考、积极发言，教师充分调动了学生参与的主动性。

（二）应注意事项

关注学生回答，根据学生答案逐步深入提问，层层递进。

（三）改进与提升的问题

1. 减少课前预设，重视学生自主思考和探索。

2. 对于学生答案的回应需要更加深入，并时刻注意与课堂主题相结合。

3. 仅仅运用舒尔特表格进行注意力训练较为单一。

《捉迷藏》教学案例

一、案例背景

学　　校：成都市读者小学　　**年　　级**：三年级

授课教师：李金玥、严倩　　**学　　时**：1学时

二、教学设计

（一）设计思想

根据新课标的教学理念，在音乐教学中，根据学生身心发展的规律和审美心理特征，在教学中采用丰富多彩的教学内容和生动活泼的教学形式，激发和培养学生学习音乐的兴趣。整个教学过程以参与、体验、感受、表现、创造为主线，在潜移默化中，引导学生步入美妙的音乐世界。

（二）教学目标分析

审美感知：引导学生体验歌曲充满童趣的色彩，感受拟人化的音乐形象以及欢乐活泼的情绪，激发学生对大自然的热爱之情。

艺术表现：通过创设情境、聆听、演唱、编创等环节，让学生掌握附点节奏及3/4拍的强弱规律，认识齐唱的知识。

创意实践：能以稍快的速度、清晰的吐字、欢快的情绪自然地演唱歌曲，并以各种表演形式来演绎歌曲。

文化理解：深入感受四季更迭所带来的不同美景，更加深刻地领悟大自然那无与伦比的魅力与无限循环的生命力量。

（三）学习者分析

学生在音乐感知和表现方面有了一定基础，但个体差异较大。他们对节奏和旋律较敏感，喜欢唱歌和表演。然而，他们在音准和节奏感上还需进一步提高。教师应采用多样化教学方法，激发学生兴趣，培养其音乐创造力和合作精神。同时，关注学生的个体差异，提供适当指导，使每个学生都能在音乐学习中有所收获。

（四）学习内容与任务分析

《捉迷藏》是一首曲调规整、旋律活泼而又轻快的歌曲。F 宫调式，为四个乐句构成的二段体。歌曲把“春、夏、秋、冬”四季的季节变化比拟成四个顽皮的小娃娃在玩捉迷藏游戏，形象生动，富有童趣，表现了儿童对美好的大自然的热爱之情。

本课用欢快、活泼的情绪，流畅的声音，有感情地表演《捉迷藏》并表现出三拍子的律动感。本课的难点为：1. 唱准大跳音程；2. 唱准八分附点音符的节奏。

（五）教学模式与策略设计

1. 听唱法：教师通过示范演唱，让学生直观地感受歌曲的旋律、节奏和情感。并采用逐句教唱的模式，确保学生准确唱出每个音符。

2. 情境创设法：创设与音乐相关的情境，让学生在实际情境中学习。创造轻松的氛围，鼓励学生大胆表现自己，增强自信心。

3. 多媒体教学法：利用多媒体资源辅助教学，提高教学效果。

4. 游戏教学：设计与歌曲相关的游戏，增加学习的趣味性。

5. 创造表演：鼓励学生根据歌曲内容创造自己的表演，发挥想象力。关注每个学生的学习进度，给予个性化的指导和反馈。

（六）阅读资源与环境设计

1. 阅读资源：与四季描述有关的古诗词，四季的图片、视频。

2. 环境设计：

（1）教室布置：可以用与歌曲主题相关的装饰，如彩色的气球、小动物的图片等，来营造欢快的氛围。

（2）音乐设备：确保教室里有良好的音响设备，以便学生清晰地听到歌曲和伴奏。

（3）教学工具：准备串铃和铃鼓，让学生在唱歌过程中参与节奏演奏。

（4）座位安排：将学生分成小组，围成半圆形，方便进行互动和合唱。

（5）多媒体资源：使用投影仪或电视播放歌曲的音乐视频，帮助学生更好地理解歌曲。

（七）教学活动过程设计

1. 组织教学。

（1）师生问好。

（2）发声练习：提示学生气息、声音平稳、音高位置等。

2/4 5 6 5 4 |3 －| 3 4 3 2 |1 － ‖

（3）律动：播放《捉迷藏》伴奏音乐，学生跟老师模仿律动，感受3/4拍的强弱弱规律。

【设计意图】激发学生的兴趣，同时让学生熟悉歌曲旋律，感受三拍子，为学习新课作铺垫。

2. 导入新课。

（1）激趣导入。

教师：“同学们，平时在小区院子里会玩哪些游戏呀？”

学生自由回答，教师引入《捉迷藏》课题。

教师：“我听到有同学说捉迷藏，今天我们要学习的这首歌曲唱的就是捉迷藏。”（出示课题）

【设计意图】通过谈话导入激发学生的兴趣。

3. 教授新课。

（1）初听歌曲。

教师引导学生完整聆听歌曲，感受歌曲的情绪与速度。

教师：“请同学们听听，歌曲里是谁在捉迷藏？请模仿我的动作来听一听！”（出示乐谱，播放范唱，教师打节奏。）

学生初听歌曲，模仿老师打拍子回答问题。

（2）复听歌曲。

教师：“对啦，同学们听得很认真，春夏秋冬在捉迷藏，谁听出来这首歌曲是几拍子呢？”学生自由回答。

教师：“同学们真棒，3/4 拍，它的强弱规律是强弱弱，我们一起跟着范唱再来打一遍拍子吧！”（播放范唱，学生跟音乐打拍子。）

【设计意图】通过对歌曲的两遍聆听，感受 3/4 拍的强弱规律，同时感受歌曲的情绪与速度，对歌词内容有所熟悉。

（3）旋律模唱。

①教师用钢琴弹旋律，学生用“LU”模唱旋律。重难点处理：强弱力度的表现、附点节奏。

教师：“这首歌曲真好听，咱们一起来学学吧！请同学们听李老师用“LU”来唱一遍。”（自弹自唱，学生聆听。）

教师：“我唱的好听吗？你们也可以做到，请跟着钢琴，轻声用“LU”模唱歌曲的第一部分旋律。”（出示旋律，弹奏钢琴。）

②再次模唱。

教师：“同学们的音准有很大进步，你们听出这首歌曲是几拍子？3/4 拍，我们需要唱出它的强弱规律，再来试试。”（出示旋律，弹奏钢琴。）

③学生第三次模唱旋律。

教师：“这首旋律里的附点节奏多不多？请把附点节奏唱准确一点，再来试试。”学生跟钢琴模唱旋律。（出示旋律，弹奏钢琴。）

④第二部分旋律模唱，难点处理。

⑤完整模唱旋律。

【设计意图】通过聆听、模唱，训练学生的音准和节奏，让学生学会歌曲的旋律，同时解决本节课的难点。

4. 歌词学习。

教师带领学生有节奏的朗读歌词，对附点节奏进行处理。

（1）提示附点节奏。

3/4　XX　XX　XXX |

X.X　XX　XXX‖

教师：“请小朋友们听听这两句歌词有什么不同？为什么？”学生自由回答。

教师：“对啦，这里有个附点节奏，我们需要注意，这首歌曲里还有很多附点节奏，请小朋友念的时候要注意，那请小朋友跟着李老师轻声、有节奏地朗读歌词，找找春夏秋冬都藏在了哪里。”

教师有节奏地朗读歌词，生跟读。

【设计意图】通过读歌词环节，让学生熟悉歌词，同时巩固本课的难点。

（2）歌曲演唱。

①学生跟钢琴伴奏慢速轻声演唱歌词，单独提醒。

教师：“同学们的歌词念得真好，请小朋友跟着钢琴，慢速轻声地唱唱歌词，注意聆听钢琴的音高。”（弹钢琴慢速伴奏。）

②学生跟钢琴伴奏慢速演唱歌曲，处理重难点强弱力度，附点节奏。

教师：“同学们这一遍唱得还不错，但是还可以把 3/4 拍强弱弱的力度加进去，也要注意附点节奏，我们再来试试。”（弹钢琴慢速伴奏。）

③学生跟钢琴伴奏原速演唱歌曲，提示情绪欢快的。

教师：“你们唱得真好听，现在我们来挑战一下，加快速度，你们能跟上吗？请用欢快的情绪来试试！”（弹钢琴原速伴奏。）

④师生合作跟范唱音乐演唱歌曲。

教师：“同学们太棒啦！咱们一起来合作演唱吧，我唱第一句，你们唱第二句，我们跟着范唱试试！”（播放范唱。）

⑤生生合作跟伴奏音乐演唱歌曲。

教师："下面，请你们合作演唱吧，我们跟着伴奏音乐试试!"（播放伴奏。）

⑥学生跟伴奏音乐有感情地演唱歌曲。

教师："真好听，那要怎样表现捉迷藏时的心情呢？"

学生："前面轻轻地、蹑手蹑脚，后面捉到后很开心。"

教师："所以歌曲的前半部分应唱得轻巧有弹性。歌曲的后半部分应唱得热情洋溢。请小朋友们一起跟着伴奏音乐试试!"（播放伴奏。）

【设计意图】 循序渐进进行歌曲演唱的学习，并引导学生有感情地表现歌曲。

5. 编创环节。

（1）打击乐伴奏。

学生起立演奏乐器伴奏，其他学生演唱歌曲。

①教师："同学们唱的真好听，但是缺了乐器的伴奏，请同学们看这是什么？（出示节奏，铃鼓）对！铃鼓，请跟我一起看着节奏徒手模仿一下!"（教师示范演奏铃鼓，学生模仿）

铃鼓：X　0　0 | X　0　0 |

教师邀请两位同学上台用铃鼓伴奏，指导后请其他学生跟伴奏演唱歌曲。（播放伴奏）

②教师："再来看第二条节奏，（出示节奏，串铃。）请跟我一起看着节奏徒手模仿一下!"

（教师示范演奏串铃，学生模仿，分发乐器。）

串铃：0　X　X | 0　X　X |

③学生起立用串铃和铃鼓给歌曲伴奏，其他同学跟伴奏演唱歌曲。（播放伴奏。）

【设计意图】 通过乐器伴奏，让学生感受歌曲旋律、节奏的变化，感受三拍子的特点。

（2）动作创编。

学生根据歌词内容编创动作，老师进行个别指导，请学生上台表演。

教师："请同学们和我一起给这首歌曲编一些动作吧！"（播放范唱，学生律动表现歌曲。）

【设计意图】通过舞蹈动作编创锻炼学生的表现能力和增强其自信心，同时让学生感受歌曲的文化内涵。

（3）合作表演。

教师："你们唱的真好听！下面，李老师请拿乐器的小朋友到中间来，其他小朋友们边演唱歌曲边跳舞律动。"

【设计意图】通过律动、演奏、演唱的合作让学生展现个性和创意。

6. 小结。

教师："你们的歌声仿佛把老师也带进了大自然，让我们感受到了四季美丽的景色，今天，我们学习了歌曲《捉迷藏》，学会了 3/4 拍的强弱规律，也感受了附点节奏的特点，最后让我们在歌声中结束今天的课吧。"（播放伴奏，学生边唱边拍手离开教室。）

【设计意图】激发学生对大自然的热爱之情，对本课进行总结。

（八）练习与课外学习设计

教师提示附点节奏。

3/4　强弱弱

3/4　XX　XX　XX | X — — ‖

X.X　XX　XX | X — — ‖

（九）学习评价设计

在设计评价时，应注重形成性评价与总结性评价相结合，既关注学生的学习过程，又关注学习结果。同时，评价应具有激励性，鼓励学生不断进步和发展。根据评价结果，教师可以及时调整教学策略，提供个性化的指导，以提升学生的唱歌水平。

1. 表现评价：观察学生在唱歌时的音准、节奏感、表现力等方面的表现，进行实时评价。

2. 自我评价：引导学生对自己的唱歌表现进行评价，反思自己的进步与不足。

3. 相互评价：学生之间相互评价，促进他们互相学习和交流。

4. 演唱展示：组织学生进行独唱、合唱等展示活动，评价他们在舞台上的表现。

5. 歌曲理解评价：通过提问、讨论等方式，评价学生对歌曲内容、情感的理解。

6. 音乐知识评价：考察学生对音乐基础知识的掌握情况，如音符、节拍等。

7. 学习态度评价：评价学生在课堂上的学习态度、参与度等。

三、学生学习成果

1. 在艺术表现方面，学生能够准确感知和理解歌曲《捉迷藏》的节奏、旋律和情感，并通过歌声和面部表情有效地表达这些元素。学生可以识别和演奏歌曲中的各种音乐元素，如音符、节奏、和弦等。他们还能理解和运用音乐术语和符号。演唱技巧：学生具备清晰、准确、富有表现力的演唱技巧，包括音域、音准、发音清晰等方面。

2. 在创意实践方面，学生可以通过自己的创意和想象力，对歌曲进行个性化的诠释和表演。学生能够在合唱或乐队演奏中与他人合作，展示出良好的团队精神和沟通能力。

3. 在文化理解方面，学生通过本课感受了四季的变化与特点，将音乐与实际生活相联系，也了解了歌曲的历史背景、文化内涵等，提升了学生的文化意识和文化交流能力。

4. 在审美感知方面，学生具备欣赏和评价不同音乐作品的能力，包括对音乐风格、表现形式和艺术家的理解与评价。

四、教学反思

（一）文本教学反思

在本课教学中，教师采用了多种教学方式，以激发学生的兴趣，帮助学生更好地理解和掌握歌曲。

在导入环节，教师创设四季变化的情境引出歌曲，激发了学生的学习兴趣。然后，教师让学生听歌曲，感受歌曲的情绪，并用自己的话描述歌曲的内容。这样，学生不仅对歌曲有了初步的了解，还培养了音乐感受能力。

在教唱环节，教师采用了多种教唱方法，如跟唱、模唱、对唱等，以帮助学生更好地掌握歌曲。同时，教师还让学生边唱边做动作，以增加歌曲的趣味性。在这个环节，教师还注意到了学生的个体差异，对不同层次的学生提出了不同的要求，以使每个学生都能得到发展。

在巩固环节，教师设计了一些活动，如歌曲舞蹈表演、打击乐伴奏等，以帮助学生巩固歌曲。这些活动不仅锻炼了学生的音乐表现力，还培养了他们的合作精神。

在课堂小结环节，教师让学生总结本节课的收获，并对学生的表现进行了评价。这样，学生不仅对自己的学习情况有了清晰的认识，还提高了他们的学习积极性。

总的来说，这节课的教学效果较好。学生不仅学会了歌曲，还提高了音乐素养。但也有不足之处，如在教唱环节，教师应该提高演唱要求的标准，注重学生歌声的处理，情感的表达。同时，没有充分考虑到学生的个体差异，对一些学生的指导不够到位。在今后的教学中，教师将更加注重学生的个体差异，采取个性化的教学策略，以满足不同学生的需求。

（二）阅读育人反思

音乐和阅读是两种非常重要的艺术形式，它们都可以对学生的成长和发展产生深远的影响。将音乐和阅读融入到音乐课中，可以为学生提供更丰富的学习体验，培养他们的创造力、想象力和情感表达能力。

音乐是一种抽象的艺术形式，它需要听者通过自己的想象力和情感体验来理解和诠释。阅读可以帮助学生更好地理解音乐，特别是在理解音乐背后的历史、文化和社会背景方面。通过阅读相关的图片、古诗词等，学生可以更深入地了解音乐作品的含义和创作者的意图，从而更好地欣赏和理解音乐。

此外，阅读还可以帮助学生提高他们的音乐词汇量和增加音乐知识。学生可以通过阅读来学习新的音乐词汇和概念，这有助于他们更好地与其他音乐爱好者交流和分享自己的音乐体验。

音乐和阅读是两种非常重要的艺术形式，它们可以相互促进和补充。在音乐课堂上，教师通过让学生阅读音乐相关的书籍、文章和诗歌等，来提高学生的音乐理解和表达能力。同时，通过让学生演奏音乐和创作音乐等方式，来提高学生的阅读理解和表达能力。通过将音乐和阅读融入音乐课堂，可以为学生提供更丰富的学习体验，培养他们的创造力、想象力和情感表达能力，促进他们的全面发展。

结 语

用阅读的力量厚植爱国主义情怀*

成都市武侯区人民政府与读者出版集团联合创办的成都市读者小学，是全国第一所以“读者”品牌命名的学校。学校以“书香致远、体健德雅”为办学理念，自成立以来即以阅读育人为办学特色，而古往今来“读书”和“爱国”的关系一直紧密相连。读者小学作为一所崭新的学校，不断创新德育教育实践路径，将爱国主义教育厚植于办学实践中。自学校成立以来，一直致力于阅读办学特色创建，探索以阅读润德育人，弘扬中华优秀传统文化，传承民族基因，激发文化自信，通过进一步增强小读者们的民族自尊心、自豪感，将爱国主义教育贯穿到立德树人工作的各个方面。

一、建设书香校园，营造爱国主义教育文化氛围

开展爱国主义教育要积极发挥校园阵地作用。读者小学探索融合中华传统文化进行阅读环境打造，在环境中营造爱国主义文化氛围。一方面，积极加强硬件建设。学校打造“书香”“致远”长廊，陈列国学经典、红色书籍、世界名著、百科全书，启迪儿童心灵，播种传承爱国基因；建立“读育厅”“读雨轩”“读风阁”，张贴中华传统美德故事、爱国仁人志士故事画卷等，让学生从一个个故事里、一张张图片中，感受中华美德的源远流长、中华儿女的爱国气节；铺设“雅德”“尚美”“睿智”“阳光”小径，铭刻经典爱国诗词句，让孩子们领略民族语言文字美感魅力时，潜移默化地点亮理想信念，树立爱国观

* 2023 年发表在《中国德育》第 8 期。

念。另一方面，不断推动文化建设。积极开拓校园爱国阵地，利用校园公众号、家长微信群等多种载体，定期发布各种爱国主义教育内容；在公众号“读育”文化专栏中推出古往今来的刻苦读书事迹、爱国主义人物故事等，以此激励孩子们从先辈们的励志故事中汲取精神力量，努力实现自强不息、报效祖国的理想。

二、探索课堂教学，用好爱国主义教育主渠道

2019 年 11 月，《新时代爱国主义教育实施纲要》（以下称《纲要》）发布，特别强调，要将青年作为爱国主义教育的核心，将爱国主义精神融入学校，深入到课堂、教材和学生的思想中去。《纲要》强调，要利用课堂作为爱国精神培养的主要渠道。读者小学做了以下尝试。一方面，用好统编版《道德与法治》教材，引导教师在课堂上积极拓展国情时政热点内容，结合北京冬奥健儿勇夺金牌、为国争光等，找准新时代爱国主义新的生长点，增强思政课亲和力、新鲜感，引导小学生从对国家大事、社会热点的关注中树立报国志向、笃定爱国情感。另一方面，将爱国主义教育内容寓于学校特色“读育”阅读课程和“融合”课堂建设中，在语文、阅读学科教学中引入“读者·新语文”教育平台研发的《小读者唱诗班》《小读者朗读课》系列特色课程，挖掘名篇经典爱国主义内涵，让晨诵午读中华经典成为校园常态，引导学生认识祖国历史，了解祖国文化，铭记爱国英雄人物；在数学、科学学科教学中增加近现代爱国数学家、科学家的感人故事，用他们把自己的命运和祖国的命运紧紧相连的爱国主义精神激励学生；在班会课通过播放历史资料、讲好爱国故事等开展爱国主义主题教育；在课后延时服务中开办书法、国画、武术等社团，传承中华传统文化。既让学生畅游于科学文化知识的海洋，又在润物无声之中厚植爱国主义情感。

三、创新活动形式，丰富爱国主义教育途径

加强小学爱国主义教育，校园活动的巨大作用不容忽视。只有通过生动活

泼的活动形式、紧贴时代的活动内涵、喜闻乐见的活动内容，才能更好地开展新时代爱国主义教育活动，寓教于乐、润泽心灵，让孩子们从小埋下爱国主义种子。

一是把爱国主义教育与常规德育活动互相融合。《纲要》强调，爱国家庭教育要从娃娃抓起，要求从细处、小处着手，在日常生活中养成，加强教育引导，实践养成，并建立有效的制度保障。学校利用集体朝会隆重举行升旗仪式，开展好师生国旗下讲话主题教育活动，让学生了解爱国主义人士的动人故事，感受民族精神的伟大；每周开展国旗下班级集体展示活动，“阳春三月、经典同行”“童心向党，喜迎党的二十大”“热爱国家、歌颂祖国”等活动让师生接受了洗礼，让爱国主义的种子在孩子们幼小的心灵中牢牢扎根。此外，学校还通过特色“读书启智”入学仪式、“读史立志”入队仪式，利用端午、中秋等重要传统节日，积极开展校园爱国主义主题活动，引导学生感悟中华文化、增进家国情怀，激发爱国热情、凝聚向上力量。

二是把爱国主义教育与学校特色阅读文化活动相结合。开展学校特色文化活动，是融入爱国主义教育的良好契机。一方面，学校长期开展古诗词学生朗诵大赛、绘本故事大家讲、“阅读之星”“书香家庭”评比等各类阅读特色活动，孩子们在活动中诵中华经典、读爱国故事，为美好人生打下爱国底色；“阅享二十四节气”活动，让孩子们追随节气脚步，寻民俗、查谚语、诵诗文等，传承非遗文化；“读懂校园十二树”活动，科普树木知识，融合历史故事，弘扬传统文化。另一方面，每年依托世界读书日、成都阅读月分别举办为期一周的“阅读文化节”和为期一月的“阅读文化月”活动。首届阅读节活动主题为“童谣觅童心，儿歌伴成长”，首届阅读月活动主题为“书香致远阅成长”。围绕阅读节和阅读月，“庭院故事时光”“听我图说故事”“爱母语展风采达人赛”“最美阅读空间”“图书馆一日游”“大读者俱乐部”等系列师生家长阅读活动，不仅让孩子们沉浸式感受优秀传统文化魅力，萌发爱国主义种子，更让家长们同受中华传统教育熏陶，传承爱国奋斗好家风。

三是把爱国主义教育与教师阅读活动相结合。《纲要》强调要让有信仰的人讲信仰，让有爱国情怀的人讲爱国。教师是学生的指导者和引路人，培养具有爱国主义精神的学生离不开具有爱国主义情怀的教师。读者小学始终把爱国主义教育作为师德师风建设的重要一环。学校自建校以来，每学期持续开展教师读书分享会和教师诵读比赛等活动，引导青年教师们读红色经典、读教育专著，并撰写心得体会进行分享。同时，学校党支部积极开展党史学习教育系列活动，引导党团员教师通过学习党史知识、朗诵红色故事，感悟党的初心使命、传承党的红色基因；组织寻访红色足迹、传承革命精神爱国基地参观教育活动，让党员教师们重温入党誓词，立志忠诚党和人民的教育事业，传承红色基因，当好信仰传人，为学生树立爱国主义榜样。

四、强化家校共育，筑牢爱国主义教育基础

爱国主义教育是小学德育教育的核心主题，贯彻纲要精神、牢记育人使命，是每一位教育工作者应该肩负的崇高责任，而家庭德育的重要性仍不容忽视。家庭中开展爱国主义教育对孩子成长的影响是巨大的，这种教育可以温暖孩子心灵，激发向上动力，成为孩子未来发展的驱动力之一。特别是抗击新冠疫情过程中，居家学习、亲子关系、心理辅导成为每个家庭、每位父母面临的新挑战。学校利用读者出版集团助力优势，共同开展实施线上家长课堂微课程，包含爱国主义、劳动教育、亲子教育等板块。全国十佳阅读推广人王廷鹏、亲子阅读推广人冬曼等专家和学校班主任、心理教师等组成授课团队，利用“云课堂”“云班会”等形式，为孩子开列推荐书单，向家长传授阅读策略，倡导共读经典著作、共识生活点滴。

通过亲子共读《中国神话故事》《中华成语故事》《中国历史人物》《四大名著系列连环画》《岳飞传》《杨家将》等经典书目，让孩子们养成阅读习惯，提升阅读能力的同时，进一步了解中华传统文化，感受爱国主义熏陶；通过共同观看主旋律题材电影、纪录片，讲述抗疫英雄钟南山爷爷、张伯礼爷爷、张定宇爷爷的感人故事，通过夜以继日维护小区安全普通志愿者们的忙碌身影，孩子们真切地感受到中华儿女的爱国情怀。这样的爱国主义教育是润物无声

的，是生硬死板的教诲无法代替的。

五、结语

小学教育在青少年的成长阶段中发挥着极其重要的作用，在新时代开展好小学生爱国主义教育，努力培养他们的爱国主义情怀，为造就担当复兴大任的时代新人奠好基础，是一线教育工作者亟需思考的重要课题。成都市读者小学开展爱国主义教育实践探索以来，校园爱国主义教育氛围日趋浓厚，师生家长爱国情感被不断激发。学校先后被评为四川省司法厅青少年爱国法治实践教育基地、“读者·中国阅读行动”全民阅读基地、“读者·新语文”阅读与写作教育基地、“读者研学”基地和区域书香校园。读者小学将始终立足阅读办学特色，传承中华优秀传统文化，弘扬爱国主义教育，坚持为党育人、为国育才，引导新一代青少年“为中华民族伟大复兴而读书”！

陈 龙 何 易 郑清华

校本阅读课程：让生命在阅读中丰盈*

读书能养浩然正气，能启迪智慧。成都市读者小学作为全国第一所“读者”品牌冠名学校，自建校以来一直致力于融汇阅读基因和育人使命，努力打造阅读特色品牌学校，让阅读丰盈、滋养孩子多彩斑斓的童年。

一、校本化诠释“阅读育人”理念

建校之初. 读者小学就进行了整体规划和文化建设顶层设计。我们确立了“书香致远，体健德雅”的办学理念；并以此为核心，构思了与之契合的“三风一训”，校风——“书声琅琅，惠风和畅”，教风——“融读于教，以读育人”，学风——“多读喜读，乐行善思”和校训——“好好读书，天天进步”。

与此同时，学校致力于整体营造新时代书香校园环境。我们精心打造了具有书香阅读特色和传统文化气质的“双廊”“四景”“四径”“一馆”。“双廊”即书香长廊、致远长廊，“四景”即读育厅、读雨轩、读风阁、拾光乐园，“四径”即雅德、尚美、容智、阳光四条小径，“一馆”即读味·学生阅读馆。浓郁的书香校园氛围悄然塑造着这所新学校的内涵气质和师生的精神风貌。

二、创新建构“读育”校本阅读课程

学校贯彻“五育”融合的时代要求，确立了“读天读地读万物，育人育心育雅德”的课程理念，全面整合学科教学、特色活动和社团建设等，将阅读课

---

* 2023 年发表在《四川教育》第 5 期

程设计为“读智课程”“读悦课程”和“读美课程”三个板块。

“读智课程”以国家课程校本化实施为核心，根据学科特点，既充分强调学科核心素养，又凸显阅读素养启蒙，形成了“基础+”模式，如语文学科“基础+阅读”，让阅读成为语文课堂的延伸。

“读悦课程”以阅读主题性活动为中心，用课程理念引领学生活动。例如，关注学生成长节点的“读书启智”人学课程，满足学生个性发展的“读育”社团课程，帮助学生自我成长的“国旗下阅读”班级展示课程和“最美阅读空间”“走进图书馆”等综合实践活动课程。

“读美课程”以感悟自然万物之美为主线，如“阅享二十四节气”课程追随节气脚步，传承非遗文化；“读懂校园十二树”课程科普树木知识，融合历史故事，开展传统文化教育。

三、打造“融读”课堂

学校积极探索“融读”课堂构建，将学科核心素养与阅读素养有机融合，既让传统课堂变得多姿多彩、充满趣味，又让学生在学会阅读、乐于阅读的同时增长知识、提升素养。

例如，语文课通过趣味童谣引导学生开展自主阅读，把童谣和儿歌读正确、读好听、读好玩，在阅读中体会音律美。数学课则结合教材开展绘本阅读，在故事中创设问题情境，贯穿解决思路，锻炼逻辑思维能力，培养推理意识。

此外，学校每周开设1～2节专题阅读课，地点可以是教室，也可以是阅读长廊、阅读馆、阅读庭院等，并在读者出版集团的支持下，引入了“读者·新语文”中小学阅读与写作教育平台研发的“小读者唱诗班”课程，通过唱诗、读诗、讲故事等方式，让学生轻松理解诗意，自然习得古诗词。

四、深入开展特色阅读活动

学校开展了丰富多彩的学生阅读活动，努力让学生在活动中体会读书的趣味，养成阅读习惯，体会阅读带来的幸福感、愉悦感。

“绘本故事大家讲”：学生利用周五主题班会课时间，走上讲台进行班级比赛，每个班级推荐学生进入校级决赛。孩子们绘声绘色讲述了《吃掉大象的帽子》《小牛嘟嘟的杂货铺》等众多故事，阅读的种子在幼小心灵中萌芽。

“古诗词朗诵大赛”：学校邀请少儿节目主持人和专业朗诵老师现场示范指导，帮助学生身临其境地体会诗情意象，进行诵读。一首首经典古诗的诵读声字正腔圆，回荡校园。

学校借助读者出版集团资源，发挥家校社合力，依托“世界读书日”在4月开展为期一月的“书香”阅读月系列活动，依托“成都读书月”在10月开展为期一月的“读育”阅读月系列活动。两大校园阅读盛典为孩子们奉上众多阅读“大餐”，为孩子们的童年增添了丰盈的阅读色彩。

五、建设一支优秀的领读者队伍

教师是最好的领读者，教师热爱阅读，学生才会享受阅读。学校贯彻科研兴校、科研强师的理念，建校伊始即以“小学校本阅读课程开发与实施”作为核心课题，引领阅读品牌学校建设，带动青年教师专业发展。

学校指导每一位青年教师制订自身三年专业发展规划，其中特别强调要有助力自身专业成长的书籍阅读规划。每月，全体教师“共读一本书”，书籍既可以由学校发布，也可以由教师自行推荐。学校教师已共读张华的《课程与教学论》、皮连生的《教育心理学》等书籍。学校还持续开展教师读书分享活动，让教师在读书中感悟，在实践中成长，点燃阅读热情，催生教育智慧。

郑清华　唐雅娴

后 记

习近平总书记在首届全民阅读大会上提出："希望广大党员、干部带头读书学习，修身养志，增长才干；希望孩子们养成阅读习惯，快乐阅读，健康成长；希望全社会都参与到阅读中来，形成爱读书、读好书、善读书的浓厚氛围。"强调了阅读在个人成长和社会进步中的重要地位，也指出了建立一个热爱阅读、追求知识和智慧的社会环境需要社会各界的共同参与和努力。

毫无疑问，阅读是获取知识、增长智慧的重要方式，更是传承文明、提高国民素质的重要途径。"全民阅读"作为构建终身教育体系和建设学习型社会的重要内容，已成为提高国民素质和人才技能的重要手段。2012 年 11 月，"开展全民阅读活动"写入党的十八大报告，成为建设社会主义文化强国的重要部署。2022 年，"深化全民阅读活动"作为一项重要举措，被写入党的二十大报告，标志着全民阅读已经进入到新的发展阶段。十年间，《关于促进全民阅读工作的意见》《全国青少年学生读书行动实施方案》《全民阅读"十三五"时期发展规划》《关于促进全民阅读工作的意见》等文件纷纷出台，推动全民阅读步入规范化、现代化阶段。在国家层面的引导与带动下，全民阅读工作被写进各级教育责任体系中，各地特色鲜明的校园阅读推广活动让琅琅书声，"多读书、读好书，建设书香社会、书香中国"成为了当代校园文化建设的新风尚。

少年儿童是国家的未来与民族的希望，要推动少年儿童多读书、读好书，首先要为他们创造一个充满书香的环境，将阅读融入学校文化和日常生活的每一个角落，使之成为学校教育的灵魂。然而，如何将阅读融入教育的各个方面，如何通过阅读培养学生的综合素养，如何通过教育创新推动学校特色品牌建设，如何让阅读教育理念落地生根、内涵进一步发展是众多学校所面临的现实问题。在这样的背景下，全国首个以“读者”命名的学校开启了以阅读为特色品牌的建设发展之路。

成都市读者小学在阅读教育方面的探索实践是教育创新的重要体现。在这一过程中，学校不仅关注阅读环境的营造，更重视阅读教学方法的创新和阅读课程体系的构建，不断探索现代化的教育理念和实践路径，无论是在课程设置、教学方法，还是在评价体系上，都展现出了所有成员的汗水和智慧。而本书正是这些努力的见证和推动者。

随着本书的完稿，我们得以回顾了成都市读者小学在阅读教育领域的探索实践，也展望了其在未来阅读教育中的无限可能。这本书的撰写过程中，我们清楚地看到：在成都市读者小学，每一位教师都是阅读的播种者，每一位学生都是阅读的探索者，他们共同营造了一个充满书香的学习环境，让阅读成为学习生活的一部分，让求知成为每个孩子的习惯。因此，我们希望这本书传递的不仅是一所学校的故事，更是一种教育理念和一种文化传承。

本书的顺利出版离不开全体成员的努力，在此，要感谢所有参与本书编写的同仁，尤其是参与本书提纲策划、内容编写、出版校对的同伴们，你们永远是最坚实的后盾。同时，也万分感谢成都市读者小学的师生，尤其是校长及各位领导，是他们的智慧和努力，让这本书得以萌生，也是他们的全力支持和鼎力配合，让本书得以问世。

本书的出版，是对阅读教育的一次深刻思考，也是对全面教育发展的一份贡献。本书在编写过程中，尽管编委会成员全力以赴，但能力所限，书中难免有疏漏不妥之处，恳请广大读者批评指正，我们将秉承闻过即改的态度和踏实专注的精神，对内容进行改进和完善。我们也期待这本书能够为推动全民阅读、促进学习型社会建设略尽绵力。

编委会

2024 年 6 月 4 日